KB060620

종교 속의 음식
음식 속의 종교

10
종교문화비평총서

종교 속의 음식 음식 속의 종교

장석만 엮음

도서
출판 모시는사람들

종교와 음식은 뗄 수 없이 연결되어 있다. 처음부터 그랬다. 종교집단의 아이덴티티 형성과 유지를 위해 음식처럼 효과적인 것은 별로 없다. 음식 규제와 금기를 통해 집단의 안과 밖을 긋는 경계선이 마련된다. 음식은 음식 이외와 맺는 관계를 함축하면서 효과적인 상징으로 작동한다. 또한 음식은 그 집단이 그리고 있는 다른 세상 및 거기로 가는 여정(旅程)도 보여주고, 그 매체 구실도 한다. 그래서 음식을 빼놓으면 종교집단의 우주관을 이해하는 데 빈껍데기가 되기 십상이다. 집단과 집단 사이뿐만이 아니다. 집단 안에 자리 잡고 있는 여러 가지 구분선을 이해하는 데에도 음식은 훌륭한 통로 역할을 한다. 계급, 신분, 젠더, 세대, 인종, 그리고 성적 취향 등의 갖가지 차이 및 차별에 음식이 연루되어 있다. 딱딱했던 이런 문제에 음식을 통한 접근이 이루어지면 갑자기 활기찬 분위기가 만들어진다. 새롭고도, 생생하게 사람들의 관심을 불러일으키기 때문이다. 그래서 음식의 의미, 음식의 상징은 그동안 많은 연구의 초점이 되어 왔다. 음식과 언어의 관계가 부각된 까닭이기도 하다.

또한 먹는 입과 입속의 혀(그와 연관된 말과 글)는 천생 가깝게 있을 운명이다. 음식은 입으로 들어와서 또 다른 입을 통해 나간다. 밖에서 안으로, 다시 안에서 밖으로 통과한다. 이질적인 것과 동질적인 것이 교차하고, 나와 남이 부딪혀 서로 경계선을 넘나든다. 여기에서 음식이 섹슈얼리티와 밀접하게 연결되는 까닭을 알 수 있다. 성적 행위는 나와 남이 붙어서 하나처럼 되었다가 다시 떨어지는 것이고, 섹슈얼리티는 수시로 이접(離接)의 나들목처럼 움직이는 것이 아니던가? 그렇다면 음식 먹는다는 것과 성적 행위를 연결시키는 관점이 그저 음란한 시정잡배의 것이라고 무시할 일은 아니다. 성행위가 종종 죽음과 연관되곤 하는 것도 소화과정을 통해 음식의 원래 모습이 사라지는 것과 무관하지 않다.

여기서 종교-음식 연구가 좀 더 활발하게 이루어지기 위해 몸, 음식, 물질의 연관성이 전체적으로 주목될 필요가 있다. 밖에 있던 물질은 음식이 되어 안으로 들어와서 나의 몸이 된다. 물질→음식→몸의 방향이다. 몸이었던 것은 일정 기간이 지나면 밖으로 빠져나와 자연의 물질로 귀속된다. 그사이에 배출된 이전의 몸은 다른 생명체의 음식이 된다. 죽음은 몸의 일부가 아니라, 몸의 전체가 다른 생명체의 음식이 된 다음에 재(再) 물질화되는 것을 가리킨다. 카니발리즘(cannibalism)은 우리 몸이 남의 음식이 되는 것으로, 많은 이들이 손사래를 치며 끔찍하다고 여기는 것이다. 하지만 인간이 인간을 먹는 것이 아니라면 우리가 다른 생명체의 먹이가 되는 것은 어쩔 수가 없다. 살던 것은 빠르든 늦든 몸→음식→물질의 방향으로 진행되기 마련이고 그래야 다른 몸이 생겨날 수 있기 때문이다.

음식을 통해 종교를 보면 그동안 잊힌 몸의 감각이 되살아남을 느끼며 새롭게 종교를 파악할 수 있다. 교리학습과도 같은 수업에 지루해 하던 학생들도 자신의 일상을 되돌아보며 다른 세상과의 연결 고리를 찾아낼 수 있다. '종교 속의 음식, 음식 속의 종교'라는 제목의 책을 준비한 것은 이와 같은 종교와 음식의 밀접한 관계와 그 중요성을 잘 알고 있기 때문이다. 앞으로도 이 주제는 우리가 지속적인 관심을 기울일 가치가 있다.

이 책에 담긴 글은 한국종교문화연구소(종교문화비평학회)에서 발간한 『종교문화비평』 제32호(2017)에 실린 특집 원고가 중심이다. 일본 신사의 마쓰리(祭), 유대교의 희생제의, 서양 중세의 성녀(聖女), 초기불교에서 마늘의 의미, 천도교에서의 밥의 뜻, 한국 굿의 의례음식, 그리고 한국불교 의례에서 공양의 의미 등이 이에 해당한다. 여기에 정진홍의 「종교와 음식문화」와 이찬수의 「식탁에서 평화까지」의 글을 포함하여 9편의 글을 한 책으로 묶었다. 전체 내용은 프롤로그, 제1부 세계 종교와 음식문화, 제2부 한국 종교와 음식문화의 세 부분으로 나눌 수 있는데 각 글의 내용을 간략히 소개하면 다음과 같다.

첫 번째 「종교와 음식문화」는 종교와 음식의 관계에서 논의되었던 주요 주제와 이를 어떻게 다루어야 할 것인지를 보여주는 입문의 글이다. 종교와 음식을 생각하면 종교가 음식문화에 어떤 영향을 미쳤는가를 먼저 떠올릴 것이다. 이 글은 이러한 관점을 넘어서 음식문화의 의미론에 대한 종교학적 해석을 시도하였다. 이를 위해 종교의 구조와 담론체계, 종교가 음식문화를 형성하는 데 참여하는 방식, 음식문화의 의미론에 대한 종교학적 해석의 모색 등으로 논의를 진행하였다. 그리하여 음식에 대한 금기를 음식의 본래적 성격에서 찾기보다 금기의 설정을 통해 드러나는 다른 실재의 현존과 그 타자와 인간의 관계에 주목하게 만든다. 나아가 음식에 대한 종교적 금기가 사라지고 음식이 '세속화'되어 가는 현대사회에서 종교와 종교공동체가 어떻게 자신을 변화시키고 확인하는지를 고찰하는 것이 종교학의 또 하나의 과제임을 보여주었다.

제1부는 세계 종교에 나타나는 종교와 음식의 관계를 다루었다. 그 첫

번째는 유대교의 경우이다. 「유대교의 희생제의와 음식」은 유대교의 음식 금기를 통하여 삶의 근간이며 동시에 문화체계인 음식과 종교의 관계를 살핀 글이다. 피에 대한 금기와 먹기에 적합한 동물과 부정적인 동물의 구분 등을 세세하게 규정한 유대교 음식법(카슈루트)은 야훼에 의해 구별된 집단이라는 이스라엘 공동체의 정체성을 확인해주는 생활양식이다. 이와 연관된 번제, 화목제, 속죄제 등 유대교 제의에서 동물의 희생은 큰 비중을 차지하는데, 여기서는 피의 양가적 상징성에 주목하였다. 유대교 성서에서 피는 생명 자체이고 성스러운 언약의 증표이며, 거룩한 제단에 바쳐져야 하는 금기의 대상이다. 그러나 불살라 올려지는 향기나 기름기와 달리 제단에 뿌려지는 피는 그 안에 탈성화를 함축하고 있다. 결국 피의 금기는 고기를 먹기 위한 것이며, 나아가 희생제의는 적합한 육식의 조건임을 알 수 있다.

「중세 여자 성인들의 음식」은 역사학자 캐롤라인 워커 바이넘(Caroline Walker Bynum)의 서구 중세 종교사에 대한 연구를 음식, 몸, 물질의 종교라는 세 주제어를 통해 재검토하고 나아가 그 연구의 의미를 종교학의 맥락에서 가늠해본 글이다. 바이넘은 저서『거룩한 만찬과 거룩한 금식: 중세 여성들에게 있어서 음식의 종교적 의미』에서 음식과 관련된 여러 기적 및 고행을 보여준 중세 여자 성인를 다루었다. 바이넘은 이 여성들을 고통 속에서 자신의 몸을 내어주며 인간을 먹이고 구원한 그리스도와 자신을 동일시하고 극단적 음식 실천을 통해 신과의 합일을 추구하였다고 보았다. 이러한 바이넘의 이해는 여성들의 음식 실천 고행을 여성의 육체를 혐오하고 통제하고자 했던 남성중심적 그리스도교 담론의 내면화로만 바라보았던 기존 시각과 다른 것이다. 바이넘은 초월적이고 내면적인 신심이 강조되던 중세 신학적 담론 구조에서도 여전히 물질적이고 감각적인 것을 통한 종교적 행위들이 이어졌음을 강조하였다. 이런 바이넘의 관점은 종교학에서의 음식과 물질의 의미를 재고해볼 수 있게 한다. 즉 음식, 몸, 물질은 단순히 종교에 의해 통제되고 만들어지는 것에 그치는 것이 아니라, 그 자체가 종교를 구성하고 만드는 힘이며 그래서 이미 만들어진 종교 상징과 구조마저도 바꿀 수 있는 힘이 될 수 있음을 보여준다.

「마늘에 담긴 불교사」는 초기 불교 문헌에서부터 부파불교와 대승에 이르기까지 마늘에 대한 인식을 인도 주류 종교 바르나적 시각과 비교하면서 고찰한 글이다. 초기불교의 마늘에 대한 인식은 마늘의 물리적 속성인 냄새나 재가자와의 조화로운 관계에 주요한 초점을 두었다. 이는 힌두 문헌의 그것과는 명확히 대비되는 모습이었다. 그러나 후대에 성립된 불교계율 문헌에서는 마늘 섭취자에 대한 격리와 배제의 양상이 나타나고 있어서 힌두 카스트적인 정결과 부정의 관점이 불교에도 자리잡고 있었음을 알 수 있다. 이러한 시각은 대승불교 문헌, 특히 여래장계 경전인 열반경이나 능가경에 오면 더욱 명확해진다. 그러나 대승불교의 마늘 인식은 힌두의 것과 달리 마늘을 불교의 종교적 이상인 깨달음의 관점에서 이해하였다. 즉, 마늘은 종교적 성취를 방해하는 수행상의 장애물로 인식되어 음식으로서의 모습이 탈락되었다.

일본 신도에서 신에게 바치는 음식물 즉 신찬을 다룬 「마쓰리와 신찬」은 이세신궁의 일별조석대어찬제(日別朝夕大御饌祭), 신상제(神嘗祭, 간나메사이), 식년천궁제(式年遷宮祭), 신상제(新嘗祭, 니이 나메사이) 및 대상제(大嘗祭, 다이죠사이)를 주요 분석대상으로 삼고 있다. 신찬의 유형과 주요 특징 및 그 신화적 배경과 역사적 변천과정, 마쓰리에 등장하는 신찬의 품목과 절차 등을 검토하고, 궁극적으로 신찬의 사회적, 종교적, 정치적, 문화적 의미를 찾고 있다. 농경사회적 특징, 고대 식생활과의 관계, 일본 요리와의 연관성, 현대사회에 있어 신찬의 의미 및 그것과 관련된 신불(神佛) 관념의 문제 등에서 사회적 의미를 찾을 수 있을 것이다. 반면 신성, 생명, 재생의 관념에서 신찬의 종교적 의미가 보여진다. 한편 고대 일본에서 정치가 신에 대한 제사를 뜻하는 '마쓰리고토'라고 불렸으며, 천황의 최대 역할은 바로 신을 모시는 데에 있었다는 점도 눈여겨볼 만하다. 나아가 고성(高盛)이나 신궤(辛櫃) 등 한일간의 문화교류 흔적 역시 흥미로운 내용이다.

한편, 제2부에서는 한국종교사 내에 주요 종교의 음식에 대한 이해를 살펴보고 현대 우리 사회에 직면한 음식문화를 진단하였다. 「한국 불교 의례에서 먹임과 먹음의 의미」는 한국불교 내 불공(佛供), 승재(僧齋), 시식(施食)이라는 3종의 의례를 "먹임"과 "먹음"이라는 행위에 주목하여 고찰한 글이다. 재례(齋禮)로 통칭될 수 있는 현행 한국불교의 주요 의례들은 그 제차의 상당 부분이 먹이고 먹는 행위의 양식과 관련되어 있다. 한국불교에서 상단(上壇)의 불보살 공양의례는 불보살의 초월적 위신력과 가피를 구하는 종교적 의례로 확립되었다. 한편 승려들을 초청하여 음식을 제공하고 설법을 듣는 초기 불교의 청식(請食) 전통은 한국 불교사에 반승(飯僧)으로 나타나는데, 여기에는 국가권력에 기여하는 정치사회적 성격과 축제로서의 기능적 성격이 두드러졌다. 반면 하단(下壇)의 영가(靈駕)에게 행해지는 시식(施食)은 재례의 대상이 삼세중생으로 확장된 것을 보여준다. 이렇게 한국의 불교 의례는 상·중·하단의 3중의 의례적 구조를 통해서 초월적 존재에 대한 종교적 신앙심, 국가와 교단 간의 정치사회적 권력관계, 그리고 우주적 차원의 불교구원론이라는 다양한 의미의 지층을 중층적으로 포섭하게 되었다.

「굿 의례 음식」은 굿 과정에 등장하는 다양한 음식을 서울 진적굿을 중심으로 고찰한 글이다. 음식이 없는 굿은 성립되지 않는다. 굿에서 음식은 신을 위한 제물이면서, 아울러 굿의 성격, 무속의 신, 굿을 하는 제가집 등 굿 전반에 대한 포괄적 정보를 함축하고 있는 기호이다. 서울 진적굿의 전 과정을 제상을 중심으로 살펴보면 제상은 개별 거리의 성격에 따라 정해진 공간에 위치하는 것을 발견할 수 있다. 제상이 놓인 공간과 제상에 올려진 음식을 통해 각 거리가 개별성을 확보하고 있다. 이는 굿에서 제물이 단순히 신에게 바치는 음식으로 한정되지 않고 굿 전반에 관한 포괄적인 정보를 함축하는 복합적인 상징임을 의미한다. 즉, 굿 의례음식이 무속에 대한 하나의 설명체계로서, 굿과 무속을 이해하는 데 중요한 통로가 되고 있다.

「천도교의 음식 문화」는 동학 천도교의 음식문화를 밥의 의미를 중심으로 살펴보고 동학 천도교의 음식문화에 담긴 사상을 오늘날 생태문제와 음식문화에서 재검토한 글이다. 수운의 시천주는 내 안에서 신령한 한울의 생명을 발견하는 것과 동시에 내가 전체 우주의 뭇 생명들과 깊이 연결되어 하나를 이루고 있다는 연대성에 대한 자각이다. 해월은 수운의 시천주 사상을 물물천사사천(物物天事事天), 이천식천(以天食天)으로 설명하였는데 특히 이천식천은 만물이 서로를 먹이는 관계를 통해서 서로의 성장과 우주적 성장 진화를 도모한다는 것이다. 밥을 나누고 함께 먹는 것을 한울님의 '일'이라 설파하였던 해월의 사상에는 전체 생명의 순환성, 다양성, 창조성과 생명 공경의 의미가 함축되어 있다. 이러한 동학 천도교의 '밥의 의미'는 현재 '건강한 밥상'을 차리기 위해 이웃과 자연, 온 생명에 대한 '모심'으로 나아가고자 하는 한살림 운동 등에서 현재화되고 있음을 볼 수 있다.

「식탁에서 평화까지」는 '먹는 행위'와 '먹히는 음식'이 생명의 기본 원리를 구성한다는 전제하에 음식이 식탁 위에 오르기까지의 과정 및 먹는 행위의 의미에 대한 반성적 성찰을 시도하였다. 현대 사회에서 음식은 거대 자본이 지배하면서 농업과 먹거리가 이윤 창출을 위한 수단이 되어 버렸다. 이러한 현실은 우리가 음식의 생산과정과 의미를 외면한 채 공장식 음식을 소비하는 데에만 머물러 있기 때문이다. 필자는 이를 '식맹'(食盲)의 결과로 진단하였다. 그리하여 '식안'(食眼), 곧 음식의 자연적 원리와 사회적 의미에 대한 눈뜸을 통해 이 위기적 상황을 극복하자고 제언하였다. 이 식안은 먹는 행위와 먹히는 음식의 관계와 의미에 대한 눈뜸이다. 이러한 눈뜸에는 종교의 안과 밖 경계가 없다. 친환경 농법에 있는 이, 힘들게 일부러 슬로우푸드를 만들어 먹는 이, 일부러 채식하고 나아가 소식을 하는 이 모두 현대에 어울리는 종교적 실천을 수행하고 있다.

위와 같이 각 필자들이 정성스럽게 마련하여 내놓은 글이 독자들에게 훌륭한 음식으로 소화되어 독자들의 피와 살이 되기를 바란다. 그러면 다른 음식으로 식사 초대가 이어져 우리 연구는 더욱 풍성해질 것이다. 마지막으로 책이 나오기까지 여러모로 힘써 준 도서출판 모시는사람들 편집진 여러분에게 다시 한번 감사드린다.

2023년 7월
엮은이 장석만

종교 속의 음식, 음식 속의 종교

프롤로그

종교와 음식문화

정진홍

I. 문제의 제기

인간은 먹어야 산다. 그것은 생존을 위한 가장 구체적이고 직접적인 조건이다. 그 조건이 충족되지 않으면 생존은 불가능하다.

그러나 인간의 문화는 그러한 조건의 충족을 본능에 맡기는 것으로 끝내지 않고 있다. 먹되 무엇을 어떻게 먹느냐 하는 것을 다듬어 이른바 음식문화를 빚어낸다. 그러므로 음식문화란 먹어야 한다는 필연을 일련의 틀 안에 담은 문법과 다르지 않다. 음식문화는 자신의 문화다움을 위한 자신의 법칙을 지니고 있고 그 법칙으로부터 비롯하는 의미를 지니고 있는 것이다.[1]

그렇다면 먹음이란 그것 자체로 완결되는 것이 아니다. 다시 말하면 인간이 먹어야 비로소 생존한다고 말하는 것은 생존의 필요조건을 서술한 것이기는 해도 아직 그 사실에 대한 충분한 서술일 수는 없다. 먹음이란 마치 언어가 창의적인 발성일 수 없듯이 자신의 문법에 따라 이루어지는 것이 아니면 안 되는 것이다. 기호들의 연계, 그 맥락적 관계의 구조화, 의미의 생성과 전달들이 발성을 수식하여 언어라고 하는 하나의 자율적 체계로 정리되듯이 생존을 위한 먹음도 그렇게 구조화되고 의미체계로 정리되어 음식문화를 이루는 것이다. 더 부연한다면 먹는 삶은 먹음의 생리적 기능과 아울러 그것이 어떤 의미 있는 것으로 발언되거나 읽혀지면서 비로소 삶을 이루는 근원적인 행위로서 승인되는 것이다.

그러나 음식문화의 형성 원리가 어떤 것인가를 적시하는 일은 그리 용이하지 않다. 그것은 생리적 필요와 생태적 환경, 사회적 욕구와 심미적 가치, 역사적 조건과 상황적 요청, 윤리적 규범과 종교적 이념들을 포함하는 복합적인 요인들이 유기적으로 아울러 형성하는 에토스를 그 준거로 하기 때문이다. 그러므로 우리가 탐구하려는 종교와 음식문화라고 하는 주제는 음식문화를 형성하는 다만 하나의 요인에 대한 서술을 의도하는 것으로 한정할 수밖에 없다. 그렇다면 우리는 이 주제를 "종교나 종교적인 요소는 음식문화를 형성하는 데 어떻게 기여하는가"에 대한 탐구라고 이해하는 것이 옳다. 그러나 이러한 주제는 또 다른 적극적인 의미를 함축하는 것이기도 하다. 음식문화의 의미론(semantics)에 대하여 종교학적 해석을 시도할 수 있다는 사실이 그것이다. 다시 말하면 "종교는 음식문화의 현상(status quo)에 대한 어떠한 비판적 인식을 발언할 수 있는가"에 대한 탐구일 수도 있는 것이다.

그러나 이러한 두 과제가 분리된 별개의 것은 아니다. 먹음이라는 생존을 위한 행위가 음식문화라고 일컬을 수 있는 하나의 틀로 현존한다는 사실은 종교가 음식문화를 형성하는 많은 요인들 중의 하나라는 사실과 먹음 행위에 대하여 종교가 비판적인 발언을 하고 있다는 사실을 모두 포함하고 있기 때문이다. 따라서 '종교와 음식문화'라는 주제를 서술하기 위해서는 1) 종교란 어떠한 구조와 담론 체계를 지니고 있는 것인가? 2) 종교는 음식문화를 형성하는 데 어떻게 참여하고 있는가? 3) 음식문화의 의미론에 대한 종교학적 해석을 모색할 수는 없는가? 하는 문제들을 차례로 진술하지 않으면 안 된다. 이러한 문제들을 우선 종교의 구조와 의미를 서술하면서 살펴보기로 한다.

II. 종교의 구조와 의미

종교의 특성은 그것이 인간의 물음에 대한 해답이라고 하는 사실에서 두드러진다. 언제 어디에서 일어나는 현상이든 인간이 제기하는 물음에 대하여 궁극적인 해답이라고 간주되는 것을 언어나 행위를 축으로 한 상징적 표상으로 드러내는 것을 우리는 종교라고 하는 서술 개념으로 범주화하고 있는 것이다.[2]

그러한 종교는 대체로 세 가지 표상으로 문화 속에서 드러난다. 첫째, 종교의 표상은 궁극적인 해답이라고 제시되는 현상을 발언하고 설명하는 언어적인 소통체계로 정착한다. 신화를 비롯하여 교의나 교리, 신학이나 교학, 경전 등이 그것이다. 우리는 이러한 종교의 표상을 통하여 경험을 고백하고 증언을 전달한다. 그뿐만 아니라 그러한 사실을 지적 구조물로 형성하여 그것을 이론화한다. 그러한 이론은 자기를 방어하고 스스로 범할 수 있는 오류를 수정하는 여과장치로 기능한다. 그리고 그러한 체계화된 진술은 스스로 절대적인 것이라고 승인한 궁극적인 해답을 확산하고 전승하는 수레가 된다. 이러한 표상이 없었다면 종교를 가능하게 한 경험이 소통 가능한 문화로 정착할 수 없었을 것이다.

둘째, 종교의 표상은 실제적인 행위를 통하여 그러한 궁극적인 해답의 수용을 구체화하는 것으로 드러난다. 모든 종교가 지니고 있는 제의나 의례의 일정한 행위 규범은 그러한 해답을 승인하고 수용하는 실천적인 몸짓이다. 그러한 상징적 동작은 사람들로 하여금 해답을 소유할 뿐만 아니라 해답 자체에 참여하게 하고, 마침내 삶이 곧 해답이라는 확인에 도달하도록 한다. 궁극적인 해답을 살아가는 종교인의 삶은 제의에서 그 완성에 이르는 것이다. 그러므로 제의를 현실화하는 삶, 또는 삶의 일상을 모두 제의로 고백하고 실천하는 삶은 해답을 지닌 종교의 두드러진 특성 중 하나이다.

셋째, 종교의 문화적 표상은 공동체적 삶에서 드러난다. 사람들은 서로 공유하는 경험을 조직화하고 드러낸다. 사람들은 서로 공유하는 경험을 조직화하고 제도화한다. 그리고 스스로 선택한 해답을 그러한 제도적 권위에 의하여 규범화하고, 그 규범에 스스로 자신을 귀속시킨다. 그렇게 하는 일을 궁극적인 해답을 일상화하는 가장 효과적인 삶의 방식으로 간주한다. 나아가 그렇게 함으로써 자신의 삶을 다른 모습의 삶과 차별화하고 그렇게 차별성을 확보한 채로 자기정체성을 유지함으로써 문제 정황 속에서 오히려 문제 없음의 정황을 현실화하는 삶을 구현한다. 이러한 제도적 표상이 없다면 종교는 문화적 실체로서 있을 수 없었을 것이다. 왜냐하면 제도로서의 종교는 종교적 감성을 자극하고 종교적인 의식을 계발하는 실제적인 힘의 원천으로 사회 안에 현존하고 있는 것이기 때문이다.[3]

그러나 우리가 주목하는 것은 이와 같은 현상을 하나의 가시적인 현실이게 하는 본래적인 경험 자체이다. 문제 있음의 삶의 정황으로부터 문제 없음의 삶의 정황으로 전이해 가는 과정에서 겪는 실제적인 삶의 내용이 과연 어떤 것인가를 살펴보지 않으면 안 된다. 적어도 논리적으로 말한다면 우리가 종교라 일컬어 만나는 종교적 진술이나 제의적 행위나 공동체적 삶은 그러한 경험 때문에 비로소 현실화한 귀결이라고 말할 수 있을 것이기 때문이다. 그렇다면 그 실제적인 경험, 곧 표상화된 종교를 가능하게 한 구조는 어떠한 것인가?

물음이 제기되고 발언되는 현장은 일상이다. 그것은 삶의 자리이다. 우리는 그 자리를 넘어서지 못한다. "지금, 여기"를 축으로 하여 회전하는 일련의 사실을 간과한 어떠한 문제도, 어떠한 해답의 모색도, 비현실적이다. 그러나 일상은 자기 한계를 지닌다. 시공의 범주를 벗어나지 못하는 그 한계가 곧 문제의 문제다움의 본질이기도 하다. 그렇다면 일상 안에서 일상으로부터 제기되는 문제를 풀고자 하는 것은 처음부터 불가능한 일이다. 한계 정황의 파괴로부터 비롯하는 출구의 마련만이 문제의 풀림이기 때문이다. 그렇기 때문에 종교가 함축하고 있는 해답은 언제나 일상과 상치되는 비일상을 전제한다. 일상을 넘어서서 비일상의 차원으로 옮겨가는 일, 일상을 깨트리고 그 자리에 비일상을 현실화하는 일, 일상 속에서 비일상의 간여를 끊임없이 수용하는 일 등을 경험하는 것이 문제에 대한 해답의 승인으로 묘사될 수 있는 것이다. 우리는 그것을 초월이라고 개념화할 수 있다. 그러므로 종교를 가능하게 한 경험의 구조를 우리는 초월의 현존을 인식하고 수용하고 구현하는 것이라고 말할 수 있다.[4]

이 같은 사실은 우리로 하여금 사실이라는 것에 대한 새로운 성찰을 하도록 한다. 사실이란 설명할 수 있는 것이다. '누가, 언제, 어디서, 무엇, 왜, 어떻게'라고 하는 것을 준거로 하여 분명하게 묘사할 수 있고, 그러한 진술이 소통 가능할 수 있을 때 우리는 그것을 사실이라 부른다. 그것은 분명하고 엄연한 현존이다. 그런데 문제는 그러한 설명이 삶을 다 포용할 수 없다는 데 있다. 다시 말하면 사실을 설명하는 것만으로 충분하지 않은 데서부터 인간의 문제는 비롯하는 것이다. 그러므로 해답은 언제나 사실 밖에서 주어지고 찾아진다. 비록 문제는 사실로부터 생긴 것이지만 그 해답은 사실 밖의 차원에서 비로소 사실에 첨가된다.

그런데 사실을 넘어서는 어떤 것, 곧 사실의 잉여로서의 어떤 것이 그 사실에 첨가되어 있음을 그 사실을 경험할 때 이미 터득하고 있다면 우리는 문제를 근원적으로 지니지 않을 수도 있다. 그러한 터득을 우리는 사실의 의미에 대한 인식이라고 말할 수 있다. 이러한 의미의 첨가, 의미의 발견은 삶을 두 실재로 구분하게 한다. 사실의 세계와 의미의 세계가 그 것이다. 그 둘을 서술적인 범주로 묘사한다면 우리는 전자를 속(俗)의 세계로, 그리고 후자를 성(聖)의 세계로 나눌 수 있다. 그러나 그 둘은 다만 서술적인 구분일 뿐 실제적인 두 다른 실재는 아니다. 중요한 것은 속(俗)의 현실 속에서 성(聖)의 가능성을 향해 자신을 열어 놓는 일이고, 모든 사물이 지닌 성의 현실을 그 사물의 속의 현실 속에서 읽는 일이다. 그러므로 이 같은 맥락에서 종교를 가능하게 한 경험의 구조를 우리는 신성(神聖)이라고 개념화할 수 있다.[5]

일상에 대한 비일상성, 사실에 대한 의미로서의 속(俗)에 대한 성(聖) 등으로 기술한 위의 사실은 종국적으로 인간이 직면하는 문제의 본래적인 속성인 무의미를 초극케 한다. 그런데 무의미란 다른 것이 아니다. 그것은 규범 없음, 준거의 실종, 전범의 부재, 그로부터 비롯하는 자아의 상실 등이다. 또한 그렇기 때문에 무의미란 존재 자체에 대한 근원적인 승인이 불가능한 암담한 혼돈이다. 그러나 일상과 상치하는 비일상은 일상으로 하여금 자신의 한계를 넘어서게 함으로써 그 한계로 말미암아 생성되는 폐쇄 공간의 혼돈을 수습하게 한다. 출구가 마련되는 것이다. 또한 속 (俗)에 첨가되는, 또는 속에 간여하는 성(聖)의 영역은 결코 스스로 자기완 결적일 수 없는 사물들의 사실적인 현존을 의미 있는 실재이게 함으로써 존재 자체를 승인하게 한다. 더 이상 혼란스러운 무질서로 현실이나 사물 이 인식되지 않는 것이다. 모든 존재하는 것은 존재 이유가 있는 것이라 고 이해되는 한, 삶의 현실은 결코 무의미할 수 없는 것이다. 그렇기 때문 에 이러한 사실들은 결과적으로 삶 자체에 대한 근원적인 긍정, 곧 세계 가 질서지워져 있음을 고백하게 한다. 종교를 하나의 문화현상이게 한 경 험의 구조는 이러한 질서를 함축한다. 우리는 그것을 완성이라는 의미에 서 궁극성이라고 개념화할 수 있다.[6]

그렇다면 종교가 우리의 삶을 향해 발언하거나 우리의 현실적인 삶 속 에서 어떠한 구체적인 행위를 규제하거나 계도하는 것은 이러한 초월과 신성과 궁극성을 맥락으로 하는 준거에서 그 의미가 읽혀지지 않으면 안 된다. 그런데 그러한 개념들은 결국 문제 있음의 실존이 어떻게 하면 문 제 없음의 정황으로 전이될 수 있을 것인가를 구현하고자 하는 실제적인 경험에서 추출된 것이다. 따라서 종교는 그것이 어떠한 상황이나 조건 속 에서 현존하고 있든 이른바 구원론(soteriology)의 틀 안에서 설명될 수 있 어야 한다. 음식문화와 관련한 종교의 모습도 이러한 시각에서 조망해야 할 것이다

III. 종교와 음식문화

그러면 실제로 종교는 음식문화에 대하여 어떠한 발언을 하고 있고 어떠한 태도를 지니고 있는가? 이를 몇 가지 범주로 나누어 기술하기로 한다.

1. 음식에 관한 기원 신화

많은 부족이나 민족들은 그들이 주식으로 삼고 있는 특정한 식물이라든지 곡물의 기원을 설명하는 신화를 가지고 있다. 그런데 그러한 신화들을 살펴보면 대체로 음식의 기원을 설명하는 과정에서 몇 가지 공통점을 찾을 수 있다.

첫째, 먹이는 인간이 지어낸 것이 아니라 초월적인 존재에 의하여 주어졌다는 인식을 공유하고 있다. "위로부터", "하늘로부터", "다른 곳으로부터", 그리고 "낯선 것", "처음 보는 것" 등이 그러한 사정을 설명하는 기본적인 표현들이다. 그러나 그렇다고 해서 자연스러운 증여는 아니다. 언제나 그것은 발견되어야 하는 것이고, 감격스러운 즐거움이 따른다. 먹이의 수용은 반드시 그것에 도달하는 과정과 감사를 동반하는 것이다.

둘째, 그런데 그러한 먹이는 신적인 존재의 자발적인 의도에 의해서 주어지는 것이 아니다. 모든 신화들은 거의 한결같이 그것이 인간이 처한 궁경과 연계되어 있음을 보여준다. 그러한 상황은 의례의 실종이기도 하고 공동체가 지니고 있는 규범의 몰락이기도 하다. 그리고 많은 경우 인간의 탄원에 대한 신적인 존재의 응답으로 먹이가 주어진다.

셋째, 대부분의 먹이는 신의 죽음과 직접적으로 연계되어 있다. 인간의 탄원에 대한 신적인 존재의 응답은 자신의 죽음을 통하여 이루어지는 것이다. 그러므로 먹이가 되는 식물은 대체로 신의 몸이거나 신적인 존재의 주검이다. 신의 죽음은 먹이의 필요를 충족시켜 주는 불가결한 조건이다.

넷째, 그러므로 먹이를 먹는다는 것은 신을 먹는 것과 다르지 않다는 관념을 공유하고 있다. 먹는 행위를 신에게 참여하는 것, 신의 힘을 지니게 되는 것, '어머니'의 양육 속에서 영원히 머무는 것 등의 표현들로 정리하고 있는 것은 그러한 관념들의 여러 모습들을 보여준다.[7]

2. 음식에 관한 금기

종교가 음식에 관하여 언급하는 가장 대표적인 것은 특정한 음식에 대한 금기를 설정하는 일이다. 그러나 그러한 금기는 단순하게 특정한 음식을 규제하는 것을 넘어서는 좀 더 광범한 영역에서 다양한 모습으로 음식문화 전체를 규제하고 있다. 그러한 금기가 어떤 원칙에 의하여 설정되고 있는가를 규명하는 일은 쉽지 않다. 다만 분명한 것은 아직까지 이른바 보편적인 음식 금기란 찾아지지 않는다고 하는 사실이다. 이러한 사실은 음식문화를 결정하는 요인들이나 원칙이라는 것을 실증해 준다. 이와 관련하여 다시 언급할 수 있는 분명한 것은 어느 때 어느 곳에서든 음식문화에는 일정한 제한이 있다고 하는 점이다. 그리고 이러한 금기는 당해 문화나 삶의 맥락에서 언제나 그러한 정황에 상응하는 의미를 지닌다. 그렇다면 이러한 음식 금기 또는 음식의 규례들이 어떠한 다양한 모습들을 지니고 있는지 살펴보기로 한다.

첫째, 모든 종교는 특정한 몇몇 음식을, 그것이 먹을 수 있는 것임에도 먹지 못하도록 하는 금기를 설정하고 있다. 비록 상이한 종교 전통에 따라 선택된 먹이는 제각기 다르다 할지라도 어떤 종교든 금기를 설정한 음식이 하나도 없는 경우는 없다. 물론 금기 식물에 대한 규례가 대단히 세련된 경우도 있고, 그러한 구체적인 음식 규례를 마련하지 않는 종교도 있다. 또한 그러한 금기의 설정이 역사적으로 또는 상황적인 조건에 따라, 변화하는 경우도 있다.

그러나 금기가 설정될 수밖에 없는 까닭을 설명할 수는 있어도 왜 하필이면 그 특정한 식물(食物)이 금기로 설정되었는가 하는 것이 합리적으로 설명되지는 않는다. 대체로 금기의 설정은 절대자의 뜻이라거나 결과적으로 그렇다고 설명할 수밖에 없는 귀결을 전제한다. 또 다른 경우에는 그러한 음식 규례가 전승된 전통의 권위를 신성화하거나 절대화하여 그 필연성이나 당위성을 설명하곤 한다.그로 인해 금기가 되는 음식은 식물(食物)보다는 동물인 경우가 더 많다.

둘째, 그러나 어떤 먹이를 금기로 규정하느냐 하는 것은 그 대상 자체가 아니라 그 음식을 어떻게 생산하는가, 어떻게 요리하는가, 어떻게 먹는가 하는 것과 연계되기도 한다. 그러므로 음식 금기는 동시에 식물을 생산하는 과정에 대한 금기, 요리하는 방법에 대한 금기, 언제 어느 자리에서 왜 어떻게 먹는가 하는 데 대한 금기를 아울러 포함한다. 그러한 금기를 어긴 음식은 당연하게 금기가 가해진 먹이가 된다.

셋째, 행위와 관련된 이러한 음식 금기는 제의의 맥락에서 가장 구체적으로 확인할 수 있다. 제물이 되는 음식은 언제나 흠 없이 완전한 것이어야 한다. 그리고 그러한 제물은 신성하다. 그러므로 그러한 음식은 함부로 먹지 못한다. 다만 제의 수행의 과정으로 그 음식을 먹을 수 있다. 제의를 위한 음식은 분리된 조건이나 환경 속에서 마련한다.

동일한 식물이라 할지라도 제의를 통하여 마련된 것은 먹을 수 있지만 그렇지 않은 것은 먹지 못한다. 특별히 짐승의 경우에는 이른바 제의적 도살이 선행되지 않으면 안 된다. 그러한 경우 죽은 고기는 당연히 제의에 적합하지 않을 뿐만 아니라 먹는 것조차 허용되지 않는다.

음식이 이른바 '음식의 근친상간'(culinary incest)이라고 불려지는 방법으로 요리된 것도 대체로 금기의 범주에 넣는다.

다른 신을 위한 제의에서 사용한 제물은 먹을 수 없다. 특정한 음식의 경우에는 제의적인 준비를 거치면 음식을 먹을 수도 있다. 음식을 먹기 전에 행하는 재계(齋戒)가 그러한 것이다.

넷째, 어떤 식물은 특정한 신분이나 역할을 담당하는 사람에게는 금기가 되지 않지만 그렇지 않은 사람에게는 금기가 되기도 한다. 제의를 집전하는 사제는 제물을 먹을 수 있지만 그렇지 않은 사람은 그 음식을 먹을 수 없는 것이 그러한 예이다.

이교도와 합석하여 음식을 먹는 것, 그리고 종교적 이념에 의하여 계층 간에 합석하여 음식을 먹거나 동일한 음식을 먹는 것도 금기로 설정한다.

다섯째, 개인의 상태가 음식의 금기를 결정하는 요인이 되기도 한다. 월경 중의 여인이 만드는 음식에 대한 금기는 그 여성의 요리 행위 자체를 금기로 설정하기 때문에 당연한 것으로 간주한다. 주검과 접촉한 사람이 접촉한 음식도 금기가 된다. 성행위 직후의 요리 행위도 금기로 설정하였고, 그렇게 마련된 음식도 자연히 금기가 된다.

여섯째, 이러한 금기에 대한 종교 자체의 설명은 대체로 정결한 음식과 부정한 음식이라는 서술 범주를 통하여 이루어진다. 먹이 자체는 먹을 수 있다든지 먹을 수 없다든지 하는 구분을 본유적인 것으로 지니지 않는다. 음식은 오염될 수 있는 것이고, 그래서 부정하게 된 음식에는 금기가 설정되어 먹는 것이 허락되지 않는다. 그렇기 때문에 음식은 언제나 정화될 수 있는 것이기도 하다. 따라서 정화된 음식은 먹을 수 있는 것이 된다. 그러한 정화를 가능하게 하는 것이 종교의 제의 기능이다.[8]

3. 공동체적 종교행위와 음식문화

종교의 중요한 음식문화의 하나는 공동체적인 먹이 행위이다. 전통적인 종교적 규범에 의하면 음식을 먹는다는 것은 개인적인 행위의 범주에 머물지 않는다. 그것은 생존을 공히 영유하는 공동체의 삶의 모습이다. 그러므로 종교는 음식이란 공유하는 것이라는 사실을 규범적인 것으로 전제하고 있다.

첫째, 그러한 것이 구체화된 모습은 주기적인 계절에 이루어지는 감사제로 구현되든가 특정한 계기에서 이루어지는 공동체의 축제로 나타난다. 그 밖에도 음식을 함께 먹는 일들은 성례로 설정되어 특별한 '잔치'로 여겨지기도 한다. 그러한 축제는 신적인 존재의 강림이나 하강을 통한 신과의 공존, 그리고 초월적인 존재의 소유나 육화(肉化)로 이해되고 있다.[9]

둘째, 그러나 이와 정반대로 공동체적인 금식도 종교와 연관된 음식문화의 한 형태로 범주화할 수 있다. 특정한 날이나 일정 기간에 공동체 전체가 금식을 하는 일, 그리고 특정한 음식, 특히 육식을 하지 못하도록 하는 것은 흔히 볼 수 있는 일이다. 이러한 금식이나 금기는 공동체 단위로

이루어지는 참회, 탄원, 또는 신앙의 새로운 확인 등의 의미를 지닌 것으로 설명되고 있다.[10]

4. 도덕적 덕목과 음식문화

종교가 음식에 대하여 내리는 도덕적 판단은 복합적이고 상호 갈등적이다. 그러나 어떠한 경우든 음식 자체가 부정되지는 않는다. 다만 음식의 많고 적음을 설명하는 맥락에서, 그리고 음식을 대하는 사람들의 태도에서, 그 판단이 여러 양태로 갈라진다.

첫째, 먹이의 풍성함은 모든 종교에서 축복의 징표로 읽혀진다. 그러므로 기근이나 먹이의 결핍은 저주이거나 극복해야 할 시련으로 간주한다.

둘째, 그러나 먹이를 필요 이상으로 요청하는 것은 탐욕으로 간주한다. 그러므로 금욕의 가장 기본적인 덕목은 음식을 절제하는 일, 특정한 음식, 특히 육류를 삼가는 것을 그 금욕의 내용으로 삼고 있다.

셋째, 금식은 개인적인 참회와 신앙의 돈독함을 위한 수련이기 때문에 언제나 가장 현실적인 종교적 덕목으로 간주한다.

넷째, 사랑의 행위는 음식을 나누어 먹는 것에서 비로소 구체화되는 것으로 설명한다. 공존을 위한 격률(格率)을 음식의 공유에 두고 있는 것이다.[11]

이상에서 우리는 종교가 음식문화에 대하여 어떠한 발언을 하고 있고 어떠한 태도를 지니고 있는가를 살펴보았다. 그렇다면 이러한 현상의 기술을 통하여 우리는 종교가 음식문화에 담고자 했던 의미에 대한 해석학적 접근을 시도해 볼 수 있을 것이다.

IV. 음식문화에 대한 종교학적 해석의 모색

종교가 보여주는 음식문화를 읽을 수 있는 문법을 발견하고자 하는 노력은 상당한 기간 동안 많은 사람들에 의하여 시도되어 왔다.

그러한 전형적인 예 중의 하나는 종교가 설정하는 음식 금기를 위주로 하여 위생학적인 접근을 시도한 경우이다. 예를 들면 덜 익은 돼지 고기는 선모충병(旋毛蟲病)을 일으킨다는 것을, 비록 병리학적으로 실증하지는 못했지만 오랜 경험을 통하여 터득했기 때문에 돼지고기를 금기로 여겼다는 것이 그 한 사례이다. 이러한 주장을 비롯하여 종교가 보여주는 일련의 음식에 대한 규제를 질병이 발생할 수 있는 유기적 맥락에서 (pathogenic organism) 설명하고자 하는 것이 이러한 접근의 서술내용이다. 이 밖에도 우리는 몇몇 다른 해석들을 예거할 수 있다

음식문화에 대한 생태학적 접근이라고 할 수 있는 하나의 해석은 음식에 대한 금기의 설정이 특정한 음식의 희소성과 연계되어 있는 것이라고 주장한다. 유목민들에게 종교적인 음식 금기가 상대적으로 더 다듬어져 있는 것을 그러한 사실을 실증하는 예로 제시한다.

또 다른 입장은 종교적인 음식 규제는 특정한 개인이나 공동체의 정체성을 유지하기 위한 것이라고 설명한다. 흔히 "우상에게 바쳐진 음식에 대한 금기"라고 하는 현상에서 발견할 수 있는 것이 바로 이 같은 정체성의 유지 동기가 금기를 현실화하는 바탕이라는 것을 실증하는 예라고 주

장한다.

또 다른 해석은 특정한 종교의 우주론이 음식문화의 규제에 반영되고 있는 것이라고 주장한다. 땅과 바다와 하늘이라는 우주론을 지니고 있는 종교문화권에서는 자연히 땅 위에 있는 짐승의 전형적인 특징과 바다에 사는 물고기의 전형적인 특징, 그리고 하늘을 나는 조류의 전형적인 특징에 상응하지 않는 것은 금기로 치부한다는 설명이 그러한 하나의 예이다. 종교적인 음식 규례는 그 종교가 인식한 세계의 범주를 보여주는 하나의 언어와 같은 현상이라는 주장도 이러한 접근의 범주에 포함시킬 수 있다. 다시 말하면 자연과 문화, 신적인 것과 인간적인 것, 동물과 인간 등의 범주에 대한 인식과 그것을 통하여 형성되는 일정한 이념을 드러내는 것이 금기를 설정하는 일로 구체화하는 것이라는 주장이 그것이다.

종교적 금기가 항구적인 것이 아니라 의례적 정화나 역사적 맥락에 의하여 변화한다는 것을 초점으로 하여 음식 규례란 근원적으로 사회적인 행위이며 그것의 기능적인 측면에 우리는 주목하지 않으면 안 된다는 해석도 첨가할 수 있다. 이 이외에도 우리는 더 많은 해석의 유형들을 나열할 수 있다.[12]

이러한 주장들이 제각기 타당한 자료와 논거가 있고 그러한 해석이 종교가 형성하는 특정한 역사-문화적 조건 안에 있는 음식문화의 문법을 좀 더 명료하게 읽을 수 있도록 하는 것은 사실이다. 그러나 그 어떤 접근도 우리가 직면하고 있는 복합적이고 총체적인 현상을 이론화하고 있지는 못하다. 우리는 그러한 각각의 주장이 예거하는 실증적인 자료보다 더 많은 예외적인 현상을 실제로 직면하기 때문이다. 따라서 음식문화에 대한 단일하고 총체적인 하나의 이론이 구축될 수 있으리라는 것은 분명히 불가능하고 비현실적인 기대일지도 모른다. 그렇다고 해서 그러한 여러 논의들을 기술적으로 종합하는 일도 현실적으로 용이하지 않다. 서술의 준거와 설정된 범주들이 다르고, 그렇게 이루어진 개념들이 서로 공유할 수 없는 한계가 있기 때문이다.

그렇다면 우리가 할 수 있는 것은 다만 또 하나의 접근을 시도하는 일일뿐이다. 우리는 이 계기에서 앞서 2장과 3장에서 서술한 내용들, 곧 종교의 구조와 의미 및 종교와 음식문화에서 논의된 내용들을 다시 유념할 필요가 있다. 그곳에서 우리가 주장한 것은 첫째, 종교가 음식문화를 규제하면서 기대하고 있는 것은 근원적으로 구원의 현실화를 이룩하려는 것이라는 사실이고, 둘째, 종교는 음식에 대한 금기의 설정만으로 음식문화를 구축하는 것이 아니라 음식 기원 신화와 공동체적인 행위 양태, 그리고 도덕적 덕목 등에 대한 일정한 주장과 태도를 아울러 음식문화의 구축을 위하여 동원하고 있다는 사실이다. 그렇다면 우리는 이러한 사실들을 감안하면서 음식문화가 지니고 있으리라고 예상되는 그 나름의 의미론에 대한 종교학적 해석을 시도해 볼 수 있을 것이다. 그러한 시도를 통하여 우리는 다음과 같은 몇 가지 주장을 정리할 수 있다.

우선 우리는 금기에 어떠한 종교적 의미가 있는가를 살펴볼 필요가 있다. 금기는 법전화된 규칙 체계가 아니다. 따라서 엄밀하게 말하면 '무엇을 먹지 말라'고 했을 때 그 금제(禁制)는 그 지시하는 사물과 직접적으로 관련을 맺고 있지 않다. 그때 그 금기를 통하여 관계가 맺어지는 것은 그 금기를 발언하거나 부여하는 설명할 수 없는 실재나 힘, 그리고 그 금기를 수용하는 인간이다. 그러므로 그때 금기로 선택된 음식은 실은 "우연한 것"이다. 그 사물이 그렇게 금기를 부여받게 된 까닭에 대한 합리적이고 인과론적인 설명은 불가능하다고 하는 의미에서 그렇게 서술할 수 있다. 그렇기 때문에 설혹 그러한 금기를 범하는 일이 일어난다 해도 그것은 "왜 (금기로부터 자유로운) 이것을 먹지 하필이면 (금기가 설정된) 그것을 먹었느냐?"고 질책하지 않는다. 금기를 범하는 것은 그러한 실재와 인간과의 관계의 파괴이지 그 사물의 훼손도 그 금기를 범한 인간의 파멸도 아니기 때문이다. 그러므로 금기의 현존은 지극히 역설적이다. 한편으로는 금기의 설정이 없었다면 인식 불가능했을 '다른' 실재의 현존을 승인하면서 그 존재와의 '관계'를 형성한다. 그러나 또 한편 그 관계는 설정된 금기로 인하여 연속이 아니라 '단절'로 구체화하고 있다.

이러한 사실은 우리로 하여금 금기의 자리에 관심을 가지게 한다. 금기의 자리는 "사이"이다. 그것은 언제나 두 다른 실재의 사이에 있어 그 양자를 매개하면서 동시에 단절한다. 그러므로 근원적으로 금기는 분류 체계이다. 금기를 통하여 우리는 세상이 둘로 구조화되어 있음을 알게 된다. 그런데 그 둘이라고 하는 범주는 동질적인 것이 아니다. 그것은 이곳과 저곳, 지금과 그때, 일상과 비일상, 사실과 의미, 혼돈과 질서 등의 이질적인 우주를 현시한다. 그 두 우주의 이질성은 양자의 분명한 경계를 통하여 현실화한다. 따라서 그러한 경계의 부재는 단일한 우주 안에 폐쇄되어 있는 실존을 예상케 한다. 지금, 이곳, 일상, 사실, 혼돈 등이 그러한 실존을 묘사하는 적절한 언어들로 등장한다. 그러나 금기의 현존에 대한 승인은 그러한 폐쇄공간이 초월이나 신성이나 궁극성과 무관한 것이 아님을 아울러 상기하도록 한다. 그 둘의 세계가 금기에 의하여 단절되어 있음에도 불구하고 그것이 바로 그 금기 때문에 열려질 출구의 가능성을 안고 연속되어 있음을 시사하고 있는 것이다. 그러므로 다시 말하면 금기가 자리하고 있는 '사이'는 닫혀진 사이이면서 동시에 열려진 사이이다. 그 사이는 두 실재의 교차점이 되는 것이다.

종교의 실천적 행위의 표상인 제의는 바로 이러한 계기에서 그 금기를 열려진 사이이게 하는 구체적인 현실로 현존한다. 바꾸어 말하면 금기는 언제나 제의에 의하여 제거될 수 있고 소멸될 수 있다. 금기된 음식은 제의를 통하여 정화된다. 제의를 위한 온갖 금기는 제의의 종료와 함께 소멸한다. 이러한 의미에서 영구적인 금기란 없다. 그러한 음식은 실재하지 않는다. 제의의 구조는 이러한 사실을 더욱 현실적으로 극화하고 있다. 엄밀하게 말한다면 제의는 비일상성의 시간이고 공간이다. 사실의 세계는 의미의 출현으로 인하여 그 현실적인 실제성을 주장하지 못한다. 엄격한 규제 속에서 금기로 울쳐진 모든 것이 한결같이 풀어진다. 금기의 소멸이 가장 극적으로 나타나는 제의가 난장(亂場)의 재연이다. 그런데 그러한 금기의 제거는 실은 지극한 시련의 과정이기도 하다. 그것은 일상의 소멸을 경험하는 것이기도 하기 때문이다. 그러나 그것은 또한 오염이나 부정을 정화하는 것이기도 하다. 인간은 그러한 제의, 곧 설정된 금기의 제거를 통하여 자신의 존재 양태의 변화를 확인한다. 문제 있음의 상황에서 문제없음의 정황으로 전이된 자신을 확인하게 된다. 그러므로 모든 금기는 실은 파괴되기 위하여 있는 것이라고 말할 수도 있다.[13]

음식 금기를 설정하는 종교의 태도도 다르지 않다. 금기가 설정된 음식 자체에 금기 설정 이유가 있는 것은 아니다. 물론 우리는 앞서 지적했듯이 특정한 음식이 선택된 까닭에 대한 여러 가지 합리적인 설명을 가할 수 있다. 그러나 이러한 맥락에서 본다면 음식 금기는 음식 자체가 그 금기의 설정 원인을 제공하고 있는 것이 아니라 '제의적 금기'라고 서술할 수 있는 범주에서 그 음식이 선택된 것이라고 말할 수 있다. 다시 말하면 종교에서 설정하는 금기는 언제나 스스로 깨지기 위해서 있는 것이다. 구원의 현실화를 위한 문화적 장치인 셈이다.

이와 같은 사실은 우리가 음식 기원 신화를 유념하면 더 분명해진다. 음식의 기원이 신의 죽음과 연계되어 있다고 하는 사실은 음식에 대한 종교의 태도가 철저하게 구원을 의도하는 제의적 동기가 있음을 보여준다. 신은, 혹은 초월적인 어떤 힘이나 실재에게는, 언제나 금기가 설정된다. '함부로 접근할 수 없을 뿐만 아니라 그렇게 해서는 안 되는' 존재이다. 그러나 그 금기가 깨어진다. 신적인 존재는 자기의 자리에 유폐되지 않는다. 금기의 소멸로 인한 자유로운 신은 인간의 탄원을 수용하기 위한 구체적인 행위를 감행한다. 스스로 죽어 인간을 살리는 것이다. 다만 음식을 위한 금기와 다른 것이 있다면 기원 신화에서는 신을 위한 금기가 깨지면서 '음식의 풍요로움'을 통한 인간의 구원이 실현되고, 음식 금기에서는 음식에 대한 금기가 깨지면서 '신의 풍요로움'을 통한 인간의 구원이 실현된다고 하는 사실이다. 음식 금기가 구원을 위한 제의적인 것임이 분명한 것이다.

그러나 음식 기원 신화는 또 다른 의미를 음식문화에 부여하고 있다. 그것은 부정적인 금기와는 다른 적극적인 태도의 권장이다. 음식 윤리의 수립이라고 할 수 있는 적극적인 규범의 제시를 찾아볼 수 있는 것이나 공동체적 종교 행위 및 도덕적 덕목과 관련하여 살펴본 음식문화의 경우를 이와 아울러 유념하면 우리는 종교가 지향하는 음식 윤리의 내용을 분명하게 파악할 수 있다. 음식의 본질이 신의 주검이라고 하는 이해, 그리고 죽음을 매개로 하지 않는 음식이란 존재하지 않는다는 사실에 대한 인식이 그것이다. 먹이를 위한 동물의 살해가 제의를 통해 행해지고 그 죽음이 희생으로 묘사된다든가 먹이가 되는 식물의 결실이 씨앗의 죽음의 결과로 묘사되는 것은 단순한 시적 상상이 낳은 수사는 아니다. 그것은 철저한 현실이고 우리의 경험이다. 모든 음식이 주검이라고 하는 종교의 이해는 음식 윤리의 기반이고 종국이다. 생명은 생명을 죽여 그 주검을 먹고 비로소 산다고 하는 역설을 터득하는 일이 또한 구원의 현실성을 위한 행위규범을 마련하게 한다는 것도 종교의 음식 윤리가 함축하는 내용이다. 그렇다면 음식을 탐하고 절세하지 못하는 행위나 그것을 공유하지 못하는 삶은 음식이란 것이 무엇인지 알지 못하거나 그러한 사실에 대한 의도적인 저항을 하는 것밖에 되지 않나. 그것은 결국 사랑을 거절하는 자기 배신의 참담한 모습을 드러내는 것과 다르지 않다.

결국 종교는 음식에 대한 금기를 제의적인 것으로, 그리고 음식에 대한 윤리를 희생을 담은 사랑의 덕목으로 해석하고 있다고 말할 수 있다.

V. 남아 있는 문제들

그러나 이제까지 서술한 내용은 다분히 '전통적'인 견해이다. 종교는 물론 음식문화의 변화는 이상의 서술 내용이나 주장을 오늘의 현실에 상응하는 것으로 간주하지 않는다. 우리는 그렇게 변화된 종교와 음식문화의 현상을 몇 가지로 나누어 서술할 수 있다.

가장 두드러지는 것은 종교 안에서 일고 있는 음식 규례에 대한 저항이다. 전통적인 종교는 물론이고 많은 종교들 속에서 이미 음식에 관한 금기의 설정은 무의미한 관행으로 여겨지고 있다. 그러한 규례들이 만들어진 당대의 상황적인 조건들이 그러한 금기를 특정한 음식에 부과했으리라는 개연성에 대한 막연한 공감을 지니기도 하지만, 이제는 더 이상 그러한 규례가 타당성 있는 종교성을 포용하지 못한다고 판단하는 것이다.

금기에 대한 저항이 역설적으로 종교성을 극적으로 현시하는 것이라는 사실을 우리는 앞에서 지적한 바 있다. 그러나 우리가 직면하고 있는 오늘날의 음식 규례에 대한 저항은 그러한 것이 아니다. 우리가 지적할 수 있는 것은 그러한 저항이 금기의 제의적 소멸이나 제거에 이르지 않고 금기에 대한 단순한 저항이나 간과에서 머물고 만다는 사실이다. 종교의 구조라고 하는 측면에서 본다면 그러한 태도는 존재 양태의 변화 가능성에 대한 거절과 다르지 않다. 구원론의 실질적인 파기인 것이다. 그런데 그렇게 되는 것은 그러한 저항을 하는 주체들이 금기란 것이 구체적인 특정한 음식에 관한 것이라고 이해하고 있기 때문이다. 다시 말하면 특정한 음식에 대한 금기는 그 음식이 문제가 아니라 그 금기 설정 자체가 좀 더 깊은 종교적 상징체계를 구현하고 있다는 사실을 전혀 인식하지 못하고 있기 때문이라고 할 수 있다. 그러나 이러한 진단이 정당하고 적합한 것이냐 하는 것은 충분한 논의가 이루어지지 않으면 안 되는 남아 있는 과제이다.

다른 하나는 종교와 무관하게 음식문화 자체의 변화에서 말미암는 현상이다. 이 문제는 두 가지 다른 범주를 통하여 제기할 수 있다. 하나는 음식문화를 완전하게 물화시키는 태도이다. 무엇을 왜, 어떻게, 언제, 얼마나 먹느냐 하는 것을 몸의 건강, 위생 등을 근간으로 한 제반 물질적 (physical) 사태와 직접적으로 연결하여 결정한다. 음식에 대한 인식의 준거는 그러한 것으로 설정한다. 종교적인 맥락에서 본다면 이른바 음식문화의 세속화 현상이 일고 있는 것이다.

음식 자체가 물질임은 말할 필요도 없다. 그러나 그렇다고 하는 사실이 음식문화 자체를 물화하는 것일 수는 없다. 물론 음식문화는 그러한 물화된 차원에서 머물지 않는 사회적 차원에서의 문화를 여전히 유지하고 있다. 그러나 음식문화의 물화 현상은 전통적인 종교적 견해에서 말한다면 부정한 음식이 존재하지 않는다는 주장에서 그 극에 이른다. 무엇을, 왜, 어떻게, 언제, 얼마나 먹든 그것을 규제할 수 있는 어떤 준거나 권위도 있을 수 없다고 하는 것이 그러한 태도의 실제인 것이다. 음식문화의 자유 방임과 그것을 보호하리라고 예상되는 물화된 음식 금기가 어떻게 귀결할 것인가 하는 것은 다시 논의해야 할 남아 있는 또 다른 과제임에 틀림없다.

마지막으로 유념하고 싶은 또 하나의 사실은 각 종교 전통에서 음식문화의 정체성 상실이 종교에 어떠한 영향을 미칠 것인가 하는 점이다. 물론 무관한 것일 수는 없지만 이것은 음식 금기에 대한 저항과도 다르고 음식문화의 물화 현상과도 같지 않다. 이제는 특정한 종교의 신도들이 스스로 어떤 음식을 먹지 않는다거나 어떻게 요리해서 먹어야 한다거나 하는 것으로 자신이 그 종교의 신도임을 드러낼 수 없다. 음식문화는 이전에 비해 상대적으로 종교적 정체성을 확인하는 지표의 역할을 충분히 하지 못하고 있다. 이러한 변화는 급격하게 진행되고 있다. 이러한 사실도 우리가 논의해야 할 과제로 남겨야 할 것 같다.

음식문화의 광범위한 의미체계에 대하여 종교적인 해석을 시도하는 일은 처음부터 무모한 과제이다. 그러나 이러한 시도는 종교의 문화적 기능과 그 의미론에 대한 새로운 접근으로 주목할 만한 충분한 가치가 있다. 종교학이 전통의 형해(形骸)만을 윤색하는 데서 머물지 말아야 할 당위를 우리는 유념하지 않으면 안 된다.[14]

1부
세계종교와 음식문화

유대교의 희생제의와 음식

—동물의 정결과 피의 금기를 중심으로

안연희

I. 들어가는 말

최근 몇 년간 한국 대중문화는 유일하게 가능한 안전한 쾌락은 음식인 것처럼 맛집, 요리, 사적인 식도락 행위를 과시적으로 보여주고 보는 데 몰두해 왔다. 한편 더 풍족한 식탁을 위해 대규모로 재배되고 사육되는 동식물의 열악한 환경과 부실한 관리에 의해 생긴 구제역, 조류독감, 광우병, 유전자조작 식품, 살충제 계란 사건 등 먹거리 파동이 주기적으로 반복되고 있다. 특히 오로지 인간의 먹거리 용도로 사육되어 온 동물들의 생태 위기와 그 결과가 인간의 음식에 미치는 부메랑효과, 대규모 집단 폐사에서 여과 없이 드러나는 음식에 내재된 폭력 등은 동물의 생명권에 대한 감각을 자극하고 동시에 음식을 매개로 한 인간과 동물의 관계, 음식이 된 비인간 존재들, 그리고 삶의 조건과 의미에 관해 진지한 성찰을 요청하고 있다.

많은 종교전통은 신과 인간, 인간과 동식물, 나아가 인간과 물질의 관계를 성스러움이나 정결의 상징체계를 통해 규정하고 이해해 왔으며, 이는 특정한 종교적 음식 규정과도 직간접으로 관련된다. 인간의 삶을 떠받치고 있는 먹을거리와 먹는 행위는 원초적이며 동시에 사회적이고 문화적이다. 가장 원초적이고 직접적인 삶의 요소들은 그만큼 강력한 종교적 상징이 되어, 삶의 총체적인 의미화를 지향하는 종교문화를 이루곤 한다. 물론 음식 규정이 복잡하고 엄격한 종교도 있고, 상대적으로 그렇지 않은 종교도 있다. 그러나 특정한 음식 규정이 두드러지는 종교문화가 아니라 해도, 오히려 그러한 해당 음식문화 속에서 어떤 세계관 혹은 음식에 대한 종교적 관점을 읽어 내고 그 속에서 종교의 존재방식을 묻는 것은 의미 있는 작업이 될 수 있다.

복잡하고 구체적인 종교적 음식 규정의 경우를 면밀히 살펴보면서 종교와 음식의 관계를 되짚어 보는 것도 좋을 것이다. 음식 문제가 여전히 종교적 정체성의 강한 지표로 작용하고 있는 유대교는 그러한 좋은 사례가 될 수 있다. 특히 고대 유대교의 동물 희생제의 전통과 동물에 관한 음식 규정이 어떤 종교적 의미 연관을 이루고 있는지를 들여다본다면, 현대 육식문화를 종교문화 비평의 관점에서 되짚어 보는 데도 흥미로운 시사점을 발견할 수 있을 것이다.

II. 유대교 음식문화의 특징: 동물의 정결과 피의 금기

『히브리 성서』는 신에게 가축이나 곡식을 바치는 제사를 인간이 신을 경외하는 적합한 행위로 서술하고 있다. 생명 유지와 활동에 필수적인 음식을 모든 것을 창조한 신이 인간에 준 축복으로 이해하는 창조신학의 관점으로 볼 때, 인간이 신에게 드리는 제사는 그에 대한 기억과 감사의 행위로 해석될 수 있다. 제사를 드리는 것은 신이 제물을 취해서가 아니라, 신과의 관계에서 인간이 마땅히 해야 하는 행위임을 강조하는 것이다. 그러나 희생제의를 묘사하는 『히브리 성서』 구절들은 상당히 직접적으로, "번제의 향기가 신을 즐겁게 한다."라고 표현하곤 한다. 이는 제물을 불태워 올리는 향기(연기)를 신들이 음식처럼 취하고 좋아한다는 고대 근동 신화의 관용적 표현[1]과 거의 흡사하다. 희생제의의 제물을 신이 좋아하고 신에게 합당한 음식처럼 묘사한 것이다.

고전적 희생제의 이론에 따르면, 흠 없고 완전한 것 중에 선택된 제물이 절차에 따라 성소의 제단에 바쳐지면 신에게 적합한 성스러운 것으로 변형되며, 성스러움의 영역과 세속의 영역을 매개한다.[2] 『히브리 성서』에서도 희생제의를 받는 신은 정결한 것을 적합하게 바쳐서 성화된 제물을 취하고 기뻐하며, 신과 인간이 나누는 희생제물은 그 음식의 다양한 위상에 의해 성과 속의 영역을 매개하기도 한다. 그에 따르면, 제물 전체를 신에게 바치는 희생제의도 있지만 제물의 일부를 대표로 바치고 나머지는 제사장과 그 가문의 음식으로 취하는 제사, 제물의 기름기와 내장의 일부를 번제로 바치고 피는 제단에 뿌린 후 나머지 고기는 희생제를 드린 사람들이 나누어 먹는 제사도 있다. 이처럼 고대 유대교에서 희생제의를 통해 음식을 다양하게 분배하는 것은 신과 인간의 관계와, 제사장과 이스라엘 백성 간의 사회경제적으로 위계화된 질서 체계를 규정하는 상징적 의례적 표현이기도 하다. 또한 희생제의의 제물은 신의 음식이며 동시에 희생제물을 바쳐서 신과 관계를 유지하고 소통하려는 인간 사회의 일상적 '음식'의 기반이었다.

선악과에 대한 태초의 금령부터 야훼의 계시를 받아 모세가 거룩한 백성에게 가르친 공동체 규례(Torah)로서 「레위기」 등에 제시된 음식법(Kashrut), 성전 파괴 이후 확립된 구전 토라인 『미쉬나』(Mishnah)의 구체적이고 풍부한 재해석에 이르기까지, 유대교 전통에서 생명을 유지하는 원천인 먹거리는 이스라엘 공동체의 사회적 실존적 정황에 대한 종교적 상상력과 제한과 허용의 정교한 종교적 기술이 맞물려 작동하는 하나의 의미 축을 이루고 있다. 음식을 정결과 부정, 거룩함과 가증함의 체계로 분류함으로써 특정 식문화에 거룩한 생활 방식이라는 종교적 의미를 부여하고 있는 것이다. 그런데 이러한 유대교의 음식 규례인 카슈루트는 채소와 과일 등 식물은 특별히 규제하지 않고, 동물에 대해서만 먹어도 되는 정결한 동물과 먹지 말아야 할 부정한 동물을 엄격히 구분한다. 또한 피에 대한 강한 금기가 특징이다. 물론 현대 유대교의 여러 교파는 이를 저마다 다르게 해석하고 느슨하게 지키는 경우도 많지만, 돼지고기 금기와 '코셔 인증'처럼 토라의 음식 규례가 유대교의 정체성을 드러내는 핵심적 문화 지표로 작동하고 있다.[3]

유대교와 『성서』의 아브라함 전승을 공유하면서 제각각 발전해 나간 그리스도교, 이슬람교의 관계는 이러한 제사와 음식에 대한 태도에서도 드러난다. 음식의 관점에서 말한다면, 유대인 예수와 초기 그리스도교 공동체는 토라의 음식 금기를 내면화하고 점차 외형적 음식 금기를 타파함으로써 새로운 종교를 발전시켰다고 할 수 있다. 우상숭배 관련 음식 금기는 남았지만, 그리스도교는 기본적으로 모든 음식은 깨끗하며 먹을 수 있다고 가르쳤다.[4] 밖에서 섭취하는 음식의 종류와 정결을 더 이상 문제 삼지 않는 대신, 그리스도교의 종교적 관심은 먹음 자체, 식욕과 연관된 탐욕으로 전환되었다. 즉, 그리스도교에서 음식문화의 축은 과도한 식욕을 경계하고 욕망을 절제하는 금식과 탐식의 주제로 이동했다. 피에 대한 금기도 흥미롭게 역전되었다. 피를 먹는 것을 금지한 유대교와 달리, (해석은 다양할 수 있지만) 떡과 포도주를 통해 언약의 피, 속죄의 피인 예수의 피와 살을 먹는 성체성사는 그리스도교 구원의 핵심 요소가 되었기 때문이다. 음식 금기의 변형과 해체는 결코 음식에 국한되지 않고 종교 공동체의 성격과 종교문화의 변화를 수반하게 마련이다.

동일한 셈족 종교로서 7세기 이후 아랍 유목민 세계로 뻗어 나간 이슬람교의 경우는 그와 달리 유대교와 흡사한 종교적 음식 금기를 고수했다. 이슬람의 샤리아(신법)는 유대교의 토라와 유사하게 '할랄'(허용된 것)과 '하람'(금지된 것)의 체계를 통해 특정한 음식을 종교적으로 규제하였다. 그러나 죽은 동물의 고기와 흐르는 피, 돼지고기, 알라 외의 다른 것들에 바쳐진 것, 알라의 이름으로 도살되지 않은 동물의 고기를 제외하고는 음식을 금하지 않는다[5]는 『꾸란』 6장 145절은 이슬람교의 음식 금기가 유대교의 복잡하고 많은 음식 규정보다 간소화되었음을 시사한다. 이슬람교는 카슈루트보다는 간소하면서 아랍 세계의 맥락에 적합하게 변형된 음식법을 제시하였지만, 희생제의는 완전히 폐지하였다. 반면 그리스도교는 우상에 대한 제물을 금지하는 것 이외의 음식 규제는 완전히 폐기하면서 탐욕과 탐식을 규제하는 금식과 구원의 음식인 성찬의 문화를 새롭게 발전시키되, 희생제의는 동일한 함의를 지닌 미사 혹은 예배로 대체, 전환시켰다.

이처럼 동일한 아브라함 전통하에서 강력한 두 종교가 차례로 출현해 경쟁적으로 발전해 간 상황 속에서 종교적 정체성을 정비하고 랍비 유대교로 발전되어 간 유대교는 음식법과 제사법을 토라의 규례로서 계속 고수해 갔다는 게 특징적이다. 『히브리 성서』와 이후 유대 문헌에 드러난 음식법은 유대교에서 '거룩함'의 전형인 제사법을 전제하고 있으며, 제사의 거룩함이 일상까지 확대되는 규례로서 제사법과 긴밀히 연관되어 있다.

그렇다면 유대교에서 희생제의는 어떤 의미가 있는가? 『히브리 성서』의 기록을 그대로 받아들인다면, 고대 이스라엘 종교는 희생제의의 종교였다. 예루살렘 성전 제단의 불꽃은 언제나 꺼지지 않았고, 연기 자욱한 제단 주변으로 뿌려진 제물의 피도 마르지 않았다. 대사제는 아침저녁으로 매일 숫양을 한 마리씩 번제물로 제단에 바쳤으며, 이스라엘 공동체의 위기를 극복하고 화해하기 위한 공동체적 제사뿐만이 아니라, 개인적인 속죄·감사·서원·임명·부정의 정화를 위한 갖가지 희생제의도 끊이지 않았기 때문이다.

그런데 이러한 희생제의 절차를 자세히 서술하고 있는 사제문서(P)의 많은 부분이 편찬된 것은 1차 성전 시대가 아니라 포로기였다.[6] 성전 제의가 실제 시행될 때만이 아니라, 불가능했던 상황에서도 희생제의는 유대인들에게 무엇보다도 거룩한 일이었다. 희생제의는 '선택된 백성'이 행해야 할 토라 즉 규례 가운데 가장 성스러운 일이었던 것이다. 이후 예언자 전승은 이스라엘 왕과 공동체가 도덕적으로 타락하고 윤리적 악행을 일삼으면서 형식적으로 준수하는 성전 희생제의를 통렬히 비판했지만,[7] 유대교에서 희생제의가 완전히 용도 폐기된 적은 결코 없었다. 희생제의의 언어를 완전히 걷어 내고 고대 이스라엘과 이후 랍비 유대교에 이르기까지 유대교에서의 신과 인간의 관계, 나아가 이스라엘 공동체 내의 관계를 이해하는 것은 거의 불가능할 것이다. 「레위기」 등에서도 희생제의는 공동체 규례의 첫 번째 항목으로 제시되며, 이어지는 음식법·정결법 등과의 구조적 연관을 암시한다.

따라서 유대교 희생제의의 맥락과 그 의미를 살펴보면서, 앞서 언급한 유대교 음식법의 특징인 동물의 정결 규정과 피의 금기에 대해 분석을 시도하는 것은 유의미한 작업이 될 것이다. 『히브리 성서』의 제사법에서 동물 제사가 큰 비중을 차지하는 것과 음식법이 대부분 동물에 대한 규정으로 이루어져 있는 것은 어떻게 연결될까? 특히 거룩한 백성을 위한 토라(규례)에서 피에 대한 금기가 두드러지는 이유는 무엇인가? 이 글은 이러한 문제들을 검토하여 유대교의 희생제의에서 제물이 되는 동물과 그 피의 위상이 동물의 정결과 피의 금기에 대한 음식 규정과 어떻게 관련되는지 살펴보려 한다.

III. 유대교와 희생제의

1. 희생제의에 대한 구절들과 논점

희생제의에 관한 기록은 『히브리 성서』 전권에 걸쳐 있으며 관련 용어도 매우 다양하다. 「레위기」 1-17장, 23장, 「민수기」 6-8장, 15장, 19장, 28-29장 등에는 고대 이스라엘 공동체에서 행해진 희생제의가 그 절차와 방법, 목적에 따라 상세하게 기록되어 있다.[8] 특히 「레위기」는 고대 이스라엘에서 행해진 희생제의에 대해 유형별로 희생물의 종류와 형태, 구체적인 제사 과정을 매우 세밀하게 서술하여, 고대 인도의 『베다』와 더불어 희생제의 연구에서 빠지지 않고 언급된다. 그에 따르면, 고대 이스라엘 공동체는 처음에는 이동식 제단을 통해 그리고 이후에는 예루살렘 성전의 희생제의를 통해 그들의 신 야훼의 현존과 지속적 관계를 맺었던 것으로 보인다.

「레위기」와 「신명기」 등에 기술된 고대 유대교의 희생제의는 동물(가축과 가금류)과 곡식(곡식단, 곡물 가루, 가루로 만든 떡)을 제물로 바쳤다. 곡식 제물은 밀이나 보리를 곱게 빻아서 기름에 섞어 불살라 드리거나 굽거나 볶거나 익힌 것을 불살라 향기로 올려 드린다. 제물로 선별된 동물은 성막 어귀에서 머리에 손을 얹고 죽여서 피를 받아 낸 후 그 피는 제단 둘레에 뿌리거나 경우에 따라서는 성소의 휘장 앞에 뿌린 후 분향단 뿔에 바르고 나머지를 번제단 아래 바닥에 쏟아부었다. 그리고 가죽을 벗긴 후 기름을 떼어 내고 살을 저며서 제단에 놓고 전부 불살라 그 향기를 신에게 바치거나, 기름과 내장 부위를 불태워 번제로 드린 후 피와 기름을 제외한 고기를 제사장과 그 가족이 먹거나 제물을 바친 사람이 먹기도 한다.

곡식도 마찬가지지만, 희생제물이 되는 동물은 인간에게 유용한 동물인 가축이었다. 희생제물은 소유 재산인 가축 중에서 선별되었지, 포획하거나 사냥해서 잡은 야생동물을 바치지 않는다.[9] 모세가 이집트에서 이스라엘 백성을 이끌고 탈출할 때에도 소와 양을 두고 가라는 파라오의 명령을 거부하고 희생제물과 번제물로 바칠 집짐승을 모두 데리고 나온다. 모세는 집짐승 중에서 하느님께 바칠 희생제물을 택해야 하므로 가축도 모두 함께 데리고 가겠다고 주장했던 것이다.[10]

『히브리 성서』에 등장하는 희생제의는 기준에 따라 몇 가지 유형으로 나눌 수 있다. 우선 제물이 동물이냐 식물이냐에 따라 피를 흘리는 유혈 제사와 피를 흘리지 않는 무혈 제사로 구분되는데, 동물 유혈 제사가 월등히 큰 비중을 차지한다. 또한 희생제물을 신과 인간이 나눌 수 있느냐를 기준으로, 제물을 완전히 태워 신에게 올리는 제사와 제물의 부분을 번제로 올리고 나머지는 거룩한 제사장 계급이나 희생제물을 드리는 이스라엘 백성이 나누어 먹는 제사가 구분된다. 전자는 가죽을 벗기고 피를 뺀 제물의 모든 부분을 다 불살라 바치는 번제(ʿôlāh, 燔祭)가 대표적이며, 후자는 신과 인간이 희생제물을 나누고, 사람들이 희생제물을 함께 먹을 수 있는 화목제(zebaḥ shelamim, 和睦祭)가 대표적이다. 모세의 시나이 율법에 나열된 대로 제사의 목적에 따라 구분하면, 다섯 가지 제사가 있다. 첫째는 번제(ʿôlāh, 燔祭)로서 제물을 완전히 불태워 올려 그 향기로 신을 기쁘게 하는 불살라 바치는 제사이다. 목적은 완전한 봉헌으로 신과의 관계를 돈독하게 하는 것이다. 둘째는 곡식제(minḥāh, 素祭라고도 함)로서 곡식(밀, 보리)을 갈아서 기름에 섞어 태워 올리거나 떡을 구워 놓고 드리는 제사인데, 곡식 제물의 일부를 태워 올리고 나머지는 제사장 계급이 먹는다. 셋째는 화목제(zebaḥ shelamim)로서 신과 인간, 공동체 내의 화해와 감사, 탄원의 의미로 드린다. 소나 양, 염소, 비둘기 등의 피를 받아 제단 둘레에 뿌린 뒤 기름기를 번제로 올리고 고기는 제사장과 이스라엘 백성이 함께 먹는 제사이다. 이때 넓적다리와 가슴 부위는 제사장이 취한다. 넷째는 신의 율법에 대한 죄나 부정을 씻기 위한 속죄제(ḥaṭṭā, 贖罪祭, sin offering), 다섯째는 허물과 과오를 배상하고 속량하기 위한 속건제(ʾāšām, 贖愆祭, guilt offering)가 있다.[11]

성전의 제사장은 이러한 모든 제의를 집전하고 거룩한 제물 중에 율법이 정해 준 몫을 취한다. 대신 언제나 정결함을 유지하고 성전 앞에서 도살된 동물의 피를 제단 둘레에 뿌리거나 속죄제를 위해 성소 휘장에 뿌리고 분향단 뿔에 바르는 의식을 엄숙하게 행한 뒤, 기름과 내장과 뼈와 살을 분리한 제물을 제단 위에서 불살라 번제를 드리는 거룩한 일을 한 치의 실수 없이 절차대로 집행해야 한다. 만약에 실수하거나 부정한 것에 오염되면 정화하고 다시 속죄제를 드려야 했다.

현대 유대교는 더 이상 성전에서 이와 같은 희생제의를 드리지 않는다. 게다가 유대교의 긴 역사에서 예루살렘 성전은 늘 성스러운 중심이었음이 분명하지만, 실질적인 제의의 장소였던 시기는 사실 길지 않았다. 그럼에도 불구하고 『히브리 성서』는 말할 것도 없고 예루살렘과 성전의 파괴 이후 흩어진 유대인들이 회당과 랍비들을 중심으로 재건한 유대 공동체에서 구전 토라를 편집하여 만든 법전인 『미쉬나』(Mishnah)[12]조차 성전 희생제의의 상세한 규범과 적용 시의 현실적인 문제들에 대해 풍부하고 다양한 해석을 제공하고 있다.

『미쉬나』는 '성물'(Kodashim)을 다루는 다섯 번째 항목(seder)에서 번제(Zevahim), 곡식제(Menahot), 비(非)제사 도살(Hullin), 맏물(Bekhorot), 가격 사정(Arakhin), 대체 예물(Temura), 근절(멸절법 Keritot), 성물을 부정하게 한 신성모독(Meila), 매일 제사(Tamid), 성전 건물과 척도(Middot), 새[鳥] 제물(Kinnim) 등 11가지 주제 아래 희생제의와 제물, 제사장 계급에 대해 다루고 있다. 『미쉬나』의 성물 항목은 모세오경의 제사법 내용을 바꾸거나 없애지 않고, 새로운 것을 더 보태지도 않았다. 다만 「레위기」나 「민수기」, 「신명기」 등에 제시된 형식과 다르게 주제별로 편집하여 희생제의에 대한 율법 조항과 관련 사례에 대한 랍비 현인들의 해석을 제시했다.

『미쉬나』를 편집한 랍비 유대교는 왜 더 이상 실행되지 않고 실행될 수 없는 성전 희생제의의 구체적인 절차와 규정에 대해, 희생제의를 드릴 때처럼 현실적인 문제들을 거론하면서 그토록 진지하게 여러 유권해석을 제시하고 있을까? 뉴스너(Jacob Neusner)가 지적한 것처럼, 유대교를 이해하는 데 더 중요한 문제는 랍비 유대교가 희생제의의 언어를 어떻게 변형시켰는가보다는 왜 『미쉬나』가 희생제의의 언어를 바꾸거나 폐기하지 않고 되풀이하면서 그것을 새로 쓰고 있는가 하는 점이다.[13] 희생제의가 다른 식으로 대체될 수밖에 없는 변화된 새로운 상황에서 토라 주석을 통해 공동체 법전을 만든다면 토라의 제사 규정을 상황에 맞게 변형하거나 생략하는 게 더 자연스럽다. 그런데 도대체 왜 제사법을 고수하고 있는지가 더 흥미로운 문제인 것이다. 그렇다면 성전도 희생제의도 없이 제의에 관한 법전을 정교화한 유대교 전통에서 과연 희생제의는 어떤 의미인 것일까?

유대교 연구에는 이스라엘 종교사를 사제 전통과 예언자 전통의 대립과 견제의 틀로 바라보고, 예언자들이 사제 전통과 깊이 연관된 희생제의를 비판하고 이스라엘 종교를 더 도덕적이고 영적으로 개혁했다는 관점이 지배적이다.[14] 그러한 예언자적 개혁의 연속선에서 무죄한 희생양으로 죽고 부활한 예수가 희생제의와 정결법 등 구약의 형식적 율법 조항을 사랑과 믿음의 계명으로 대체했다는 해석은 그리스도교적 희생제의 이해의 전형적인 수사이다.[15] 두 관점은 모두 제물의 파괴와 죽음이라는 폭력을 수반하는 희생제의를 원시적이고 고대적인 의례로 보고, 이후 종교사의 발전 속에서 극복 대체되었다고 생각하는 입장이라고 할 수 있다.

그러나 이러한 관점만으로는 희생제의에 대한 『히브리 성서』 전반의 기록뿐 아니라, 포로기에 편찬된 사제문서와 1세기 이후 예루살렘과 성전이 모두 회복 불가능하게 파괴된 상황에서 형성된 『미쉬나』에서도 희생제의의 제물과 절차에 대한 세밀한 규정이 제시된 것을 충분히 설명할 수 없다. 따라서 먼저 일반적 희생제의 이론들을 참조하여 『히브리 성서』와 유대교 문헌의 전반에 흐르는 희생제의의 의미를 더 천착할 필요가 있다.

2. 희생제의 이론의 관점과 유대 사회

유대교 희생제의는 일반적 희생제의(sacrifice) 연구의 핵심 사례로 주로 언급되었으나, 음식법(dietary laws, Kashrut)과 별도로 다루어진 경우가 많다.[16] '희생제의'는 종교학 의례 이론의 흥미롭고 중요한 주제였기에, 폭력과 종교 및 문명의 기원, 유혈 희생제의와 극단적 인신공희 등 원시종교의 지속과 진화에 대한 관심 속에서 비교 연구되곤 했다.[17]

희생제의에 관한 대표적 이론으로는 타일러의 선물(gift to the gods) 이론,[18] '받기 위해 드린다'(do ut des)는 호혜성의 원리로 희생제의를 설명하려는 증여 이론, 공동체의 성스러운 표상인 토템 동물을 바치고 제물을 함께 먹음으로써 토템의 신성과 공동체의 일체감과 사회적 유대를 공고히 하는 '제의적 공동식사'(communion)를 희생제의의 핵심으로 강조한 로버트슨 스미스의 이론,[19] 폭력의 제도적 형식으로서의 제의적 살해 이론(프레이저, 프로이드, 르네 지라르),[20] '제물의 파괴'로 매개되는 성화(sacralization)와 탈성화(desacralization)라는 변화 기제에 의한 성스러움 영역과 세속 영역의 관계와 소통을 강조하고 희생제의의 요소와 과정을 구조화한 위베르와 모스의 희생제의 이론,[21] 희생제의는 원시적 수렵채집 단계가 아니라 먹거리에 대한 계획과 예측이 시작된 농경과 목축 단계의 문명화 맥락에서 이해해야 한다고 주장한 조녀선 스미스의 이론[22] 등이 있다.

현재 특정 이론이 희생제의의 일반 이론으로 널리 인정받고 있지는 못하다. 또한 복합적인 체계를 지닌 유대교 희생제의도 이 중 어느 한 관점으로 다 설명되지는 않는다. 그러므로 최근 유대교 희생제의 연구자들은 대체로 희생물이 제의를 드리는 사람을 대체하는 제물의 '속죄적 죽음', 감사와 간구의 '선물', '공동식사'가 모두 유대 희생제의의 본질적 차원이며, 『성서』가 기술한 희생제의의 여러 유형은 이러한 기능들의 대표적 사례에 해당된다는 것을 인정하고 있다.[23] 이스라엘 공동체에서 이루어진 희생제의의 핵심을 공동식사에 의한 신과 인간, 집단 구성원의 연합으로 본 로버트슨 스미스의 이론은 한편으로 희생제의의 음식이 그러한 연합만이 아니라 분할의 기능을 한다는 점을 통해 보완될 필요가 있다. 유대교에서 희생제의의 음식은 신과 인간의 간극을 확인하고 거룩함의 위계를 드러내기도 하기 때문이다. 또한 유대교 희생제의의 중요한 동기인 제물을 통한 속죄가 추구하는 것이 속죄가 필요한 상황으로부터 거룩한 상태로의 변화(성화)라고 보면, 위베르와 모스의 고전적 희생제의 이해는 여전히 유대교 희생제의를 분석할 수 있는 중요한 관점을 제공한다.

덧붙여 조너선 스미스가 주장한 희생제의와 목축의 관계(domestication of sacrifice)도 새로운 명확한 시사점을 주기에 좀 더 언급할 필요가 있다. 스미스는 동물 희생제의를 수렵 단계의 원시적 폭력, 인신공희 등과 연결시키는 기존의 희생제의 이론에 명확한 근거가 없음을 비판하고, 특히 사냥꾼 의례와 동물 희생제의를 구분해서 봐야 한다고 지적했다. 그에 따르면, 동물 희생제의는 대개 농경과 목축을 하던 정주사회에서 이루어진 '선택적인 가축 살해'(selective kill)와 관련된 것이며, 선택적 가축 살해를 의례적으로 정교화한 것이라고 봐야 한다. 교환 개념이 내재된 봉헌(선물)은 발달된 재산 개념을 요구하며 희생제의에서 중요한 오염 제거도 정결과 부정의 복잡한 이데올로기와 사회적 위계를 전제하는 것이므로, 희생제의는 수립 단계의 원시적 의례보다는 진전된 문명의 산물이라는 것이다.[24] 따라서 희생제의 이론의 초점은 '살해'나 '동물'보다는 '재배나 사육'(domestication)에 맞추어야 한다는 입장이다. 농경의 재배와 목축의 사육은 인간이 동식물의 환경과 유전학에 개입하고 인간에게 유용하게 그것을 변화시키는 것으로서, 미래를 예측하고 삶을 계획하는 정주사회 단계와 관련된다. 특히 목축 기술의 일환인 정교한 구별에 의한 동물의 선택적 살해는 미성숙한 동물과 암컷에 비해 수컷을 훨씬 더 많이 죽인다는 특징이 있다. 그것은 대체로 희생제의에서 제물로 선택되는 정결한 동물에 해당되는 것들이 주로 어린 양이나 송아지, 수컷인 것과 상응한다. 그러므로 스미스는 동물 희생제의는 정주사회에서 일상적으로 계속되는 목축 활동과 더 깊이 관련되며 이러한 정주 목축 사회에서 가축, 인간, 야생동물의 관계와 구별은 동물 희생제의에서 희생동물, 인간, 신들의 관계에 대응될 수 있다고 분석하였다.[25]

유대교의 희생제의에 적용될 때, 이러한 스미스의 이론은 동물의 정결에 대한 기준과 생명으로서의 피의 거룩함과 보존이라는 모티브를 해석할 수 있는 실마리를 제공한다. 특히 사냥 의례에서의 뼈의 보존과 동물 희생제의에서의 피의 보존을 대비시켜 볼 수 있는 것이다.[26] 또한 목축의 선택적 살해 기술은 결국 더 풍부하고 안정적으로 음식을 보급하기 위한 것이라는 점에서 희생제의와 음식의 관계도 바라볼 수 있게 한다. 물론 스미스의 이론을 적용할 때, 유대교 희생제의에서의 신도 거룩함의 개념도 이스라엘 공동체의 삶을 유지하고 지탱하기 위한 자원의 끊임없는 원천으로서 일상적으로 재해석해야 할 것이다.

그러나 그 신의 의미가 무엇이든, 유대교 전통에서 희생제의는 신과 인간의 관계를 규정하고 신과 언약을 맺은 백성의 거룩한(구별된) 행위로서 신과 소통하는 지속적이고 핵심적인 방식이었다는 것은 분명해 보인다. 또한 그러한 신이 임재하는 거룩한 장소로서의 예루살렘 성전의 희생제의를 통해 이스라엘 공동체는 거룩한 야훼신의 언약과 축복을 기억하고 그에 접근한다. 유대교에서 '거룩한 것'은 분리되고 구분된 것이며 동시에 '완전', '통합', '축복'의 원천이다. 모세와 이스라엘 민족의 신은 자신의 거룩함을 분리된 존재로 드러냈으며, 이스라엘 공동체와 계약을 맺고 그 조건으로 그들에게도 구별된 민족(선민이라고 부르는 것의 의미)이 될 것을 요청했다. 이스라엘 공동체에게 그러한 구별로서의 거룩함은 그들이 소망할 수 있는 완전과 통합과 축복의 원천이다. 이스라엘 공동체는 물리적 영토에 근거한 자연적 집단이 아니라 계약이라는 사건에 기초한 공동체였기 때문이다. 그러므로 더더욱 그러한 원천은 고갈되거나 부정한 것으로 오염되어서는 안 될 것이다. 순환론적이지만, 그러므로 구별되어야 한다. 그러한 거룩함과의 소통이 없이는 생명의 음식이건 화해와 연대건, 삶과 공동체에 필수적인 것들을 얻는 것은 불가능하다. 즉 구별을 통한 거룩함과의 관계는 삶에 필수적이다.

예컨대 유대교에서 희생제의 제단에 바쳐진 거룩한 제물은 정결한 식사의 원천이고 원형이다. 제물로 바쳐진 것은 구별된 거룩한 것으로서 신의 영역에 속하고 인간이 일상적으로 먹을 수 없지만, 제사장 계급이나 제물을 바치는 이들이 규정에 따라 정결하게 먹을 수 있는 제물은 성스러움의 잔여가 있는 정결함과 세속 영역의 접점으로서 성과 속을 매개하고 소통시킨다. 유대교는 예루살렘과 성전이 파괴되고 사제 계급의 역할이 실질적 중요성을 상실한 이후에도 이러한 '거룩함'의 개념과 희생제의의 틀을 포기하지 않고 고수했다. 희생제의가 보증하는 거룩한 공동체라는 의식이 물리적 영토 내의 성스러운 중심을 상실한 유대인들의 정체성에 있어 더욱더 포기할 수 없는 축이었기 때문이리라. 따라서 토라에 정통한 랍비들이 대제사장의 역할을 하고 유대 공동체 자체가 예루살렘 성전이 되어 모든 유대인 가정이 삶 속에서 희생제의를 드리는 토라의 일상화로 나아갔던 것이다.[27] 그러므로 유대교 음식법은 희생제의의 거룩함의 상징체계가 일상으로 규례화된 것으로서 유대인의 삶 속에서 제의적 가치를 지녔다고 할 수 있다.

IV. 유대교 음식 규례와 제사법

1. 음식 규례의 특징과 다양한 해석

유대교의 음식 규례가 집대성되어 상세하게 기술된 곳은 「레위기」 11 장 1-47절과 「신명기」 14장 3-20절이다. 종합적 체계로 제시된 이 부분 외에도 모세오경에는 단편적이지만 허용과 금지의 양면을 지닌 두 가지 음식 규정이 등장한다. 첫 번째는 「창세기」 1장 29절의 채식 허용이다. 창조의 마무리 단계에서 남자와 여자를 창조한 신은 그들에게 땅에 충만하고 동식물 세계를 지배하라고 축복하며, 땅 위에 있는 씨 있는 모든 채소와 씨 있는 열매 맺는 모든 나무를 먹을 수 있도록 허락했다. 그리고 모든 푸른 풀을 지상과 수중과 공중의 생명 있는 모든 것의 먹거리로도 준다. 여기서 육식을 명확히 금하지는 않았지만, 홍수 이후의 재규정을 볼때 채식만이 바람직한 식생활로 허용되었다고 할 수 있다.(이 단계에서 유일한 금지 항목은 선악과였다.) 타락 이전 인간의 음식에 대한 이러한 구절을 강조하며 생명 윤리를 동물까지 확대하고 성서적 채식주의를 주장하는 생태신학적 흐름도 있다. 또한 히브리어에서 '먹다'가 '지배하다', 정복하다의 의미가 있다는 점에서 「창세기」 1장의 동물 식사 불인정이 인간의 동물 세계에 대한 지배와 정복의 제한을 의미하는 것으로 해석하고 이를 『성서』의 평화주의와 연결시키기도 한다.[28]

　그러나 『성서』 전체를 보면 유보 조항이 붙지만 육식이 유목 생활을 하던 고대 이스라엘의 주요 영양원이었던 것으로 보인다. 홍수 심판 이후 신은 노아와 그 후손에게 모든 식물뿐 아니라, 살아 움직이는 동물을 먹을 수 있는 것으로 허락한다. 단 고기를 피와 함께 먹지 말고, 생명이 있는 피를 흘리지 말라는 금지 조항이 딸린 조건부 육식 허용이었다.(「창세기」 9:3) 육식의 허용이 피의 금기와 함께 이루어졌던 것이다. 신이 곡식을 드린 카인의 제사를 좋아하지 않고 양을 바친 아벨의 제사를 즐겨 받았다는 최초의 제사 기록[29]은 동물 희생제의가 최초 인간의 타락 사건 이후에 등장하고 육식의 허용 이전에 그 전제가 되고 있음을 시사한다. 금기를 어긴 죄를 저지른 이후 신이 적합하게 여긴 인간의 자리가 동물 제사를 통해 매개되는 것처럼 보이는 것이다. 노아도 홍수 심판 이후 제단을 쌓고 정결한 집짐승과 새들로 번제를 드린다.(「창세기」 8:20-21) 흥미롭게도 에덴동산의 첫 인간에게 허용되지 않던 육식은 홍수 이후 혼돈으로부터 다시 창조된 세계에서 적합한 번제가 드려진 후, 제한적 음식 규정과 함께 비로소 적합한 음식의 범주에 속하게 되었다.

아브라함의 하느님이 아브라함과 그의 자손들과 맺은 언약과 축복에서 부터 이집트에서 탈출 직전 모세와 이스라엘 민족이 문설주에 양의 피를 발라 대재앙을 피했던 첫 유월절 제사 이후 식사 규례의 전형이 형성될 때까지, 고대 유대교에서 희생제의는 종교적으로 제한되는 육식 식사 규정의 전제 조건과 규범적 원리를 제공했다. 이집트에서 탈출하기 직전 마지막 재앙의 어둠 속에서 이스라엘 민족은 첫 유월절 제사를 드리고 그들의 신과의 거룩한 계약을 확인했다. 야훼는 모세와 아론에게 유월절 제사와 더불어 식사 규례를 가르쳤다. 그에 따르면 집집마다 유월절 있는 달에 제사를 위해 흠 없는 양이나 염소의 수컷을 골라 잡아서 피를 문설주나 상인방에 바른 후 고기를 한집에서 먹되 날로 먹거나 물에 삶지 말고 불에 구워 누룩을 넣지 않은 빵과 쓴 나물을 곁들여 먹어야 한다. 모든 회중이 다 이렇게 유월절을 지켜야 한다. 그러나 할례를 받지 않은 이방인은 유월절 제물을 먹을 수 없다. 제사를 드린 제물 고기는 다음 날 아침까지 남겨 두지 않으며 남은 것이 있다면 태워 버려야 한다. 뼈는 하나라도 꺾어서는 안 된다.[30]

위의 규정은 성전 희생제의가 시행되기 전이지만, 가장이 주관하는 동물 희생제의와 공동식사, 날고기와 피에 대한 금기, 이방인 배제 등의 주요 모티브를 담고 있다. 또한 이어 「출애굽기」에는 아론과 그 아들들에게 제사장직을 위임하기 위한 동물과 곡식 제물을 같이 바치는 제사와 아론의 아들들이 지내는 속죄제로서의 희생제의가 묘사되었다.(「출애굽기」 29장, 「레위기」 8장 1-36절) 거룩한 제사를 집전하는 제사장 직분이 세워질 때에도 정화와 속죄의 희생제의가 이루어졌음을 볼 수 있다.

「레위기」와 「신명기」의 음식 규례는 위와 같은 단편적 음식 규범의 모티브들이 시나이산에서 받은 계약의 법전 체계 속에 편입되어 집대성된 것이다. 그 주요한 내용을 정리하면 다음과 같다.

1) 동물을 음식으로 먹되, 피를 고기와 함께 먹어서는 안 된다.

2) 동물 가운데 율법에 정해진 정결한 동물은 먹을 수 있고, 부정하고 가증한 동물로 분류된 것은 먹어서는 안 된다.

3) 동물의 정결과 부정을 나누는 기준으로 음식을 소화하는 방식과 동물들이 움직이는 방식의 두 요소가 중요하게 언급된다. 육상동물, 수중 어류, 공중 조류와 곤충류에 대해 각각 정결한 동물과 부정한 동물이 구분된다.

4) 육상동물 중에서 굽이 갈라져서 쪽발이 되고 되새김을 하는 두 가지를 모두 충족하는 동물은 정결하고 먹을 수 있다. 소, 양, 염소, 사슴, 노루 등이 그에 속한다. 낙타와 사반과 토끼는 새김질을 하지만 굽이 갈라지지 않았고, 돼지는 쪽발이기는 하지만 새김질을 못하므로 먹을 수 없는 부정한('타메') 동물로 분류된다.

5) 민물과 바다 등의 수중 동물 중에서는 전형적인 특징이라고 여겨지는 지느러미와 비늘이 있는 물고기만 식용 가능하다. 물고기의 일반적인 특징인 비늘과 지느러미가 없는 어패류, 갑각류는 가증한('쉐케츠') 것으로서 먹어서는 안 되며 그 주검도 가증한 것이다.

6) 하늘을 나는 조류 중에는 독수리, 솔개, 박쥐 등을 포함한 20종류의 부정한 동물을 제외한 것은 허용된다. 대개 부정한 동물로 분류된 것은 육식성의 사나운 맹금류가 많다.

7) 공중 동물 중에서 날개가 있고 네 발로 기어 다니는 대부분의 곤충은 변칙적인 특성이 있으므로 먹지 말아야 할 부정한 동물이지만, 그중에서 땅에서 뛰는 메뚜기·베짱이·귀뚜라미·팥중이 종류는 정결한 동물로 분류된다.[31]

8) 식용으로 동물을 도살하기 위해서는 그것을 회막 어귀로 가져와서 주의 성막 앞에서 주에게 바쳐야 한다. 그렇지 않으면 그 짐승을 잡은 사람은 피를 흘린 것이므로 죄를 면치 못한다. (「레위기」 17:3-4)

고대에 형성된 유대교의 위와 같은 독특한 음식 규정은 이스라엘 백성이 반드시 지켜야 하는 규범이었지만, 복잡하고 규제가 많아서 랍비 신학 내에서도 그 적용의 어려움을 해결하기 위해 다양한 주석과 해석을 낳았다. 이미 고대에 알렉산드리아의 유대인 필로가 토라의 정결법과 음식법을 곧이곧대로 받아들이지 않고 윤리적 생활에 대한 상징적인 표현이라고 해석한 바 있다. 그리스도교 신학적 관점의 연구에서는 종종 이러한 음식 규정이 유대교를 비판적으로 극복하기 위한 해석의 초점이 되곤 했다. 또한 비교 문화인류학, 사회인류학 등 다양한 관점에서도 유대교 음식 규정과 정결법에 관해 상당한 연구가 이루어졌다.[32]

가장 대표적인 것들로 돼지고기 기피 현상을 중심으로 한 위생학적 설명, 토템 제의와 우상 금기 관점의 이해, 자연생태학적 설명, 분류학과 사회의 상징체계 이론 등 다양한 해석이 있다. 랍비 마이모니데스부터 시작해 19세기 개혁파 유대인들이 선호한 위생 이론은 돼지의 불결한 환경과 자기 배설물을 먹는 혐오스러운 습성을 지적하고 덜 익은 돼지고기는 선모충병의 원인도 될 수 있다고 강조하면서 유대교의 돼지고기 금지 규정에 의학적 위생학적 근거가 있다는 입장이다. 그러나 종종 불결한 것으로 묘사되는 돼지의 습성은 사실상 돼지의 생리적 성향이며, 부정한 것으로 금지된 다른 동물에 이런 위생학 이론이 두루 적용될 수 없다는 것이 지적되었다.

토템 제의 이론은 우상숭배 금기를 지키고 이방 종교 관습에 오염되지 않기 위해 돼지고기를 기피했다는 관점이다. 주변 이교의 제의에서 토템신에 해당되는 신성한 동물을 희생제물로 바치고 그 고기를 나누는 식사를 통해 신성과의 합일을 추구했기 때문에 가나안 종교에서 신성시된 돼지를 부정하고 위험한 동물로 규정했다는 것이다. 그러나 주변 종교에서 더 널리 숭배되고 희생제물로도 사용된 소나 양 등은 유대교에서 그러한 혐오와 기피의 대상이 아니기에, 이 이론도 설득력이 부족하다는 비판을 받고 있다.[33]

단편적이고 부분적이라는 문제가 분명한 두 이론에 비해, 환경 생태 이론과 메리 더글러스의 분류 체계 이론은 음식 금기를 비교적 포괄적이고 체계적으로 해석하는 설명 틀로 평가받고 있다. 마빈 해리스 등이 주장한 환경 이론은 돼지 금기를 비롯한 종교적 동물 금기는 대개 그에 상응하는 환경과 자연생태적인 조건에서의 생태학적, 전략적 선택으로서 일정한 사회경제적 기능이 있다고 설명한다. 자연과 인간의 생태 문화 공동체에서 동물, 인간, 식물이 서로 공존해 가는 데 필수적인 과정을 염두에 두면, 돼지 사육은 중동 지방의 기본적인 문화와 자연 생태계의 조화로운 통합을 깨뜨릴 수 있는 위협이 되었기 때문에 유대인들의『히브리 성서』와『꾸란』모두 부정한 것으로 금하고 있다는 것이다.[34] 그러나 이처럼 각 상황에서의 적합한 선택에 의해 서로 다른 금기가 발생하더라도, 그러한 금기가 다른 지역으로 전파되거나 변화된 상황 속에서도 여전히 종교적 규범으로 지속되는 것에 대해서는 다른 설명이 필요하다. 일단 성립된 금기는 다른 원리들과 복합적으로 얽히면서 문화적 차이와 정체성의 상징으로 역할을 하게 된다.

메리 더글러스는 공동체 내에 차이와 질서를 만드는 분류 체계의 관점에서 종교적 규범인 금기의 사회적 메커니즘을 분석했다. 공동체는 그 자체가 체계와 외부를 가르는 관념을 지니고 있다는 사실에 주목한 더글러스는 『히브리 성서』의 동물 분류 체계도 체계와 외부를 가르는 사회 체계의 상징 질서로 간주하였다. 나아가 『성서』 전체를 관통하는 관점이 존재물의 범주 구분과 질서를 신적인 완전함과 거룩함에 부합하는 것으로 승인하는 것이라고 지적하면서, 「레위기」의 정결한 동물과 부정한 동물 구분을 분석하였다. 그에 따르면, 『성서』에서 '신성함이란 피조물의 범주를 뚜렷이 구분하는 것으로 올바른 정의, 구별, 질서와 관련'된다. 그러므로 「레위기」는 지상 동물, 수중의 물고기, 공중의 새, 곤충의 영역에서 모두 분류 기준에 잘 들어맞는 동물은 정결한 동물로서 정상적이며 먹어도 되는 것으로 허용하고, 분류 기준이 애매한 것은 부정하고 더럽고 위험하며 비정상적이라고 보아 금한다는 것이다. 즉 「레위기」의 음식 규범은 복잡하고 난해해 보이지만, 사회라는 체계의 상징 질서를 드러내고 있다는 것이다.[35]

성서학이나 유대교 연구자들 사이에서도 이러한 메리 더글러스의 이론은 「레위기」 텍스트 전체 맥락을 살피면서도 사회인류학적으로 음식 규례를 설명하는 체계적 해석으로 받아들여지고 있다. 그것은 더글러스가 특정한 기피 동물 몇 가지에 대해서가 아니라 정결법에 따른 동물의 분류 체계 전체를 분석했으며, 외적 설명보다는「레위기」를 비롯한 모세오경 전체의 신학과 체계 안에서 일관되게 적용될 수 있는 설명 틀을 제시했기 때문이다.[36] 메리 더글러스의 연구를 통해 우리는「레위기」의 음식 규범이 사회질서의 상징체계이며, 정상과 비정상, 공동체 내부와 외부의 경계선으로 작동하고 있을 뿐 아니라, 분명한 경계가 있는 범주 자체를 정결한 것으로 규정했다는 것을 알 수 있다. 즉 음식의 체계는 사회의 체계를 반영하고 있다. 질서 정연한 영역 구별을 거룩한 것으로 보는 유대 공동체의 사회 체계가 음식의 정결함을 구분하는 기준으로 작용하고 있는 것이다.

특정한 정결법에 따라 먹는 것은 특정한 사회 체계를 승인하고 강화하는 것이다. 먹는 것은 곧 존재의 상태를 결정하고 사회와 문화의 모습과 성격을 규정한다. 인간은 단지 허기를 채우고 살기 위해서 먹는 게 아니다. 인간 활동의 많은 부분은 음식을 얻고 소비하는 것과 관련되어 문화를 이루고, 문화로서의 식습관은 사회적 상호 관계를 결정하고 지속시키는 데 중요한 역할을 한다. 일상의 삶에서 실천되는 특정한 음식법은 한편으로는 동일한 규정에 따라 먹고 같이 먹을 수 있는 집단 구성원들을 통합하고, 다른 한편으로는 다른 집단과 구별하는 기능을 한다. 어떤 집단이나 종교와 관련된 특정한 음식은 그 사회의 집단기억의 초점이며 정체성의 상징이라고 할 수 있다. 그뿐 아니라 집단의 각 성원은 규범에 따라 어떤 음식을 먹거나 먹지 않음을 날마다 반복함으로써 특정한 음식을 그 혹은 그녀의 몸에 체화하여(embodied) 그 일부가 되므로, 음식은 환유적으로 자아(Self)를 표시하기도 한다.[37]

이스라엘의 독특한 음식 습관도 이스라엘 혹은 유대 공동체 구성원 각각의 몸에 체화되어 정체성의 일부가 되고, 그와 같이 체화된 음식 정체성을 공유하는 구성원들을 하나로 묶는 구심점이 되어 그들의 신앙과 믿음을 강화시키는 역할을 해 왔다.[38] 정결한 음식을 먹고 부정한 음식을 먹지 않음으로써 유대인들은 창조의 질서와 존재의 구별을 신적인 거룩한 것으로 받아들이고 있는 것이다. 유대인이 음식 규례를 따르는 것은 곧 그러한 질서, 범주, 영역의 구별을 통해 세계를 거룩하고 완전한 것으로 창조한 하느님에 대한 그들의 신앙을 표현하는 것이며, 야훼의 백성으로서의 정체성을 확인하며 유대 공동체를 거룩한 것으로 유지하는 종교적 행위이자 사회적 행위였다.

2. 피의 금기와 희생제의의 맥락

이처럼 사회질서와 음식 체계를 종교적으로 밀접하게 관련시키는 것은 종교적 제의, 특히 희생제의이다. 그것은 희생제의가 신에게 제사를 드림으로써 신과 인간의 관계에 수직적 균형을 이루고, 그 음식을 함께 나누는 축제를 통해 수평적 균형을 이룸으로써 구성원 간의 일체감과 동일성을 표현하는 관념과 행위의 체계이기 때문이다.[39] 유대교의 음식법이 거룩함과 정결함의 규범을 통해 수평적으로 공동체를 통합하는 것은 성스러움이 수직적으로 교환되는 희생제의와 떼어 놓고 볼 수 없다.

『히브리 성서』에서 희생제물이 될 수 있는 것은 인간이 가축으로 기르고 먹을 수 있는 유용한 동물과 밀과 보리와 같은 곡물, 귀하고 값진 향과 기름 등으로 정결한 것이어야 했다. 앞에서 살펴본 것처럼 유대교의 음식법은 식물보다는, 번제와 화목제에 바쳐지고 먹기도 한 소, 양, 염소, 새와 같은 동물의 정결에 집중되어 있다. 희생제의는 가장 정결한 음식을 거룩한 신의 제단에 바침으로써, 거룩함이 일상의 음식문화 속에 깃들 수 있게 하는 조건이 되고 있는 것이다. 그러므로 동물의 정결이 음식 규례에서 차지하는 비중은 희생제의에서 동물 희생제의의 중요성과 상응한다고 볼 수 있을 것이다.

한편으로 유대교에서 동물 희생제의가 중요한 또 다른 이유는 언제나 침입 가능한 일상의 더러움, 즉 죄와 오염을 정화하고 속죄할 수 있는 것이 동물의 생명, 피의 신성한 힘이라고 보기 때문이다. 육식의 조건은 이러한 신적인 생명, 속죄의 피를 금하는 것이다. 나아가 생명이 있는 피를 흘리지 말라, 즉 생명을 해치지 말라는 금지도 이어진다. 그런데 육식은 동물의 생명을 빼앗지 않고는 불가능하다. 『성서』는 생명은 신적인 것이고 흐르는 피는 곧 생명이므로, 생명인 피는 먹지 말고 신의 거룩한 제단 앞에 뿌려야 한다고 가르친다. 원칙적으로 제단 앞에 피를 뿌리는 희생제의가 없이는 고기를 먹을 수 없는 것이다. 앞에서 본 것처럼 식용을 위한 도살에도 반드시 희생제의가 전제되어야 하고, 피를 분리해야 한다. 이는 인간이 동물을 먹고 살아갈 수밖에 없는 폭력적 현실을 승인하되, 동물의 생명이 깃든 피가 신적인 것임을 기억하고 절제하면서 먹어야 한다는 뜻을 담고 있는 것으로 보인다.

이처럼 피를 먹지 말아야 하는 이유는 『히브리 성서』에 대략 세 가지로 제시되어 있다.

첫째, 피가 하느님의 영으로부터 온 '생명의 피'이기 때문이다.[40] 즉 구별된 것으로서의 '거룩함'에 대한 금기 차원에서 피가 인간에게 금지되는 것이다. 피 곧 생명에 대한 권한이 인간에게 속하지 않는다는 의미이다.

둘째, 피는 '속죄의 피'로서 주어졌으므로 먹을 수 없다. 즉 피가 속죄의 제물로서만 인간에게 허락되었기에, 피를 먹지 말아야 한다는 것이다. 「레위기」에 의하면 야훼는 모세를 통해 피를 먹는 것을 금하며, "이스라엘 집안에 속한 사람이나 그들과 함께 사는 외국 사람이 어떤 피든지 피를 먹으면, 나 주는 그 피를 먹는 사람을 그대로 두지 않겠다. 나는 그를 백성에게서 끊어 버리고 말겠다. 생물의 생명이 바로 그 피 속에 있기 때문이다. 피는 너희 자신의 죄를 속하는 제물로 삼아 제단에 바치라고 너희에게 준 것이다. 피가 바로 생명을 지니고 있기 때문에, 죄를 속하는 것이다."[41]라고 가르친다. 여기서 생명의 피만이 속죄의 제물이 될 수 있다는 관념도 보인다. 피를 먹어서는 안 되는 것은 속죄제를 위한 제물로만 바쳐져야 하기 때문이며, 속죄제는 반드시 동물을 제물로 드려야 하기 때문이다. 즉 피는 속죄를 위해 희생제의를 드리는 자를 대체할 수 있는 희생제물이 지니는 속죄의 힘의 본질로 간주된다.

셋째, 『성서』에서 피는 언약의 피로서 계약 사건과 관련된다. 피는 계약에 대한 맹세를 다짐하는 준엄한 약속의 증인(표)으로 묘사되기도 한다. 「출애굽기」 24장 4-8절에서 모세는 주님의 모든 말씀 즉 율법을 기록하고 산기슭에 제단을 쌓은 후 이스라엘 열두 지파와 함께 수송아지를 잡아 화목제물로 드리며 제물의 그 피의 절반을 그릇에 담아 놓고 나머지 절반은 제단에 뿌린다. 그 후 '언약의 책'을 들고 백성에게 낭독하고 그들이 율법의 준수를 맹세하자 모세는 피를 가져다가 백성에게 뿌리며 그 피를 '언약의 피'라고 말한다. 즉 희생제의에서 제단 아래 뿌리는 생명, 즉 피는 언약의 맹세를 다짐하는 증인으로 세워진다. 이스라엘 백성과 신은 언약의 피, 즉 희생제의로 맺어진 관계인 것이다.

이처럼 유대교에서 피는 생명 자체이고, 인간과 동물이 공유하기에 동물이 인간을 대체할 수 있는 속죄제의 제물이며, 성스러운 언약의 증거로서 거룩한 제단에 바쳐져야 하며 먹어서는 안 된다고 규정되고 있다. 요컨대 피의 금기는 희생제의를 통해 인간과 신의 차이를 확인하는 데 핵심적인 요소로 보인다. 생명의 피는 유대교에서 가장 거룩한 것으로서 생명의 원천인 신의 영역에 속하는 것으로 분류되어 인간에게는 금지되어야 하는 것이 된다. 한편 유대교의 희생제의에서 신과 인간의 음식 분할은 신은 불살라 올려진 향기와 기름을 취하고, 인간은 고기를 취하는 것처럼 보이는데, 그러한 분할에서도 피의 위치는 애매하고 양가적이다. 그리고 유대교 희생제의에서는 피는 살라 바쳐서 수직적으로 올려지는 요소가 아니라 제단 아래 뿌리려진다는 점에서 신적이며 동시에 인간적 지평과 관련되는 것처럼 보이는 것이다. 피는 제단 아래 뿌리고, 제단 뿔에 바르거나 제단 아래 쏟고 흙으로 덮기도 한다는 점에서 흥미로운 양면성이 있다. 그것은 아마도 피는 거룩한 것으로 구별되어야 하지만, 완전히 구별될 수 없기 때문일지도 모른다.

V. 나오는 말

유대교 음식 금기의 특징은 생명이 있는 피를 먹지 않고 정결한 동물을 가려서 정결하게 먹는 것이다. 물론 이러한 피의 금기는 『성서』의 생명에 대한 관심을 보여주는 측면이 있다. 노아가 홍수 이후에 하느님과 맺은 언약이 다시는 살과 피가 있는 모든 것들을 없애지 않겠다는 '땅 위의 살과 피를 지닌 모든 것과 더불어 세운 언약(「창세기」 9:16)으로서 인류뿐 아니라 생명계 전체를 언약 대상으로 하고 있는 것도 그러한 측면에서 시사점이 있을 것이다. 그러나 희생제의에서 무수하게 살해되는 동물과 동물의 피에 대한 『히브리 성서』의 묘사, 동물의 피가 인간의 속죄제의 제물이 되고 있는 듯한 부분이 쉽사리 규범적 생명 존중 신학과 연결 가능한가 하는 의문도 든다.[42] 피가 곧 생명이고, 생명은 신성한 것이니 신적인 생명이 깃든 피를 먹을 수 없게 하면서, 한편으로는 속죄제물로 바치게 하기 때문이다. 그러므로 동물의 고기를 먹는 육식을 허용하는 유대교의 희생제의와 음식 규례의 체계는 합리적 윤리신학만으로는 전체적으로 설명되지 않는다.

먹을 수 있는 생물을 제한하고 도살 과정을 제의화하는 것은 생명체를 함부로 살상해서는 안 된다는 함의와 더불어 제한적으로 신중하게 육류 섭취를 허용하는 일련의 종교문화적 기술이라고 볼 수 있다. 음식법에서의 피의 금기도 그러한 절제를 위한 제한의 맥락에서 이해되기도 한다. 그러나 제물의 피를 빼 제단 아래 쏟고 제단에 바르는 절차가 '곡식제'를 제외한 모든 희생제의의 공통적인 요소라는 점에서, 음식법에서의 피의 금기는 제사법에서 피가 거룩함의 영역에 속하기 때문이라고 봐야 할 것이다.

희생제의는 고대 유대교에서 가장 거룩한 인간의 행위였으며, 희생제의와 관련된 제단·지성소·성전·희생제물 등은 가장 거룩하고 성스러운 것이었다. 희생제의와 음식법의 상징체계 내의 거룩함과 정결함, 부정의 위계 속에서 피는 거룩함의 영역에 속하므로, 인간의 음식으로는 금지되었다. 그러나 거룩한 피를 흘리지 않고 정결한 동물을 음식으로 먹을 수 없다는 점에서 육식에는 이미 피의 성화가 전제되어 있다. 이는 위베르와 모스가 말한 바, 희생제의 절차에서 성화의 단계에도 탈성화가 함축되고, 탈성화의 단계에도 성화가 발견된다[43]는 것의 사례로 볼 수도 있다. 피는 거룩한 것으로 금기의 대상이지만, 피 안에 탈성화가 함축되어 있지 않다면, 육식은 허용될 수 없을 것이기 때문이다. 피의 금기는 어떤 점에서는 결국 응고된 피를 포함한 고기를 먹기 위한 것이라고 할 수도 있겠다. 희생제의는 그 조건이다. 유대교 카슈루트의 육식에 대한 정결법과 피의 금기는 희생제의와 연관된 체계 속에 위치한다. 그리고 어쩌면 유대교의 희생제의는 목축을 통해 가축을 기르고 그 고기를 먹고 산 유대인들의 음식문화의 맥락 속에 있을 것이다.

중세 여자 성인들의 음식,
몸, 물질의 종교
—캐롤라인 워커 바이넘의 저작을 중심으로

최화선

I. 들어가는 말: '거룩한 거식증'

> 내가 그녀의 삶을 지켜보는 증인의 특권을 가지고 있었던 그 시간 동안, 그녀는 자신을 유지할 수 있을 만큼의 음식을 먹지 않았고, 물도 마시지 않았다. 그러나 그녀는 고통과 극심한 피로를 겪으면서도 이러한 상태를 기쁘게 지탱해 갔다.[1]

14세기 이탈리아 시에나 출신의 가타리나는 평생 동안 음식을 거의 먹지 않은 성인으로 유명하다. 그녀의 고해신부이자 전기 작가인 카푸아의 라이문도에 따르면,[2] 가타리나의 음식에 대한 거부는 어린 시절부터 고기, 포도주, 단것을 먹지 않는 것에서 시작해 이후 15세부터 약간의 빵과 물, 그리고 생야채 조금에 의존하는 식생활로 이어졌다. 20세 이후부터는 빵도 먹지 않았고, 25세쯤에 이르렀을 때는 사실상 물과 성체성사 이외에는 아무것도 먹지 않았다고 하며, 가끔씩 쓴 풀과 같은 약채를 씹어 삼키다가 토해 내곤 했다. 1380년 2월부터 가타리나는 물도 마시지 않는 금식에 들어갔고 결국 그해 4월 29일 세상을 떠났다.[3]

그런데 비슷한 시기 이렇게 극단적인 음식 절제, 금식 생활을 한 여자 성인은 시에나의 가타리나만이 아니었다. 쉬담의 리드비나(Lidwina of Shiedam, 1380-1433), 제노바의 가타리나(Catherine of Genoa, 1447-1510), 리에티의 골롬바(Columba of Rieti, 1467-1501), 오아니의 마리아(Mary of Oignies, 1177-1213), 코르닐롱의 율리아나(Juliana of Cornillon, 1192-1258) 등 등 1200년대에서 1500년대 사이 여자 성인들의 전기에서 극단적인 금식은 거의 정형화된 주제처럼 반복되어 등장한다. 쉬담의 리드비나처럼 몸이 아파 음식을 먹지 못하게 된 경우도 있지만 대개의 경우 이들의 음식 거부는 자발적인 종교적 선택으로 묘사된다. 도날드 와인슈타인(Donald Weinstein)과 루돌프 벨(Rudolf M. Bell)의 연구에 따르면 1000년에서 1700년 사이 시복 시성된 이들 중 17.5%만이 여성인데, 이 중 금식을 포함한 극단적 육체적 고행을 보여주는 이들 중에서는 29% 정도가 여성이고, 금식이나 다른 육체적 고행으로 인한 질병 때문에 성스럽다 여겨진 이들 중에서는 50% 이상이 여성이었다.[4] 후기 고대부터 15세기까지 성체 외에는 아무것도 먹지 않았다고 소문난 여성들이 최소한 30명인 데 반해, 비슷한 남성의 예는 단지 1~2명에 불과했다.[5]

중세 그리스도교 성인전에 흔히 등장하는 극단적 금욕주의의 한 행태로서만 이해되어 오던 이러한 여성들의 금식에 대해 우연히도 비슷한 시기 두 연구자가 특별한 관심을 갖고 이들의 사례를 심도 깊게 연구한 저서를 펴냈다. 1985년에 출판된 루돌프 벨의 『거룩한 거식증』(Holy Anorexia)과 1987년에 출판된 캐롤라인 워커 바이넘(Caroline Walker Bynum)의 『거룩한 만찬, 거룩한 금식: 중세 여성들에게 있어서 음식의 종교적 의미』(Holy Feast, Holy Fast: The Religious Significance of Food to Medieval Women)가 그 두 책이다. 제목에서 짐작할 수 있듯이 벨의 책은 중세 여자 성인들의 극단적인 금식을 현대의 거식증(anoreixa nervosa, 신경성 식욕부진증)의 심리와 연결시켜 검토해 본 연구이며, 바이넘의 책은 중세 여자 성인들의 금식뿐만 아니라 음식과 관련된 여러 다른 종교적 기적, 실천 행위들 전반의 종교적 의미를 고찰해 본 연구다.

벨의 지적대로 중세 여자 성인들의 극단적 금식 행태는 여러 면에서 오늘날의 거식증 증상과 유사한 측면이 있다. 주로 10대 중반~20대 여성들에게 나타나며, 가족들과의 갈등 속에서 증상이 심화되고, 신체 전반의 기능이 뚜렷이 저하됨에도 불구하고 활동 과다 상태가 되며 결국 전문가의 도움이 필요한 상태에 이르게 될 만큼 건강이 손상되지만, 어느 순간 음식 거부 자체가 자신의 정체성이 되면서 이를 중단하기 더욱 힘들어진다. 벨은 이러한 증상이 자신의 정체성을 확립해 가는 과정 중에 있는 여성들이, 한 사회가 여성들에게 부여한 가치를 극단적으로 실현하려 하면서 자신의 삶에 대한 통제권을 지니고자 하는 심리에서 기인한다고 보았다. 즉 현대의 거식증 환자들은 마른 몸이라는 가치를 위해서, 중세의 성인들은 육체의 부정을 통한 영혼의 고양이라는 가치를 위해서, 스스로의 육체를 극단적으로 통제하고 이에 대해 자신의 권리를 획득하려 한다는 것이다. 하지만 이들의 이러한 행위는 결국에 가서 각각 의학, 그리고 종교라는 프레임 안에서 재단되고 평가되며 다시 통제된다.[6]

한편 바이넘은 여자 성인들의 금식에 오늘날의 거식증과 비슷한 측면이 어느 정도 있음을 인정하며, 또한 이러한 통찰이 금식 행위가 여성들의 삶에서 지니는 '통제'의 기능과 관련해서 중요한 시사점을 던져 준다는 것을 인정하지만, 그럼에도 불구하고 여자 성인들의 금식은 금식 자체로서만이 아니라 중세 여성들의 삶 속에서의 음식 전반의 기능과 의미, 그리고 그들의 종교적 사고 속에서의 음식의 의미와 더불어 고찰되어야만

한다고 주장했다.[7]

벨과 바이넘의 주장은 서로 겹치는 부분—즉 음식 거부라는 행위에서 자신과 주변 환경을 통제하려는 여성들의 노력을 읽어 낸다는 점—도 있지만, 바이넘의 논의가 중세 여성들의 음식 관련 행위 전반에 대한 논의로부터 몸의 종교적 의미, 몸의 고통의 종교적 의미로 확장되어 가면서 그 시각의 차이는 점점 더 커진다. 즉 벨의 논의 구도 속에서 여자 성인들의 금식은 여성들이 신과의 직접적인 일치를 통해 자신을 실현하려는 시도임에도 불구하고 결국에 가서는 이것이 사회와 남성이 강요한, 여성에 대한 그리고 몸에 대한 부정적 이미지를 강화하는 데 공모하는 것이 되어 버리는 반면, 바이넘의 논의는 이러한 '몸에 대한 부정적 이미지'라는 구도 자체를 중세 후기 그리스도교 사회 안에서 문제 삼으며, 이제껏 엄격한 영과 육의 대립적 이원론 속에서 육체에 대한 부정적 견해만이 지배적이었다고 생각되어 온 중세 그리스도교에 대한 통념 자체를 재고하기 때문이다. 따라서 바이넘은 이러한 대립적 이원론의 통념에서 벗어나서 몸을 통한, 몸의 고통을 통한 구원의 의미를 찾는 적극적 노력으로서 여성들의 음식 관련 실천 행위와 고행을 바라보아야 한다고 주장했다.[8]

흥미로운 것은 바이넘의 연구가 음식에서 출발해서 몸에 대한 연구로 이어지고 나아가 물질에 관한 연구로 이어지면서 중세 후기 그리스도교 세계관 전체에 대한 재검토로 진행되었다는 점이다.[9] 즉 바이넘은 기존의 중세 그리스도교에 대한 이해를 재확인하는 하나의 예로서 중세 성인들의 음식 관련 행위들을 다루지 않았다. 오히려 바이넘은 음식과 몸에 대한 실천 행위 자체와 거기에서 드러나는 '여성의 목소리'에 귀를 기울이며, 이로부터 도출할 수 있는 세계관을 다른 도상학적 자료들과 종교적 실천 행위, 종교적 문헌에서 나타나는 세계관과 비교하여 이를 통해 중세 후기의 종교적 세계관 전체를 재구성해 보는 작업으로 나아갔다.

음식이 종교를 들여다보는 중요한 렌즈가 될 수 있다는 점은 분명해 보인다. 종교는 문헌 속에서만 존재하지 않으며 종교적 엘리트들의 사변적 논쟁 속에서만 존재하지도 않는다. 종교는 일상 속에서 우리가 움직이며, 보고 듣고 냄새 맡고 만지고 먹는 것들 속에 있다. 그러기에 우리는 분명 음식을 통해 종교학 개론이나 종교사 개론을 쓸 수 있을 것이다. 그러나 음식이 단지 각 종교의 설명 체계 혹은 종교에 대한 어떤 본질적 이해의 또 다른 예—비록 다른 어떤 것보다 구체적이고 생생한 예라는 점에서 충분히 매력적이긴 하지만—로만 취급된다면, 그건 좀 맥 빠지는 일일 것이다. 이러한 구도에는 여전히 이 같은 구체적 예들 너머 어딘가에 '종교'라는 무엇이 따로 존재한다는 생각이 자리 잡고 있기 때문이다. 우리가 종교를 연구하면서 음식과 같은 물질적 감각적 세계로 관심을 전환하게 된 것은, 이것이 단지 그러한 '종교'의 '표현'(expression)이나 '재현'(representation)이 아니라, 바로 그 자체가 종교라는 생각을 하게 되었기 때문이었음에도 불구하고 말이다.[10]

그러한 점에서 바이넘의 연구가 음식에서 몸, 물질에 대한 것으로 전개되는 흐름을 검토해 보는 것은, 다음과 같은 이유에서 충분히 가치 있는 일이라 생각된다. 첫째, 음식과 몸, 물질에 대한 구체적 관심이 중세 후기 종교를 어떻게 새롭게 바라보게 했는지 그 맥락을 이해하는 데 도움이 될 것이며, 둘째, 이러한 맥락에 대한 이해는 최근의 소위 물질종교 (material religion)에 대한 관심과 논의가 위치해 있는 지점을 다시 생각해 보게 해 줄 것이다. 물론 바이넘 자신은 자신의 연구가 중세 후기에 국한된 논의라고 자주 언급한다. 또한 바이넘의 종교 논의가 젠더화된 종교 연구에서 지니는 의미에 대해서도 생각해 볼 수 있을 것이다. 하지만 이번 글에서는 본격적으로 이 문제들을 다루기보다는 우선적으로 음식, 몸, 물질로 이어지는 바이넘의 중세 후기 그리스도교에 관한 분석을 살펴봄으로써, 이러한 부분들이 차후에 논의될 수 있는 기반을 마련해 보도록 하겠다.

II. 거룩한 금식, 거룩한 만찬
: 먹지 않는/먹는/먹이는 여성의 몸

가타리나는 하느님께 영광을 돌리는 가운데 가난한 이들에게 가장 좋은 최상의 음식만을 가져다주고 싶어 했고, 그래서 아무도 따지 않은 새 포도주 한 통을 땄다. 이 통에 들어 있는 포도주는 그녀의 가족들이 15~20일 정도 마실 수 있는 양이었다. 가족들이 이 포도주를 마시려 하기 전, 가타리나는 이미 오랫동안 이를 여러 사람들에게 나누어 주었다. … 그러나 15일뿐만 아니라 20일 혹은 한 달이 지나도 포도주는 줄어들지 않았을 뿐만 아니라 그 맛도 전혀 변하지 않았다. 양과 질 모두에 있어서 포도주는 최상이었다. … 두 달이 지나고 세 달이 지났으나 여전히 포도주의 양에도 향에도 변함이 없었다.[11]

시에나의 가타리나 자신은 음식을 거의 먹지 않았지만, 주변 사람들 특히 가난한 이웃들에게 음식을 나눠 주는 데는 열심이었다. 음식을 나눠

주는 일에 대해 아버지에게 허락을 받은 후부터 가타리나는 아침 일찍 일어나 포도주, 오일, 빵 등을 필요로 하는 이들에게 나누어 주었으며, 몸이 아파 밤새 끙끙 앓고 난 이후에도 기적적으로 아침에 다시 일어나 음식물이 가득 든 무거운 꾸러미를 짊어지고 먹을 것이 필요한 이웃에게 찾아가 음식을 나누어 주었다고 한다. 또한 위의 인용문에서처럼 가타리나가 나누어 주는 포도주는 아무리 마셔도 줄어들지 않는 기적을 보여주기도 했다. 이렇게 음식을 나눠 주고 음식의 양을 증식시키는 기적의 예는, 시에나의 가타리나뿐만 아니라 다른 금식하는 여자 성인들의 경우에도 흔히 나타난다. 쉬담의 리드비나의 경우에는 15세 때 크게 다친 이후 평생을 병상에 누워 지내야 하는 처지였지만, 다른 사람을 시켜서 가난한 이들에게 자주 음식을 가져다주었고, 많은 경우 이러한 음식들은 많은 사람들이 배불리 먹고 마셔도 쉽사리 줄어들지 않는 기적을 보여주었다고 전한다.

이처럼 중세 여자 성인들의 극단적인 음식 거부 이야기에는 음식을 '먹지 않는' 이야기만이 아니라, 음식을 '먹는' 이야기들도 같이 등장한다. '먹는' 이야기의 한 형태는 이렇게 음식을 주변 이웃들에게 나누어 주는 이야기다. 또한 '먹지 않는' 성인들의 몸에서는 간혹 모유가 흘러나오는 기적이 일어나는데, 이러한 모유를 받아먹은 사람들 역시 한동안 배고픔을 느끼지 않았다고 한다. 따라서 '먹지 않는' 성인들은, 거의 예외 없이 다른 이들을 '먹이는' 존재로 묘사되며, 또 자기 자신의 몸으로부터 나온 음식-모유를 먹이는 존재로도 묘사된다.

한편 '먹지 않는' 성인들이 스스로 '먹는' 것을 갈망하는 이야기도 항상 같이 나오는데, 그것은 바로 성체성사에 대한 갈망이었다. 라이문도는 시에나의 가타리나가 "매일 성체성사를 모셨다."라는 이야기가 당시에 돌고 있었다고 말하며, 이것은 사실이 아니지만 그녀가 다른 이들보다 훨씬 더 자주 성체성사를 모셨다는 것만큼은 사실이라고 말했다. 성체성사에 굶주리면 가타리나가 실제적으로 강한 육체적 고통을 느꼈으며 자신의 배고픔을 채워 달라고 호소했다는 것이다.[12] 가타리나 자신은 '미사를 애타게 기다렸'는데, 그 이유는 '영성체를 하는 중에 하느님께 훨씬 감미롭게 이끌리고 그분의 진리를 한결 깊이 깨달을 수 있었기 때문'이라고 고백했다.[13] 심지어 이러한 여자 성인들은 어떤 이유에 의해서 사제로부터 성체성사를 받을 수 없거나 혹은 사제의 태도에 무엇인가 문제가 있었을 때는 사제를 거치지 않고, 예수로부터 '직접' 성체를 받았다고도 이야기된다.

그러므로 '먹지 않는' 중세 여자 성인들의 '거룩한 금식' 이야기는 언제나 다른 이들을 '먹이고' 또 스스로 받아먹는', '거룩한 만찬' 이야기[14]와 같이 등장하며, 그렇기 때문에 바이넘은 이를 금식 이야기가 아닌 음식 이야기로 봐야 한다고 주장했다. 바이넘의 이 통찰은 중세 여자 성인들의 극단적 금식을 단순히 오늘날의 신경성 거식증의 틀 안에서만 이해할 수 없으며, 음식 전반과 여성의 관계로 확장시켜야 한다는 시각을 열어 준 중요한 지점이었다.

바이넘은 음식 이야기가 이처럼 여자 성인들 이야기 전반의 핵심적인 토포스로 자리 잡게 된 까닭은 바로 음식 자체가 여성들의 삶 전반에서 중요한 위치를 차지하고 있었고, 또 여성들이 중세 사회에서 그나마 통제할 수 있는 거의 유일한 자원이었기 때문이라고 지적했다.[15] 비단 서양 중세 후기에만 국한되는 이야기가 아니겠지만, 음식을 준비하고 만들고 차려서 먹이는 일은 거의 언제나 여성들의 몫이었다. 따라서 음식을 준비하고 만드는 존재로서 여성의 역할이 사회와 종교 안에서 여성이 자기 자신을 실현하는 데 영향을 끼쳤을 것이라는 바이넘의 주장은 어느 정도 설득력이 있다.

바이넘은 여성들이 음식을 '먹지 않는' 행위, 그리고 다른 이들에게 음식을 '먹이고', 자신은 특정한 음식만을 '먹는' 행위를 통해서 (1)자기 자신의 몸에 대한 권리를 행사하며 자신의 몸을 스스로 통제했고, 또한 (2)자신의 주변의 사회적 환경도 통제할 수 있었다고 주장했다.[16] 즉 금식은 미각과 포만감에 대한 통제였고 나아가 모든 신체 대사 작용을 저해함으로써, 배설과 월경, 성욕을 포함한 모든 욕구에 다 영향을 미쳤다. 결혼과 출산이 여성의 유일한 사회적 실현으로 간주되던 시기, 출산이 불가능한 몸으로 자신을 바꾸는 것은 자신에 대한 통제이면서 동시에 주변 환경과 사회에 대한 저항과 통제이기도 했다. 많은 성인들의 전기는 그들이 가족과 사회가 여성에게 요구하는 결혼과 같은 것들을 거부할 때 금식이 효과적인 수단이었음을 보여준다. 또한 가족을 위해 음식을 만들고 준비하는 자로서 여성이 음식을 거부하는 것은, 이렇게 다른 모든 여성에게 부과되는 의무를 거부하고 자신이 선택한 자신만을 위한 길, 즉 종교적 실천의 길로 향하는 모습을 보여준다. 스스로 '먹지 않고' 가족을 위해 음식을 준비하지도 않으면서 대신 (가족의) 음식을 가난한 이들에게 나눠 주고 '먹이는' 행위 역시 가족들이 중시하는 가치와 규범을 거부하는 모습이기도 했다. (3)게다가 적절하게 축성되지 않은 성체들을 가려내는 성인들의 모습은 교회 안에서 성체에 대해 절대적인 권위를 지니는 사제권에 대한 도전이기도 했다. 오늘날의 기준에서 보았을 때 이러한 성인들의 모습이 소극적인 저항으로 보일 수도 있으나, 여성이 사회와 교회 안에서 자기 자신의 의지를 실현할 수 있는 아무런 실제적 힘과 기반을 지니지 못한 사회

구조 속에서 이러한 행위들이 지니는 의미를 결코 과소평가해서는 안 될 것이다.

이상이 '거룩한 금식'과 '거룩한 만찬'이 중세 후기 종교적 여성들의 삶에서 행한 '기능'이었다면, 바이넘은 이의 종교적 '의미'에 대해서도 이야기를 해 봐야 한다고 말했다. 이 부분에서 바이넘은 그리스도교의 육체에 대한 경멸과 부정, 특히 여성의 몸에 대한 경계 그리고 탐식에 대한 경계 등이 결국 여성들로 하여금 육체적 고행과 금식에 집중하며 영적인 음식 —성체성사에만 집중하게 했다는 설명을 만족스럽게 생각하지 않았다. 물론 이러한 억압이 당시 그리스도교 안에 존재하지 않았다는 이야기는 아니다.[17] 15세기에 정립된 마녀 담론은 분명 이러한 여성의 몸과 음식, 그리고 여성의 섹슈얼리티에 대한 그리스도교의 혐오와 통제를 드러내 주는 생생한 예다.[18] 그러나 여자 성인들의 음식 이야기는 이 같은 맥락만으로는 설명될 수 없는 다른 차원들을 보여준다. 우선 당시의 성체성사는 결코 후대 프로테스탄트 교회의 이해에서처럼 영적인 음식의 상징을 받는 것이 아니라, 실제 '그리스도의 몸'을 받아먹는 것이었다. 또한 금식하는 여자 성인들은 자신의 몸으로부터 타인들을 먹이는 모유와 같은 음식을 직접 발산하기도 했다. 따라서 이들은 그리스도의 몸을 직접 먹으며, 또한 자신의 몸을 음식으로 내어 주었던 것이다. 바이넘의 논의는 이렇게 해서 이들 일부 중세 그리스도교 여자 성인들에게 음식은 곧 몸이었으며, 그 몸은 그리스도의 몸이자 여성의 몸이었다는 논의로 이어지게 된다.

III. 먹히는 예수의 몸/여성의 몸

15세기 초 어느 날 밤, 프란치스코회 개혁가 코르비의 콜레타(Colette of Corbie)가 성모 마리아에게 기도드리던 중 그리스도의 환시를 받았다. 그런데 콜레타에게 온 그리스도는 다정한 얼굴의 신랑도 아니었고, 중세 그림과 세밀화를 통해 우리에게 익숙한 사랑스런 아기 예수도 아니었다. 콜레타에게 나타난 예수는 접시 위에 '썰어진 아이의 살'이었다. 이와 함께 자신의 아들을 이렇게 잘게 썬 것은 인간의 죄라고 경고하는 하느님의 목소리가 들렸다.[19]

다소 그로테스크하게 느껴지는 위의 인용문은 그러나 단순히 하나의 기괴한 이야기가 아니다. 중세 후기 그리스도교 성체성사와 관련된 설교문, 노래, 이야기 등에서 강조되었던 것은 '천상의 빵'이 아니라, 살(고기)과 피였다.[20] 그 살과 피는 인간이 된 신이었으며, 신은 인간의 몸으로 십자가에서 고통을 당하며 인간을 구원했다. 따라서 그 신, 그리스도를 본받는 것(Imitatio Christi)은 곧 그의 몸의 고통에 동참하는 것이었고, 그 신을 받아먹는 것 역시 그 고통을 온몸으로 끌어안으며 그 신과 하나 되는 일이었다. 중세 여자 성인들에게 음식과 관련된 여러 실천 행위들은 모두 이러한 고통받는 그리스도, 자신의 몸을 내어 주는 그리스도의 이미지를 본받으며 또한 그 몸과 하나 되고자 하는 노력이었다고 바이넘은 말했다.

또한 이렇게 먹히는 몸, 음식으로서의 몸은 곧 여성의 몸이기도 했다. 이 특수한 맥락에서 먹히는 몸, 음식으로서의 몸은 흔히 생각하듯 여성의 몸에 대한 비하적 은유에서 기인한 것이 아니라, 여성의 몸에서 나오는 모유에 대한 중세 그리스도교 사고에서 기인했다. 즉 모유는 인간의 첫 번째 양분이자 생존을 위해 반드시 필요한 것으로서, 여성의 몸은 모유가 됨으로써 인간을 먹이고 살리는 음식이 된다. 금식하는 여자 성인들의 몸에서 모유가 나오는 이야기는 위에 인용한 쉬담의 리드비나 외에도 루갈다(Lutgard von Tongeren, 1182-1246), 베긴회 회원이었던 제르트루다(Gertrude van Oosten) 등 여러 명의 전기에서 찾아볼 수 있다. 바이넘에 따르면 중세 후기 유럽 문화는 모유의 상징에 크게 집착했고, 특히 아기 예수를 먹인 성모의 모유에 대한 의례는 당시 가장 광범위하게 퍼진 의례 중 하나였다.[21]

한편 중세의 생리학적 사고에서는 어머니의 피가 자궁 속의 태아를 먹이며, 이 피는 나중에 모유가 되어 흘러나와 태어난 아이를 먹인다고 생각했다. 이러한 사고 속에서 모유는 또한 피와 동일시되었다.[22] 따라서 모유의 이미지가 그리스도가 십자가에서 흘린 피의 이미지와 결합되는 것은 이상한 일이 아니었다. 성체성사에서 살과 피로 자신을 인간들에게 먹인 신은 이렇게 해서 (피를) 수유하는 신의 이미지로도 나타나게 된다. 시에나의 가타리나가 말하는 다음 일화에서는 이처럼 수유하는 예수의 이미지가 분명하게 드러난다.

병자를 돌보던 가타리나는 병자의 상처에서 나는 냄새가 역하게 느껴지자, 스스로의 나약함에 화를 내며 상처를 씻어 낸 물을-피고름이 가득한 물-한 바가지 다 마셔 버렸다고 하는데(후에 가타리나는 이때를 회상하며 고해신부 라이문도에게 자신의 삶 전체를 통틀어 그처럼 달콤하고 좋은 것을 먹어 본 적이 없다고 말했다 한다), 그날 밤 가타리나에게 십자가에 달린 예수의 모습이 나타났다. 그는 "나를 위해 자연적인 것을 극복하고, 자연을 넘

〈그림1〉 Quirizio da Murano, The Savior (1450-1478), Academia in Venice
〈그림 2〉 Jacob Cornelisz van Oostsanen, Man of Sorrows, 16세기 초반, Museum Mayer van den Bergh

어서는 행위를 보여준 너에게 이제 진정 자연을 뛰어넘는 특별한 액체를 주겠다."라고 말하며 손을 뻗쳐 가타리나의 목을 자신의 가슴에 난 상처로 끌어당겼다. "마셔라 딸아, 내 옆구리에서 나오는 이 감미로운 액체를, 이 액체가 너의 영혼의 목마름을 달콤함으로 채우고 나에 대한 사랑 때문에 네가 멸시한 육체를 기쁨의 바다에 빠지게 할 것이다."[23]

가타리나의 이 같은 이야기에서 나타나는 이미지는, 14~15세기 종교화에서 수유하는 자세로 가슴 부위를 잡고 상처에서 피를 흘리는 예수(이때 상처의 위치는 옆구리가 아닌 가슴 쪽으로 나타난다. 〈그림1〉, 〈그림2〉 참고)와 이 피를 잔에 받아 마시는 사람들로 나타나며, 심지어 아기 예수의 가슴

이 부푼 모습으로 나타나는 경우도 있었다.[24]

이처럼 예수가 여성적인 모습으로 도상에 등장하거나 신비주의 저술에 나타나는 이면에는, 예수의 인성을 오로지 여성적인 것으로 인식하는 사고가 있었다. 아리스토텔레스의 질료형상론을 이어받은 아퀴나스는 생식 과정에서 질료 즉 물질을 제공하는 것은 오로지 여성이라고 생각했다. 따라서 예수의 잉태 과정에 남성이 개입하지 않았다는 것도 예수의 물질성을 형성하는 데 아무런 영향을 끼치지 못하며, 이는 곧 예수의 인성의 완전성을 형성하는 데도 아무런 문제가 되지 않는다.[25]

이러한 일련의 중세적 가정들은 신의 몸과 여성, 그리고 음식을 연결시킨다. 그리스도는 여성의 몸으로부터 나왔을 뿐만 아니라 그의 몸 지체가 여성적인 것이다. 그는 피를 흘리면서 음식이 되고, 그 피는 인간에게 새로운 생명을 준다.[26] 그리고 중세 여성들이 쉽게 자신들과 동일시할 수 있었던 신은 이처럼 자신의 몸으로 자식들을 먹이는 신, 자식들의 인간성을 똑같은 모습으로 공유했던 바로 그런 신이었다. 바이넘은 중세 후기 일부 여성들이 극단적인 금식, 음식 나눠 주기, 성체성사와 같은 여러 음식 관련 실천 행위 속에서 이러한 신과 하나 되고, 그 속에서 몸을 통한, 몸의 고통을 통한 구원의 의미를 찾고 있었다고 보았다.[27]

IV. 바이넘의 주장에 대한 비판들

이처럼 음식과 (여성의) 몸, 그리고 고통받는 신(의 몸), 구원을 연결시켜 중세 여자 성인들의 음식 실천과 고행 속에서 이들의 독특한 영성과 이의 긍정적 적극적 의미를 찾아보려 한 바이넘의 논의는 이후 중세사가와 중세 그리스도교 연구자들 사이에서 큰 반향을 일으켰다. 바이넘의 연구는 1990년대 이후의 중세 여성 성인 연구에 지대한 영향을 끼쳤으며, 바이넘의 관점과 방법론에 대해 다양한 비판과 보완의 연구들도 나왔다. 그중 중요한 몇 가지를 지적해 보면 다음과 같다.

첫째, 바이넘이 다룬 자료들의 성격에 관한 것이다. 바이넘이 사용한 원전 자료들은 남성 작가가 쓴 여자 성인에 대한 전기와 여자 성인 자신이 직접 쓴 혹은 구술한 글들이다. 이 중 남성 작가가 쓴 전기들은 사실 여성 자신의 목소리보다는 남성 작가의 관점과 목소리를 여성에 투영시켜 '구축된' 텍스트일 가능성이 높다. 따라서 이들에 의해 묘사된 육체적 고행에 대한 의미 부여에서 얼마만큼 여성 자신의 목소리를 읽어 낼 수 있는지는 언제나 문제다. 물론 바이넘 자신도 남성 작가가 쓴 글이 여성 자신의 목소리가 아닌 남성에 의해 구축된, 만들어진 여성의 목소리일 가능성이 있다는 점을 예민하게 인식했다.[28] 그럼에도 불구하고 바이넘이 궁극적으로, 이들 텍스트 속에 묘사된 구절들이 단순히 남성이 여자 성인을 대상화하고 거기에 자신의 목소리만을 부여한 것이 아니라, 여성들 스스로 남성과 함께 이 담론 구조에 적극적으로 동참하며 자신의 목소리를 내고 있다고 보는 것에 반해, 이러한 해석에 여전히 의문을 던지는 학자들도 있다. 특히 에이미 헐리우드(Amy Hollywood)의 경우, 1300년대 이전에 나온 여자 성인들 자신들의 글에서는 가혹한 육체적 고행이나 이를 통해 일어나는 육체적 유사 기적 현상 등은 나타나지 않는다고 지적하면서, 여성의 영성과 고통받는 몸을 연결시키는 바이넘의 테제가 조금 더 면밀한 시대구분 및 젠더화된 목소리 구분에 의해 재검토될 필요가 있다고 지적했다.[29]

필자는 헐리우드의 이 같은 비판이 충분히 타당하고 매우 중요하다고 생각하지만, 그럼에도 불구하고 남성 중심적 담론 구조 속에서도 자신의 목소리를 내는 여성들의 노력과 그 독특한 방식에 주목한 바이넘의 관점 역시 여전히 우리가 잊지 말아야 하는 중요한 부분이라고 생각한다.

바이넘의 테제에 대한 또 하나의 중요한 비판은 그리스도의 고통받는 몸과 인류, 그리고 여성 몸의 동일화라는 상징 구도가 과연 여성에게 힘을 부여하는 것이 될 수 있었을까라는 문제다. 이 문제 역시 바이넘 스스로가 이미 지적한 적이 있지만,[30] 조 앤 맥나마라(Jo Ann McNamara)와 데이비드 에어스(David Aers) 등의 학자가 좀 더 정교하고 강력하게 제기했다. 조 앤 맥나마라는 11~15세기에 걸쳐 남성 사제들이 이단과의 싸움에서 고통받는 여자 성인들의 몸이라는 주제를 효과적으로 사용했다고 지적했으며,[31] 데이비드 에어스는 고통받는 여성의 몸을 통한 구원이라는 상징 구도가 사실은 남성의 힘으로 여성을 통제하는 데 그리고 여성성에 대한 남성의 판타지를 키우는 데 더 기여하지 않았는지를 좀 더 집요하게 질문해야 한다고 주장했다.[32] 데이비드 에어스의 질문은 기본적으로 가부장제 남성 중심적 사회에서 남성 주체가 구축한 상징 구도는 오로지 남성들의 이익과 상상력에 기여하는 구도로만 작동할 수밖에 없다는 생각에 기반을 두고 있다. 그러나 힘의 부여와 지배, 상징의 구도는 실제 삶의 조건과 상황 속에서 좀 더 복잡하게 작용하는 면이 있는 것도 사실이다. 게다가 에이미 헐리우드도 지적했듯이 바이넘이 다루는 중세 시대의 제한된 자료 속에서 이 문제는 훨씬 더 복잡하다. 남성들이 정해 놓은 상징 구도를 활용함으로써 그 안에서 기쁨을 느끼고 종교적 희열을 맛보고 또 어느 정도의 지위도 획득할 수 있었던 여성들이 분명 있(었)으며, 우리가 그들의 경험을 무조건 남성들의 상징 구도와 지배 체제에 공모한 것으로만 치부해서는 안 될 것이다. 그러나 그러한 여성들의 입장과 경험을 기억하면서도 동시에, 이 특별한 여성들이 칭송받는 과정에서 다른 어떤 여성들이 억압받고 묻히고 잊히게 되었는지를 같이 물어야 한다는 지적은 매우 중요하며, 여전히 큰 울림이 있다.[33]

이 밖에도 바이넘의 논의에 제기된 비판으로는 바이넘이 몸에 대해 이야기하면서 중세 그리스도교의 몸 담론과 시각적 상징에 내재한 성애적 특히 동성애적 요소에 대해 그다지 주목하지 않았다는 것이 있다.[34] 이 측면은 분명 따로 논의해야 하는 중요한 주제이기는 하지만, 바이넘 자신이 스스로 여러 번 밝혔듯이 바이넘은 몸을 섹슈얼리티로만 바라보는 관점을 중세 몸에 대한 연구 전반에 무조건적으로 적용하는 것에 대해 회의적이라는 점에서 이러한 문제의식이 바이넘의 직접적인 관심에서 약간 벗어나 있는 것은 분명해 보인다. 이 지점이 바이넘의 연구에서 부족한 점이라고 생각될 수도 있겠지만, 필자는 바이넘이 몸의 의미를 섹슈얼리티와 인간의 육체 자체에만 한정하지 않고 계속 다른 것으로 확장해 나간 것이 그녀의 연구에서 가장 탁월한 지점이라고 생각한다. 즉, 에이미 헐리우드도 지적했듯이 바이넘의 연구가 반갑고 중요했던 이유는, 몸이라는 것은 단지 성욕만이 아니라 먹고 마시고, 고통과 기쁨을 느끼고, 태어나고 죽는 삶의 모든 작용과 관련 있으며, 몸에 대한 관심은 곧 물질과 인간의 감각 전체를 활용하는 다양한 형태로 나타날 수 있다는 점에 주목했기 때문이다.[35] 이러한 경향은 2000년대에 이루어진 바이넘의 연구들에서 잘 나타난다.

V. 부분과 전체, 움직이고 변화하는 물질의 세계, 물질의 종교

> 갑자기 한 남자가 그녀에게 와서 그곳에서 멀리 떨어진 윌스낵이라 불리는 곳으로 순례를 가고 싶으냐고 물었어요. 그곳은 기적에 의해 제단의 성물인 세 개의 성체에서 나온 우리 주 예수 그리스도의 소중한 피를 경배하는 곳이었답니다. 이 세 개의 성체와 성혈은 오늘날까지 그곳에서 엄청난 공경을 받고 있으며 여러 나라의 순례자들이 방문하고 있습니다. … 이런 식으로 그녀는 온갖 어려움을 무릅쓰며 우리 주님의 도움으로 윌스낵에 당도하였고 제단의 성체로부터 기적에 의해 흘러나온 그 성스러운 피를 보았어요.[36]

위의 글은 영국의 신비주의자 마저리 켐프(Margery Kempe, c.1373-c.1438)가 독일 브란덴부르크주에 있는 작은 마을 빌스낙(Wilsnack, 위의 한글번역본 인용문에서는 '윌스낵'으로 표기)의 성체 성혈 기적을 보러 간 것을 이야기한 것이다. 빌스낙의 기적은 1383년 빌스낙의 교회가 화재로 다 타 버렸을 때로 거슬러 올라간다. 이때 잿더미 속에서 핏자국이 묻은 성체들이 전혀 훼손되지 않은 상태로 나타났다는 것이다. 이 성체들은 곧 열광적인 공경의 대상이 되었고, 이후 100여 년 동안 수많은 신자들이 이를 보러 가면서, 빌스낙은 15세기 북부 유럽에서 가장 유명한 순례지 중 하나가 되었다.

앞서 살펴보았듯이 예수의 가슴에서 흘러나오는 피는 고통받는 존재, 생명의 음식으로서의 예수 자신과 동일시되었다. 그러나 빌스낙의 기적에서처럼 성체에 나타난 혈흔으로서의 피는 살아 있는 예수의 몸에서 흘러나오는 피와는 또 다른 차원의 문제를 제기했다. 즉 전자가 살아 있는 몸의 범주에서 이야기될 수 있는 피라면, 후자는 생명이 빠져나간 이후의 몸의 잔존물로서의 피, 즉 살아 있지 않은 물질의 범주에 들어가는 피이기 때문이다. 그런데 중세 후기에 늘어나는 성체 기적에서 살아 있는 것과 살아 있지 않은 것의 구분은 희미해진다. 살아 있지 않은 것처럼 보이는 제병, 나무조각 등은 살아 있는 것처럼 피를 흘리고, 또 한때 살아 있었지만 오랜 시간이 지나 지금은 살아 있지 않음이 분명한 것들, 오래전에 세상을 떠난 성인의 유골 등이 살아 있는 것처럼 기적을 행하는 일이 곳곳에서 일어난다. 중세 영성에 대한 기존의 통념은 중세 초기에 물질적인 성격이 더 강하고, 후기로 갈수록 내면적인 신심이 강해진다고 보았지만, 실제 나타나는 여러 성체 성혈 기적 이야기들과 순례의 열풍은—비록 이에 대한 논란과 반대의 견해를 항상 동반하기는 했지만—오히려 반대되는 성향, 즉 후기로 갈수록 물질성이 더 강해지는 듯한 인상을 준다. 바이넘은 2011년의 저서 『그리스도교의 물질성』(*Christian Materiality: An Essay on Religion in Late Medieval Europe*)에서 15세기에 성행한 성체 성혈 순례(즉 빌스낙의 예에서처럼 성혈이 묻은 성체가 기적을 행한다는 것에 대한 믿음을 지니고 이를 찾아 떠나는 순례), 다양한 성상과 이미지에 대한 숭배, 성자의 유골에 대한 숭배 등을 세세히 분석하며 이러한 성향을 꼼꼼히 분석했다.[37]

이 책에서 바이넘은 중세 후기의 몸(corpus)과 물질(materia) 사이의 구별은 그렇게 명확하지 않다고 말했다. 7세기 세비야의 이시도르(Isidore of Seville)의 독특한 어원론적 서술에서 몸(corpus)은 부패되는 것(corruptum)이며, 물질(materia)은 어머니(mater)처럼 무엇인가 생산해 낼 수 있는 능력을 지닌 것이었다. 몸과 물질은 둘 다 생성과 부패의 장소이며, 둘 다

역동적인 것이고, 변화할 수 있는 것으로 생각되었다. 따라서 중세 후기 사람들 사이에서 고대 로마의 작가 오비디우스의 『변신 이야기』(Metamorphoses)가 큰 인기를 끈 것은 우연이 아니었다. 그들은 몸/물질이 변화의 능력을 단지 가능성만으로 지니고 있는 것이 아니라, 실제로 그것이 변화할 수 있으며 변화한다고 생각했다. 몸/물질은 안정적이라기보다 불안정하며, 바로 그 불안정성 때문에 인간·풀·나무·말·벌·모래·금속 등 다양한 개체 사이를 오가며 상호 스며들고(permeability), 상호 변화(interchangeability)할 수 있다고 생각되었다.[38]

따라서 바이넘은 『그리스도교의 물질성』 서문에서 자신이 사용하는 몸(body)이라는 단어가 인간(person)의 의미로 이해되어서는 곤란하며, 이는 오히려 물질(matter)로서 이해되어야 한다고 말했다.[39] 또한 중세 그리스도교에서 중심적인 위치를 차지하는 육체성(physicality)이, 신이 인간이 되었다는 육화(Incarnation)의 교리와 밀접하게 관련된 것은 분명하지만, 이때 육체성을 '인간'의 맥락보다는 '물질'의 맥락에 위치시키는 것이 더 적절할 것이라고 지적했다. 그리스도의 몸은 고통받는 인간의 몸에만 국한되는 것이 아니라, 할례 때 떨어져 나간 포피, 수백 년의 세월이 지나도록 남아 있는 혈흔 등에도 있으며, 심지어 육화의 신비를 나타내는 그림 밑에 사용된 대리석의 빛깔, 그림 속 성모가 입은 푸른 옷이나 주름에까지도 확장될 수 있는 것이기 때문이다.[40] 몸은 물질 속에 놓인 것으로서, 따라서 다른 물질들과의 사이를 넘나들며 변화할 수 있는 것이었다. 그러한 점에서 바이넘이 몸의 부활에 관한 연구와 성체 기적의 연구 사이에, 중세의 여러 이야기들 속에 등장하는 변신과 그 변신 속에서 지속되는 아이덴티티의 문제를 다룬 책 『변신과 아이덴티티』(Metamorphosis and

Identity)를 썼다는 것은 우연이 아닐 것이며, 바이넘의 몸에 대한 관심의 시작은 음식이라는 물질과 몸의 상호작용 속에서 형성되는 종교적 자아에 관한 연구였다는 점에도 다시 한번 주의를 기울여 볼 필요가 있을 것이다.

VI. 나오는 말: 물질적 존재들의 목소리와 역설

지금까지 바이넘의 연구가 어떻게 음식에 대한 관심에서부터 시작해서 몸에 대한 논의로 그리고 물질에 대한 논의로 이어져 갔는지 간략히 검토해 보았다. 물질을 전면에 내세운 최근의 바이넘의 연구들은, 이미지·성상·유골함 등 좀 더 우리가 쉽게 '물질'이라는 말과 연결시킬 수 있는 대상들에 집중되어 있지만, 사실 바이넘의 연구는 처음부터 '물질'에서 출발했다고도 할 수 있을 것이다. 즉 음식이라는 물질에 관한 논의에서 시작하여 이를 몸에 관한 논의의 자리에 위치시켰다가, 다시 그 몸을 물질의 자리 안에 위치시켰다고도 볼 수 있기 때문이다. 앞서 이야기한 바대로 이 글은 바이넘의 저작의 흐름에 대한 검토가 특정 시대의 종교사에 대한 이해를 넘어, 물질과 젠더에 대한 현대 종교학의 논의에까지도 시사점을 던져 줄 수 있지 않을까 하는 생각에서 기획되었다. 이 부분에 대한 본격적인 논의가 이후 이루어지길 기대하며, 결론을 대신하여 『거룩한 만찬, 거룩한 금식』에서부터 시작해 『그리스도교 물질성』으로 이어지는 일련의 바이넘 저작들의 흐름에서 우리가 특히 주목해야 한다고 생각되는 부분들을 지적하면서 글을 마치겠다.

첫째, 중세 여자 성인들의 금식 및 음식과 관련된 종교적 실천 행위들을 육체를 혐오하고 여성의 육체를 통제하고자 했던 남성 중심적 그리스도교 담론의 내면화로만 바라보는 시각은, 당시 여성들의 종교적 삶과 경험을 구성하는 복잡한 맥락을 지나치게 단순화시키는 위험이 있으며, 또한 그 속에서 여성들이 스스로 내세우고자 했던 목소리들을 지워 버릴 위험이 있다는 점이다. 바이넘의 연구는 중세 그리스도교의 세계가 단순히 영혼/육체 · 남성/여성의 확고하게 고정된 이분법의 논리로만 전개되지 않았다는 점을 세세히 분석해 가며, 당시 중세 그리스도교 구원론 속에서, 그리고 당시 일부 여성들에게 고통받는 몸 · 먹히는 몸에 집착하는 중세 여자 성인들의 이야기가 지닌 긍정적이고 적극적인 의미를 밝혀냈다. 물론 이러한 논의가 극히 제한적인 시대의 제한적인 사료들 속에 등장하는 특정한 여자 성인들의 예에만 해당된다는 점은 다시 한번 분명히 말해야 할 것이다. 바이넘 이후의 여러 학자들이 지적했듯이, 비슷한 시기 다른 여자 성인들의 예에서는 이러한 극단적 금식과 육체적 고행이 아닌, 다른 사도적 가르침을 강조하며 신과의 합일을 추구한 예들도 발견되며, 또한 음식에 대한 거부와 성체성사에 집착하는 것만이 아니라, 음식 자체와 맛의 세계에서 신을 발견하고자 하는 모습도 보이기 때문이다.[41] 또한 바이넘의 논의가 시대를 초월해서 보편적으로 적용 가능한 설명틀로 오해된다든지, 혹은 어떠한 의미에서든 간에 여성의 몸에 가해지는 억압과 폭력을 묵인하고 이를 종교적 승화로 미화하는 것으로 잘못 이해되어서는 안 될 것이며, 더불어 바이넘이 다룬 특별한 여자 성인들의 종교적 자기실현 이면에서 억압당하고 잊혀진 여성들의 목소리가 있다는 것도 결코 잊지 말아야 할 것이다.

둘째, 중세 후기 그리스도교의 변화에 대한 단선적 이해, 즉 물질에 대한 신심이 점차 통제되고 마음속으로 내면화된 신심이 강조된다는 주장은, 단지 종교적인 변화의 표면적인 한 측면만을 이야기하고 있을 뿐, 그 아래에서 진행되고 있던 물질을 둘러싼 다양한 종교적 실천 행위와 신학적 논쟁, 철학적 논쟁의 복잡성을 간과하고 있다는 것이다. 바이넘의 연구는 음식, 죽는 몸/부활하는 몸, 성체, 성유물, 이미지, 성상 등이 중세 후기 그리스도교에서 나아가 이후의 16세기 종교개혁 이후에 이르기까지 사람들의 구체적인 종교 생활에서 차지한 의미를 파고들며, 이를 단순히 당시의 지배적인 종교 담론의 시각으로만도, 혹은 반대로 오늘날에 형성된 새로운 개념틀로만도 해석하지 않는다. 바이넘의 이러한 접근방법은 특정한 지배 담론과 상징체계 안에 갇혀 있을 수밖에 없으면서도 동시에 구체적인 물질적 상호작용 속에서 이러한 담론과 상징을 그대로 수용하기만 하는 것이 아니라 이에 끊임없이 균열을 내며 새로운 의미들을 더해 가고 만들어 가는 주체들에 관심을 기울이는 것이기도 하다.

마지막으로 이후의 논의를 위해 지적하고 싶은 것은, 바이넘이 항상 붙잡고 씨름한 것은 구체적인 물질들 및 그 물질들과 상호작용하는 물리적인 몸이었다는 점이다. 즉 그녀는 몸과 물질에 대한 이해와 의미화가 특정한 시대의 특정한 담론 구조에 의해 문화적으로 구축된 것이라는 점을 날카롭게 인식하면서도, 결코 그러한 구축이 일어나는 물리적인 몸과 물질에 대한 감각의 경험적 차원을 간과하지 않았다. 그러한 물리적인 몸과 물질에 대한 감각은, 특정한 문화적 종교적 주체를 형성하려는 담론 구조, 상징 형식에 제한되면서도 또 거기에 맞서고 저항할 수 있는 힘을 지닌다. 이들이 상호작용하면서 만들어 내는 세계는 바이넘 자신이 자신의 학문과 생애를 규정하며 사용한 표현대로 '역설'(paradox)의 세계로 비춰질 수도 있다.[42] 그러나 그 역설 속에는 다른 물질들과 더불어 세계를 감각하고 느끼며, 이러한 감각과 세계를 규정짓는 담론에 맞서면서 스스로의 의미를 만들어 가려는 물질적 존재들의 흔적이 서려 있다.

마늘에 담긴 불교사

— 음식의 내재적 본질에서 바르나(Vama)적 함의까지

공만식

I. 들어가는 말

마늘 이슈는 육식 금지 규정과 더불어 한국 사찰 음식을 특징짓는 중요한 내용 중 하나이다. 동아시아 대승불교의 음식 규정은 오신채(五辛菜)를 언급하고 있다. 그 오신채 중에서 훈채(葷菜)를 대표하는 것은 마늘이며, 타 훈채들이 경전들의 언급에서 누락되는 경우는 있으나 마늘은 항상 훈채에 대한 언급에서 빠지지 않고 등장한다. 그 때문에 마늘에 대한 연구는 전체 훈채 연구의 핵심이라 말할 수 있을 것이다.

소위 '대승육식금지 경전'이라고 언급되는 여래장계 경전에서 보이는 마늘에 관한 규정은 인도 불교사에서 짧지 않은 역사적 변화를 겪어 왔다. 현재 한국 사찰 음식이 그 음식적 정체성으로 삼고 있는 이들 대승 경전에서 언급된 마늘에 대한 내용은, 초기 불교부터 시작하여 부파불교 시대와 이후 대승불교 시대에까지 이르는 기나긴 역사적 과정에서 인도 주류 종교인 바라문교 그리고 이후 바라문교의 계승자인 힌두교와의 긴장관계의 산물이다.

이 글은 초기 불교 문헌에서 보이는 마늘에 관한 규정에서 시작하여 부파불교와 대승불교에 이르는 마늘에 대한 시각을, 인도 주류 종교의 바르나적 시각과 비교하여 고찰함으로써 대승육식금지 경전이 지니고 있는 마늘에 대한 성격과 규정을 명확히 하려 한다.

불교에서 마늘 이해의 관건이 되는 것은 마늘의 물리적 속성에 근거한 규정에서 출발한 불교의 마늘 이해가 어떻게 타 종교와의 길항 관계 속에서 바르나적 시각에 근거한 정/부정 사상을 근간으로 하는 마늘 규정으로 이행해 갔는가를 역사적으로 살펴보는 것이며, 이러한 불교의 바르나적 시각에 근거한 마늘 인식의 표현이 힌두교에서 보이는 카스트석 정/부정 사상을 담지한 내용으로 표출되기보다는 불교가 종교적 목적을 달성하기 위한 노정에서 대표적 장애물로 간주하는 삼독심(三毒心) 즉 탐진치(貪瞋癡) 중 탐욕과 분노라는 번뇌로 표현되는 종교적 형태를 띠게 되었는지를 파악하는 것이다.

이 글은 이러한 마늘 규정에 대한 역사적 이해와 그 결론으로서의 종교적 번뇌라는 규정에 대한 이해를 목적으로 한다.

II. 다르마 수트라(Dharma sūtra)의 마늘(laśuna) 이해

초기 불교 문헌인 빨리 니카야(Pāli Nikāya)의 성립 전후로 성립되었다고 간주되는 네 종류의 힌두 다르마 수트라(Dharma sūtra)[1]가 존재한다. 『아빠스땀바』(Āpastamba), 『가우따마』(Gautama), 『바우다야나』(Baudhāyana), 『바시슈타』(Vasiṣṭha) 다르마 수트라이다. 이들 문헌은 다음과 같이 마늘과 훈채를 금지하고 있다.

<표1> 네 가지 다르마 수트라 문헌에서 금지하는 훈채

Āpastamba	Gautama	Baudhāyana	Vasiṣṭha
까란자 (karañja) 마늘, 양파, 대파[2]	마늘[3]		마늘, 그린자나 (Gṛnjana) 양파[4]

인도 학자인 패트릭 올리벨(Patrick Olivelle)은 금지된 음식과 부적당한 음식을 분류하기 위하여 아박샤(abhakṣya)와 아보쟈(abhojya)라는 두 가지 개념을 사용한다.[5]

올리벨의 견해에 따르면, 아박샤는 금지된 음식으로, 먹어서는 안 되는 음식이다. 아박샤는 먹어서는 안 되는 동물성 그리고 식물성 음식으로 구성되어 있는데, 그것 없이는 생존이 불가능한 상황에서만 예외를 인정한다.

다르마 수트라 문헌에서 이들 식재료(abhakṣya)는 요리된 음식의 이름보다는 식재료의 이름으로 언급되어 있다.[6] 네 가지 다르마 수트라 문헌 가운데 가장 상세하게 금기 식재료를 언급하고 있는 『가우따마 다르마 수트라』에서는 아박샤 음식을 다음과 같이 열거한다.

다음은 금지된 음식(abhakṣya)이다: 고슴도치, 토끼, 호저, 고다(Godhā) 도마뱀, 코뿔소, 거북이를 제외한 다섯 개의 발톱을 가진 동물; 양쪽 턱에 이빨을 가진 동물, 털이 많은 동물, 털이 없는 동물; 발굽이 하나인 동물; 깔라빙까(Kalaviṅka) 참새; 플라바(Plava) 헤론; 짜끄라바까 거위; 백조; 까마귀; 깡까(Kaṅka) 왜가리; 민머리 독수리; 매; 물새; 빨간 발과 부리를 가진 새; 사육하는 수탉과 돼지; 젖을 짤 수 있는 암소와 황소; 젖니를 갈지 않은 동물과 아픈 동물과 타당한 이유 없이 죽인 동물의 고기; 어린 새싹; 버섯; 마늘; 수지; 나무를 절개한 곳에서 나오는 빨간 수액; 딱따구리, 바까(Baka) 백로; 발라까(Balāka) 따오기; 앵무새; 맛구(Madgu) 가마우지; 띳띠바(Ṭiṭṭibha) 도요새; 만달라(Māndhāla) 비호(飛狐); 밤에 활동하는 새.[7]

한편 아보쟈(abhojya)는 '적당하지 않은 음식'을 의미한다.[8] 이것은 일반적으로 먹을 수 있는 음식이지만, 이 음식과 관련된 조건이 바뀌면서 먹을 수 없게 된 음식이다. 이러한 음식은 식재료의 이름보다는 요리된 음식의 이름으로 나타난다. 『가우따마 다르마 수트라』에서는 아보쟈 음식을 다음과 같이 열거한다.

> 다음은 먹기에 적당하지 않은 음식이다: 머리카락이나 벌레가 떨어져 있는 음식; 생리 중인 여성이나 검은 새 혹은 누군가의 발에 닿은 음식; 낙태한 사람이 쳐다본 음식 혹은 암소가 냄새 맡은 음식; 혐오스러워 보이는 음식; 커드를 제외한 쉰 음식; 다시 요리한 음식; 채소를 제외한 신선하지 않은 음식, 꼭꼭 씹어 먹어야 하는 음식이나 기름기가 많은 음식, 고기, 꿀; 부모와 의절한 사람이 주는 음식; 매춘부가 주는 음식; 극악무도한 범죄자가 주는 음식; 자웅동체인 사람이 주는 음식, 법 집행자가 주는 음식; 목수가 주는 음식; 수전노가 주는 음식; 죄수가 주는 음식, 의사가 주는 음식.[9]

다르마 수트라 문헌에서 마늘과 다른 훈채들은 생존을 위해 불가피한 경우를 제외하고는 먹어서는 안 되는 아박샤(abhakṣya) 음식으로 규정된다. 마늘과 다른 훈채들은 다르마 수트라 문헌에서 높은 불청정성을 가진 것으로 간주된다.

후대의 다르마 샤스트라(Dharma śāstra) 문헌도 다르마 수트라 문헌의
시각을 계승했다. 예를 들면『마누법전』(Manu smṛti)에서도 마늘, 대파, 양
파를 '금지된 음식'(abhakṣya)으로 규정한다.[10] 아래의 도표는『마누법전』
과『야즈냐발캬법전』(Yājñavalkya smṛti, 3-5 A.D.)에서 금지하는 훈채들이
다.

<표 2>『마누법전』과『야즈냐발캬법전』에서 금지하는 훈채들

법전	Manu smṛti	Yājñavalkya smṛti
금지된 훈채	마늘, 대파, 양파[11]	마늘, 대파, 양파[12]

힌두 문헌에 의하면 '금지된 음식'(abhakṣya)에 대한 규정을 위반하면 상
대적으로 엄중한 결과와 참회 요구가 뒤따른다.『마누법전』에 따르면,

> 만일 의도적으로 마늘, 양파, 대파, 버섯, 사육하는 돼지와 가금류를 먹으
> 면 재생족(再生族)은 그들의 카스트를 상실한다. 만일 그들이 인식하지 못
> 한 채 이들 여섯 가지 식재료 중 하나를 먹으면 산따빠나(sāntapana) 혹은
> 짠드라야나(cāndrāyaṇa)[13]라고 부르는 참회의식을 행해야 한다. 만일 금지
> 된 다른 음식을 먹으면 하루 동안 단식해야 한다.[14]

『마누법전』에서는 자신의 카스트적 지위를 상실하게 되는 또 다른 예
를 들었다.

> 슈드라(śūdra) 계급의 여인과 결혼함으로써, 슈드라 여인과의 사이에 아들

을 봄으로써, 그는 자신의 카스트를 상실한다.[15]

『마누법전』에서 금지된 마늘을 먹는 것에 대한 대가는 슈드라 여인과 결혼하거나 둘 사이에 아이를 낳는 것에 대한 대가와 동일하며, 이는 힌두 상층 카스트 사회에서 비육체적 처벌 중 가장 엄중한 처벌인 카스트 상실이라는 결과를 가져온다고 적시하고 있다. 의도하지 않고 금지된 음식을 먹었을 경우에는 그 죄를 속죄할 수 있는 참회의식을 치르고 자신의 카스트를 유지하는 것이 가능한데, 이러한 참회의식은 청정한 물질, 즉 소똥을 암소의 유제품과 함께 먹음으로써 자신의 입을 청정하게 하는 행위를 포함한다.

이와 같이 산따빠나 참회의식에서 위반자는 소의 오줌이나 똥, 커드, 기(ghee), 물, 꾸샤(Kuśa) 풀과 함께 요리된 음식을 12일 동안 먹어야 하며 그중 하루는 단식을 해야 한다.[16] 짠드라야나 참회의식은 엄격함의 정도가 덜한데, 위반자는 의례음식으로 제공된 음식을 여덟 입 먹어야 한다.[17] 카스트적 행위를 규정하는 힌두 문헌의 시각 중 가장 두드러진 특징은 카스트의 청정(淨)과 불청정(不淨)의 관념을 음식에 대한 청정과 불청정의 관념에 적용시킨다는 점이다.

III. 초기 불교의 마늘 인식

초기 불교의 마늘 이슈와 관련하여 아마도 가장 잘 알려진 내용은 한 비구가 마늘을 먹고 붓다의 설법에 참석하였는데 다른 비구들에게 자신이 먹은 마늘 냄새가 날까 염려하여 구석에서 다른 비구들과 떨어져 있으면서 다른 비구들과 함께 자리하기를 꺼렸고 이 때문에 붓다가 마늘 섭취를 금지시켰다는 이야기일 것이다.[18]

초기 불교 문헌에서 마늘과 관련된 이야기는 비구보다는 비구니와 연관된 것으로 주로 언급된다. 이 율장 문헌의 인연담들을 통해 초기 불교에서 마늘이 어떠한 내용과 연관되어 언급되는지를 알 수 있다.

> 그때 비구니 승가는 어떤 재가자로부터 마늘을 보시 받았다. "만일 비구니 스님들께서 마늘이 필요하시면 제가 마늘을 (제공할 수 있습니다)." (그리고 그 재가자는) 밭지기에게 다음과 같이 당부하였다. "만일 비구니 스님이 오시면 비구니 스님 한 명당 두세 다발의 마늘을 드려라."

> 그때 사위성에 페스티벌이 있었다. 마늘은 가져오자마자 동이 났다. 비구니들이 그 재가자에게 가서 다음과 같이 말했다. "처사님, 우리는 마늘이 필요합니다." 그 재가자가 말했다. "마늘이 없습니다. 스님. 마늘을 가져오자마자 동이 납니다. 마늘밭으로 한번 가 보십시오." 비구니 툴라난다(Thullanandā)는 마늘밭으로 가서는 과도한 양의 마늘을 가져왔다. 마늘밭지기는 이것을 경멸, 비난하며 다음과 같이 불만을 터뜨렸다. "이 비구니들은 어찌 적당함을 알지 못하고 그렇게 많은 마늘을 가져가는가?"

> 불세존이 그들을 꾸짖어 말씀하셨다. "비구들이여, 어떻게 비구니 툴라난다는 적당량을 알지 못하고 많은 마늘을 가져왔는가?" ― 어떤 비구니이든 마늘을 먹으면 바일제이다.[19]

여기서 이 계율이 성립된 것은 툴라난다 비구니가 마늘을 과도하게 가져갔기 때문이었는데 당시 페스티벌에서 마늘은 필요가 많은 품목이었던 듯하다. 비록 너무 많은 마늘을 가져갔다는 인연담에서의 이유와 마늘 식용 금지라는 규정 사이의 연관이 불명확하기는 하지만, 이 계율은 재가자에 대하여 승려로서의 적절한 행위를 규정하기 위해 제정된 듯하다. 재가자에 대한 행위 규정의 동기는 「빨리(Pali) 바일제」 1조의 인연담에 보이는 전생 이야기를 통해 확인된다.

> 비구들이여, 전생에 툴라난다는 어떤 바라문의 아내였고 그들에게 세 명의 딸이 있었다, 난디(Nanda), 난나바띠(Nandavatī), 순다리난다(Sundarīnandā). 비구들이여, 그때 그 바라문은 죽어 거위로 태어났고 그의 깃털은 모두 황금으로 된 것이었다. 그는 깃털을 하나씩 식구들에게 주었다. 비구들이여, 그때 전생의 툴라난다는 이렇게 말했다. "이 거위는 깃털을 하나씩만 우리에게 준다." 그녀는 저 거위들의 왕을 단단히 잡고는 그의 털을 뽑았다. 다시 자란 그의 깃털은 하얀 보통의 깃털이 되었다. 비구들이여 그때 툴라난다 비구니의 전생은 지나친 탐욕으로 황금을 잃었고, 이제는 마늘을 잃게 될 것이다.[20]

자따까(Jātaka) 136은 좀 길고 자세한 위와 동일한 스토리를 가지고 있다.[21] 흥미로운 사실은 이 계율에 대한 빨리 비나야의 『수따비방가』(Suttavibhaṅga)는 "양파의 경우에는 계율 위반이 아니다."[22]라고 언급했는데 이는 대승불교의 훈채 금지(마늘, 파, 부추, 소산, 홍거)에 대한 견해와 뚜렷하게 대조되는 것이다. 대승불교에서는 마늘과 함께 파를 먹는 것 또한 금지된다.[23] 빨리『수따비방가』에서 다른 세 가지 종류는 언급되고 있지 않다. 마늘과 황금을 동일한 수준으로 묘사함으로써『자따까』는 마늘이 불청정한 것이 아니라고 사고하는 듯한 느낌을 준다. 뒤에서 보겠지만, 마늘을 불청정한 것으로 보는 힌두 다르마 수트라(Dharma sūtras) 혹은 대승불교의 여래장계 경전들(Tathāgatagarbha sūtras)의 부정적인 견해와는 대비되는 것이다.

『사분율』「비구니 바일제」1조는 빨리 비나야 바일제 1조와 매우 유사한 이야기를 담고 있다. 거기서 툴라난다 비구니는 신참 비구니(samaneri), 행자 비구니(sikkhamana)와 함께 자주 마늘밭에 간다. 마늘농장의 주인이 비구니 한 명당 다섯 단의 마늘만을 허락했지만 그들은 마늘농장의 모든 마늘을 가져갔다.『오분율』도 많은 손실을 입은 재가자에 대한 이야기를 담고 있는데, 여기서는 비구니에게 마늘을 보시함으로써 발생하게 된 재가자의 경제적인 손실이라는 측면에서 다루었다.

한 상인이 마늘을 비구니들에게 보시하고 가난하게 되었다. 음식을 얻는 것조차 어려웠다.

식구들이 그에게 말했다. "만일 우리를 부양하지 않으면 떠날 것이고 당신은 비구니들의 하인이 될 수 있을 것이다." 그의 이웃들도 이 이야기를 듣고 말했다. "당신은 가족에게 줄 음식도 없다, 당신은 비구니들을 이러한 이유로 비난하는가?" 이 모든 이야기를 들은 불교를 믿지 않는 사람이 그에게 말했다. "당신은 비구니들과의 관계 때문에 가난에 빠졌다. 다시 그들과 관계를 갖는다면 이보다 더 심각한 결과가 야기될 수도 있을 것이다. 이들 비구니들은 해탈을 구하는 수행자들이지만 그들은 맛있는 음식에 대한 탐욕이 있다. 이것은 수행자에게 걸맞은 행위가 아니다. 이것은 수행자들의 문화에 어긋나는 것이다." 이 이야기를 듣고 장로 비구니들은 그들을 여러 가지로 질책했다. ─ 만일 비구니가 마늘을 먹으면 바일제를 위반한 것이다. 만일 비구니가 날마늘을 먹으면 그것은 바일제를 위반한 것이다. 만일 마늘을 익혀 먹으면 그것은 악작(dukkata)이다.[24]

재가 보시자에게 경제적 파탄을 안긴 위의 인연담과는 달리, 『오분율』은 이 계율이 성립하게 된 이유로 마늘의 냄새에 초점을 맞추었다.

그때 비구니들이 오전과 오후에 날마늘과 익힌 마늘을 먹었다. 비구니들은 때로는 마늘만 먹거나 때로는 밥과 함께 마늘을 먹었다. 그 때문에 비구니들이 사는 장소는 마늘 냄새가 진동했다. 재가자들이 이 냄새를 맡고 비난하였다. "이곳은 재가자의 식당 같은 냄새가 난다." 비구니들이 부유한 재가자의 집을 방문했을 때 그 재가자는 비구니들에게서 마늘 냄새를 맡고 그들에게 말하였다. "가시오. 그대들 입에서 마늘 냄새가 나오." 비구니들은 창피함을 느꼈다.[25]

재가자로부터 지나치게 많은 양의 마늘을 가져감으로써 문제가 야기된 앞의 이야기와 달리, 이 인연담은 이 계율이 성립된 이유로 마늘 자체의 물리적 속성 즉 냄새를 들었다.

문화지리학자인 프레더릭 시문스(Frederick J. Simoons)는 그의 책 『Plants of life, Plants of death』에서 다양한 마늘 냄새에 대한 반응을 고찰했다. 그는 존 에버린 경의 마늘에 관한 다음과 같은 말을 소개했다. 마늘은 "수용할 수 없는 자극적인 냄새를 가지고 있으며 샐러드에 사용하는 것을 부적당하게 만들며 또한 과거에는 극악한 범죄에 대한 처벌에 포함될 정도였다."[26]

인도 힌두 문화에서 마늘의 향은 잠재적인 오염원으로 간주되었다고 시문스는 언급했다.[27] 마늘의 불청정한 냄새는 '지하 세계의 힘과 악을 물리치는 용도'와 관계되어 있다.[28] 시문스는 옥스퍼드 대학의 보들리언 도서관의 바우어 사본(Bower Manuscript)을 인용했는데, 이 사본에 따르면 최초의 마늘은 비슈누에게 살해당한 악마의 피에서 생겨난 것이다.[29]

마지막으로 언급될 수 있는 마늘의 속성 중 하나는 『십송률』에서 "비구니들이 재가 여인들처럼 마늘을 먹는다."[30]라는 언급일 것이다. 즉 마늘의 최음제로서의 속성을 언급한 내용이다. 초기 불교 문헌은 마늘과 관련한, 특히 비구니와 관계된 다양한 마늘 관련 이야기를 전하고 있는데 대부분 마늘의 물리적 속성인 냄새와 당시 최음제로서의 마늘에 대한 관념, 마늘을 매개로 한 불교 상가 구성원과 재가 사회와의 관계 등에 초점을 맞춘 내용들이라고 할 수 있다. 정/부정 사상과 연관된 카스트적 마늘 규정의 모습은 적어도 초기 불교 문헌에서는 찾아보기 어렵다.

IV. 비나야의 산법(蒜法) 규정과 바르나적 마늘 규정

카스트적 규정을 담고 있는 힌두 문헌의 시각 중 가장 두드러진 특징은 카스트의 청정(淨)과 불청정(不淨)의 관념을 음식에 대한 청정과 불청정의 관념에 적용시킨 것이다. 특히 청정과 불청정 관념에 대한 불교의 명백한 거부에도 불구하고, 그리고 붓다 당시 다른 수행자 그룹이 실천했던 음식 고행주의에 대한 명백한 거부에도 불구하고, 힌두 문헌의 시각과 대단히 유사한 조치들이 마늘과 다른 훈채를 먹은 자에게 가해지는 모습을 불교 비나야 문헌의 후대적 요소로 간주될 수 있는 '산법'(蒜法) 규정 속에서 확인할 수 있다.

불교의 경우에 이러한 조치들은 항상 임시적인 것들이다. 불교 문헌에서 이러한 조치들은 '산법'이라 불리며 이것은 바일제나 악작의 마늘 금지 규정과는 다른 범주이다. 산법은 『빨리율』이나 『사분율』에서는 발견되지 않으며, 『마하승기율』, 『오분율』, 『십송률』, 『근본설일체유부율』에서 발견된다.

산법은 비구나 비구니가 병 때문에 약으로 마늘을 먹었을 경우에 적용되는데, 상가를 오염시키는 마늘 냄새를 없애기 위하여 필요한 어떤 조치들이 취해진다.

마늘을 먹으면 '산법' 규정을 따라야 한다. 산법 규정을 따른다는 것은 어떤 것인가? 마늘을 먹은 비구는 붓다와 자신의 계사(P: upajjhāya, Sk: upādhyāya)와 화상(P: acariya, Sk: ācārya)이나 고참 비구를 만나서는 안 되며 불탑이나 아라한탑이나 온실이나 비구들의 식당에 가서는 안 된다.

마늘을 먹은 비구는 다른 비구의 방 밖에 서 있어서는 안 되며, 다른 비구들과 같은 곳에서 배변이나 배뇨를 해서는 안 되며, 욕실이나 많은 사람들이 앉아 있는 곳에 들어가서는 안 된다. 마늘을 먹은 비구는 사방이 밀폐된 방에 머물러야 한다. 만일 급히 배변이나 배뇨를 해야 한다면, 그들은 정인(淨人)에게 배설할 장소를 파게 해야 한다. 만일 그렇게 할 정인이 없다면 그는 멀리 떨어진 밀폐된 곳으로 가서 배변이나 배뇨를 해야 한다.

일단 병에서 회복되게 되면 그가 (머물렀던) 방과 (다니던) 길을 청소하고 물을 뿌리고 침대나 침대보나 의자의 먼지를 깨끗하게 털어야 한다. 만일 냄새가 계속 나면 그것들을 빨아야 한다. 마늘을 먹은 비구는 방에서 나와 문을 닫고서 하체를 털어야 한다. 하체를 털고 나서 외출해야 한다.[31]

『근본설일체유부율』 비나야의 이 단락에 따르면, 병이 난 비구는 약으로 마늘을 먹을 수 있지만 탑과 같은 신성한 장소뿐만 아니라 승원의 다른 모든 비구들로부터 격리된다. 이와 같은 방식으로 이들 장소는 오염을 피하게 된다. 『근본설일체유부율』 문헌인 『근본살바다부율섭』(根本薩婆多部律攝)에 따르면, 마늘을 먹은 사람은 또한 불상 숭배가 금지되고 재가자에 대한 설법이 금지되며 설법 초대를 수락할 수 없다.[32]

불교 비나야 산법에서의 마늘에 대한 엄격한 태도가 의미하는 바를 알기 위해서는 당시 세속 사회에서의 마늘에 대한 태도를 고찰하지 않을 수 없다. 마늘과 관련한 세속 사회의 태도는 어떠했는가? 비록 후대에 성립된 경전이지만 아쇼카 왕에 대한 내용을 담고 있는 『아육왕경』(阿育王經)을 통해 마늘에 대한 재가인의 태도의 일면을 살펴볼 수 있을 것이다.

그때 아쇼카 왕은 심한 병에 걸려 있었다. 똥물이 그의 입에서 흘러나왔고 그의 몸의 여러 구멍에서 더러운 체액들이 흘러나왔다. 당시 가장 유명한 명의도 그를 치유케 할 수 없었다.

그때 왕비는 아쇼카 왕에게 병의 원인을 설명하면서 마늘을 먹어 그 병을 치유해야 한다고 권하였다. 왕이 대답했다. "나는 크샤뜨리아(kṣatriya, 전사 계급)이다. 마늘을 먹을 수 없다." 왕비는 다시 아쇼카 왕에게 간청했다. "약으로 생각해서 목숨을 살리기 위해 마늘을 드십시오."

마침내 아쇼카 왕이 마늘을 먹자 기생충들이 죽었고 그의 건강은 회복되었다.[33]

이 경전에서 아쇼카 왕은 위에서 언급하였듯이 힌두 다르마 수트라 문헌에서 발견된 상층 카스트의 음식 금기 때문에 마늘 먹기를 거부한다. 병이 회복되자 아쇼카 왕은 청정함을 위해 목욕을 한다. 불교 문헌에 이러한 이야기가 실렸다는 것은 마늘과 관련된 불교 상가의 규정이 재가 사회에서 발견되는 카스트 청정성과 관련된 마늘 규정들과 관계가 있었음을 시사하며 이는 불교 승원의 음식 관련 규정과 음식에 관한 힌두 다르마 샤스트라의 규정 간에 일정한 관계가 있음을 확인해 준다고 할 수 있을 것이다.

『마하승기율』, 『오분율』, 『십송률』, 『근본설일체유부율』 비나야 등 네 가지 비나야 문헌에서 발견되는 '산법' 개념은 힌두 다르마 수트라 문헌의 아박샤(abhakṣya, 금기 음식) 음식 섭취 시에 행해지는 참회 행위의 사고와 대단히 유사한 양상을 띠고 있다. 하지만 힌두 다르마 수트라 관계 문헌에서 언급된 힌두의 참회 방식이 청정케 할 수 있는 음식 섭취나 단식 같은 종교적인 의례에 의거하는 데 반해, 불교의 산법에서는 마늘 냄새가 다른 사람이나 장소, 신성한 대상을 오염시키지 않도록 격리와 청소라는 실질적인 물리적 방식을 사용한다.

상대적으로 다른 불교 계율 문헌과 비교하여 비교적 일찍 성립한 『빨리율』과 『사분율』에 산법이 부재하다는 사실은 힌두의 불청정의 관념에 따른 힌두의 금기 음식(abhakṣya)에 대한 인식이 불교 내에서 시간의 경과와 더불어 수용되고 발전되어 왔음을 시사한다고 할 수 있을 것이다.

비구니 바일제의 식산계(食蒜戒)와 비구와 비구니에 대한 산법(蒜法)은 모두 불교 계율의 중심인 수행자다움과 사회적 품위와 신조를 고려하고 있다. 불교 계율 문헌의 마늘에 대한 바일제 규정 가운데 『오분율』의 규정은, 앞에서 보았듯이 다른 계율 문헌의 규정과 다른데, 여기서는 비구니가 생마늘을 먹으면 바일제 위반이며 익힌 마늘을 먹으면 악작(dukkaṭa)이라고 언급했다.[34]

마늘을 날것과 익힌 것으로 나누는 분류는 『사분율』, 『마하승기율』, 『오분율』, 『십송률』 등에 보이며 『빨리율』과 『근본설일체유부율』 비나야에서는 언급되지 않았다. 그러나 오직 『오분율』에서만 생마늘과 익힌 마늘을 먹었을 때의 처벌이 바일제와 악작으로 나뉜다. 아래의 도표는 마늘 관련 바일제 조항과 산법 규정을 정리한 것이다. 『십송률』에서 마늘에서 냄새가 덜 나는 부분, 즉 껍질·뿌리를 먹는 것은 단지 악작의 죄에 해당한다.

〈표 3〉 마늘 관련 바일제 조항과 산법 조항 분류

	Pali	Dharmaguptaka	Mahāsāṃghika	Mahīśāsaka	Sarvāstivāda	Mūlasarvāstivāda
마늘과 관련한 재가자와의 갈등	있음[35]	있음[36]	있음[37]	있음[44]	있음[45]	있음[46]
마늘 냄새와 관련된 내용	없음	없음	있음[38]	있음[47]	있음[48]	있음[49]
비구니 바일제 위반	있음[39]	있음(날것과 익힌 것)[40]	있음(경작된 마늘 혹은 야생 마늘, 생마늘 혹은 익힌 마늘, 마늘 잎 혹은 마늘 껍질)[41]	있음(비구니가 생마늘을 먹을 때)	있음(생마늘, 익힌 마늘, 작은 마늘, 마늘 잎, 마늘 줄기)	있음[50]
비구니, 비구, 사마네라 (samanera), 사마네리 (samanerī)에 대한 악작죄 (dukkaṭa)	있음(비구가 마늘을 먹을 때)	있음(비구, 식차마나 (sikkhamanā), 사마네라, 사마네리에 대한 악작죄[42]	있음(비구가 마늘을 먹을 때)	있음(비구니가 익힌 마늘을 먹으면 악작; 식차마나와 사마네리가 마늘을 먹으면 악작 (dukkaṭa))	있음(비구니가 마늘 껍질이나 마늘 뿌리만을 먹으면 악작; 비구가 마늘을 먹으면 악작(dukkaṭa))[51]	있음(비구가 마늘을 먹으면 악작)
산법 (蒜法)	없음	없음	있음[43]	있음[52]	있음[53]	있음[54]

마늘과 관련한 비나야 문헌 중 후대적 요소로 간주되는 부분들에서는 마늘 훈채와 관련한 힌두 바르나적 구별과 마늘의 물리적 속성의 강약에 따른 차별적 처벌 등에 관해 명시적으로 언급했다. 초기 불교의 모습과는 차이가 있는 이러한 차별적 경향성은 대승불교 문헌에 이르러 그 성격이 더욱 명백해진다.

V. 대승육식금지 경전의 마늘 인식

최초로 훈채를 언급한 대승 경전은 『대반열반경』(大般涅槃經, Mahāparinirvāṇa Sūtra)이다. 이 문헌에서는 오직 마늘만이 언급되었다.[55] 동일 경전의 이역본(異譯本)인 『불설대반니원경』(佛說大般泥洹經)에서는 마늘과 홍거(興渠, asafoetida)[56] 두 가지를 언급했다. 이 경전에서 훈채에 대한 언급은 육식 금지에 대한 설명을 도와주는 예로 사용되었는데, 이 문헌에서는 마늘의 냄새만이 언급되었다.

> 마늘을 먹고 사람들이 모인 곳에 가면, 사람들이 혐오감을 느끼고 그 냄새를 싫어한다.[57]

두 대승 『열반경』 번역본 중 첫 번째로 언급한 『대반열반경』에서는 이 경에서 다루는 중요한 주제인 육식을 설명하기 위하여 마늘을 언급했다.[58]

대승 『대반열반경』에서는 사람들이 고기의 지독한 냄새와 고기를 먹는 사람에 대한 두려움 때문에 고기를 먹은 사람에게서 도망치듯이, 마늘의 지독한 냄새 때문에 그것을 먹은 사람에게서 도망친다고 말했다.[59] 마늘과 훈채를 다룬 또 다른 대승 경전은 불성[如來藏, Tathāgatagarbha]의 개념을 설한 『입능가경』(入楞伽經, Laṅkāvatāra Sūtra)이다.[60]

> 대혜여! 이와 같이 파, 부추, 마늘, 염교는 모두 지독한 냄새가 나고 청정하지 못하고 성스러운 길을 장애한다. 이 훈채들은 또한 청정한 장소인 인간

과 천상계를 더럽힌다. 어떻게 이 훈채들이 붓다의 정토의 산물일 수 있겠는가![61]

『능가경』에서는 마늘과 다른 훈채들을 '지독한 냄새가 나고 청정하지 못한 것'으로 규정하며 나아가 이 훈채들은 종교적 이상을 성취하지 못하게 방해한다고 서술했다. 마늘과 훈채의 혐오성에 대한 이러한 직설적 언급은 힌두 다르마 샤스트라(dharmaśāstra) 문헌을 상기시키는데, 『능가경』의 언급은 물리적 세계와 카스트 시스템 모두와 관련된 청정과 불청정의 인식에 기반하고 있다.

인도 학자인 브라이언 스미스(Brian K. Smith)에 따르면, 채소에 대한 규정과 그것의 수용과 거부는 힌두 바르나 시스템에 공식화되어 있는 사회 관계 속의 계급을 반영한다.[62] 대승 문헌들은 이러한 사회 계급 구조를 수용하고 그러한 계급 구조에서 불교 비구에게 특별히 높은 카스트적 지위를 부여하기 위하여 특정 채소에 대한 반응을 사용한다. 우리는 마늘과 다른 훈채와 관련해서뿐만 아니라 육식 금지의 발전에서도 유사하게 차별적인 묘사를 대승 경전에서 볼 수 있다. 물리적 불청정과 카스트적 불청정의 관계는 찬달라(caṇḍāla) 카스트 구성원의 불청정과 비윤리성을 반복적으로 언급한 이 대승 경전들 속에서 찾아볼 수 있다.[63]

명상 수행과의 관련 하에서 마늘과 훈채 문제에 대단히 천착하는 대승 경전은 『능엄경』(楞嚴經, Śūraṅgama Sūtra)이다.[64] 『능엄경』 제8장에서는 원래 미묘하고 완전하고 신실하며 청정하고 맑은 우리의 마음이 왜곡되어 번뇌를 가지게 되었다고 진단한다. 이 경전에서는 사마디(samādhi)를 닦고 성취할 수 있는 세 가지 점진적인 방법을 통해 번뇌의 근본적 원인을

제거해야 한다고 서술했다.[65]

A. 수습(修習): 번뇌 발생의 조건인 원인들을 제거하기 위하여;

B. 진수(眞修): 원래의 마음을 가져오기 위하여;

C. 증진(增進): 점차적인 수행을 통해 깨달음을 성취하기 위하여[66]

이 세 가지 단계 중에서 첫 번째인 '수습'은 '제일증진수행점차'(第一增進修行漸次)라고 불리며 음식 섭취와 관련이 있다.

무엇이 번뇌의 조건이 되는 원인인가? 아난이여! 이와 같이 세상에는 열두 종류의 중생이 있다. 그들은 스스로 살 수 없으며 네 종류의 음식을 통해서만 살 수 있다. 1)물질적 음식(段食), 2)촉식(觸食), 3)사식(思食), 4)식식(識食). 이 때문에 붓다는 모든 중생은 의지하여 산다고 말씀하신 것이다. 아난다여! 모든 중생은 좋은 음식을 먹으면 살고 독이 있는 음식을 먹으면 죽는다. 따라서 사마디(samādhi)를 구하는 모든 중생은 세상의 다섯 가지 훈채를 먹어서는 안 된다.

이 다섯 가지 훈채는 익혀 먹으면 음심을 생기게 하고 날로 먹으면 화를 생기게 한다. 훈채를 먹는 사람들이 모든 종류의 불교 문헌에 익숙하다 하더라도 시방의 천인과 선인들이 그 냄새와 더러움을 싫어하여 멀리 떠날 것이다. 모든 아귀도 그 음식 때문에 그에게 가서 그의 입술을 빨고 그도 아귀와 함께 머물 것이다. 복덕은 날로 소진하고 이로움이 없을 것이다.

그러므로 삼마지(三摩地)를 닦는 사람이 훈채를 먹으면 보살·천신·선인과 시방의 선신들이 와서 보호해 주지 않으며, 대력마왕이 붓다로 자신의 모습을 속이고 나타나 설법하면서 계율을 훼손하고 금하면서 성욕과 분노와 어리석음을 칭찬한다. 죽으면 스스로 마왕의 권속이 되며 마왕의 복덕이 다하면 무간지옥에 떨어진다. 아난이여! 깨달음을 구하는 자는 오신채를 먹어서는 안 된다. 이것을 제일증진수행점차(第一增進修行漸次)라고 한다.[67]

『능엄경』 주석서인 『능엄경전』(楞嚴經箋)에서는 '좋은 음식을 먹는 것'을 '쌀과 수수를 먹고 오신채를 먹지 않는 것'으로 해석하며 '독 있는 음식을 먹는 것'을 '쌀벌레 혹은 칡 혹은 다섯 가지 훈채를 먹는 것'으로 해석한다.[68] 또 다른 『능엄경』 주석서인 『수능엄의소주경』(首楞嚴義疏注經)에서는 오신채가 뜨거운 성질을 가지고 있고 냄새나고 맵기 때문에, 그것을 먹는 것은 법신을 죽이는 독과 같기 때문에 수행자는 오신채를 먹어서는 안 된다고 설명했다.[69] 또 다른 『능엄경』 주석서인 『능엄경관섭』(楞嚴經貫攝)에서는 오신채가 비록 독은 아니지만 독보다 더 해로우며 따라서 사마디를 닦는 사람은 그것을 먹어서는 안 된다고 했다.[70]

이들 『능엄경』 주석서에서 오신채가 독으로서 규정되는 이유는 이것을 먹으면 성욕과 화를 생기게 하기 때문이다. 또 다른 『능엄경』 주석서인 『수능엄경집해훈문기』(首楞嚴經集解熏聞記)에서는 "오신채는 성욕과 화가 발생하는 근간이기 때문에 오신채를 먹어서는 안 된다."라고 명확하게 언급했다.[71]

앞에서 언급한 대승 경전의 마늘에 대한 언급을 요약하면, 이들 경전은 마늘의 물리적 속성으로서의 냄새의 부정성에 대한 언급에서 시작하여 카스트적 부정성을 대표하는 찬달라에 대한 불청정성과 비윤리성에 대한 강조, 그리고 이러한 불청정성이 불교의 종교적 이상인 깨달음을 방해하는 번뇌로서의 음욕과 진에를 야기하는 존재로 마늘을 규정한다.

대승 문헌에서 마늘의 바르나적 부정성은 힌두 문헌에서와 같이 카스트 부정성으로 표현되기보다 불교의 종교적 이상과 그 이상을 성취하는 방편인 수행을 가로막는 번뇌, 즉 음식과 진에로 규정된다는 차별성을 보여준다. 즉 힌두 문헌에서 마늘의 부정성의 최고 표현은 카스트 부정성으로 표현되며, 불교의 경우에는 종교적 이상 성취를 막는 번뇌로서 표현되는 것이다.

VI. 나오는 말

다르마 수트라 문헌들에 있는 마늘에 관한 규정은 마늘의 물리적 속성보다는 바르나적 시각에 의한 아박샤 규정에 의해 특징지워진다. 즉 마늘은 바르나적 시각에 근거한 부정성이 있는 음식이므로 먹을 수 없는 것으로 규정된다. 이 다르마 수트라의 시각은 이후 『마누법전』이나 『야즈냐발캬 다르마 샤스트라』 문헌에도 그대로 계승되어 전해진다.

한편 초기 불교의 마늘 인식은 그 물리적 속성인 냄새와 관련되어 있거나 음식인 마늘에 대한 욕심으로 인해 야기될 수 있는 불협화음을 피하고자 하는 불교 상가와 재가 사회와의 원활한 관계라는 측면과 관계된 것이었다.

그러나 마늘에 대한 고대 인도 사회의 바르나적 시각은 시대적 경과와 더불어 불교 문헌에도 점차적으로 그 흔적을 짙게 드리우게 되었다. 불교 비나야 문헌 중 비교적 후대의 부분으로 간주되는 '산법 규정'은 정/부정 사상에 근거한 힌두 사회의 마늘에 대한 부정성에 입각한 시각을 뚜렷하게 보여준다. 마늘을 먹은 승려는 공간적으로 격리되며 마늘의 부정성 때문에 그 비구는 불상과 탑파에 접근할 수 없다.

이러한 바르나적 마늘 인식의 모습은 소위 '대승육식금지 경전'에 이르면 힌두 카스트 시스템의 가장 낮은 곳에 위치한 찬달라 계급의 부정성과 비윤리성에 대한 비난으로 드러난다. 그러나 마늘의 부정성에 대한 인식은 힌두 사회의 예와는 달리 카스트적 정/부정 사상으로 특징적으로 표출되기보다는 불교라는 종교의 이상을 가로막는 근본 번뇌로서의 탐(성욕)과 진(화냄)의 원인으로 마늘을 규정하는 것으로 표현된다.

따라서 동아시아 대승불교에서의 마늘 섭취는 논리적으로는, 단순히 금기 음식을 섭취한다는 측면보다는 수행을 통한 종교적 이상 성취를 불가능하게 하는 장애를 스스로 자초한다는 의미가 더 크다 하겠다. 즉 마늘은 불교의 종교적 이상과 연관되어 그 부정적 성격이 특징지워져 음식으로서의 모습은 탈각되는데, 이는 마치 힌두 음식 금기에서 음식으로서의 규정보다 카스트적 시각이 그 음식을 근본적으로 규정짓는 것과 같다고 말할 수 있을 것이다.

마쓰리(祭)와 신찬(神饌)

―이세신궁과 천황의 제사를 중심으로

박규태

I. 들어가는 말

12만 개소에 달하는 일본 신사(神社)의 총본산이라 할 만한 미에현 이세시(伊勢市) 소재 이세신궁(伊勢神宮)은 황조신 아마테라스(天照大神)를 모시는 내궁(內宮=皇大神宮)과 식물신 도요우케(豊受大神)를 모시는 외궁(外宮=豊受大神宮)으로 이루어져 있다. 내궁은 가미지산(神路山) 기슭의 이스즈강(五十鈴川) 강변에, 그리고 외궁은 내궁으로부터 5km가량 떨어진 다카쿠라산(高倉山) 기슭에 위치하며 각각의 광대한 신역(神域)을 합치면 이세시의 4분의 1정도를 차지한다. 이세신궁은 이 양궁 외에도 별궁(別宮), 섭사(攝社), 말사(末社), 소관사(所管社) 등 총 125개소의 대소 신사로 구성되어 있으며, 거기에 모셔진 제신의 숫자만 해도 140좌에 이르러 가히 신들의 대군이라 할 만하다. 흔히 천황가의 조상신이라 말해지는 태양의 여신 아마테라스를 제사 지내는 신사라는 점에서 역사상 천황과 밀접한 관계를 유지해 왔다. 신찬을 다루는 본 연구는 연간 약 1,500회나 거행되는 이 이세신궁의 각종 마쓰리 중 매일 조석으로 행해지는 일별조석대어찬제(日別朝夕大御饌祭)를 비롯하여 가장 대표적인 대제(大祭)인 신상제(神嘗祭, 간나메사이), 20년마다 한 차례씩 행해지는 식년천궁제(式年遷宮祭), 그리고 이와 관련하여 고대 이래 현대에 이르기까지 천황이 집전하는 각종 제사 가운데 가장 중요한 신상제(新嘗祭, 니이나메사이) 및 대상제(大嘗祭, 다이죠사이)를 중심적인 분석 대상으로 삼고자 한다. 이 글의 목적은 기본적으로 신찬의 유형과 주요 특징 및 그 신화적 배경과 역사적 변천 과정 등을 개략적으로 살펴본 후, 구체적으로 상기 마쓰리에 등장하는 신찬의 품목과 절차 등을 검토하면서 궁극적으로 신찬의 사회적 · 종교적 · 정치적 · 문화적 의미를 규명하는 데에 있다.

II. 신찬이란 무엇인가?

신찬(神饌, 신센)이란 신도(神道) 또는 민간의 마쓰리 때 신에게 바치는 음식물의 미칭이다. 이 용어는 주로 메이지 시대 이후에 사용되었으며, 신사에서는 지금도 통상 옛 명칭 그대로 '미케'(御饌, 御食, 神饌)라는 말을 더 많이 쓴다. 이 신찬의 유형은 크게 메이지 시대 이후 주류가 된 생찬(生饌),[1] 메이지 시대 이전의 주요 관행이었던 숙찬(熟饌),[2] 어류 · 조류 · 육류를 배제하는 소찬(素饌)의 세 가지로 구분할 수 있다.[3] 신사본청(神社本廳)에서 제정한 현행 노리토(祝詞)에는 "신 앞에 밥, 술, 거울을 비롯하여 산과 들판의 채소류, 바다와 강의 지느러미가 긴 생선과 짧은 생선류(어패류)와 해초류 등을 산처럼 쌓아 바치오니 평안하게 드시옵소서."라는 구절이 나오는데, 이는 생찬을 가리킨다. 각지의 신사에서 가을 마쓰리 때 씨신(氏神)에게 올리는 신찬에는 밥과 떡과 술 등의 숙찬도 있지만, 양적으로 두드러진 것은 역시 쌀 · 생선 · 야채 · 과일 등의 생찬이다. 각 지역에서는 여기에 더하여 해당 특산물을 올린다. 그렇다고 해서 일본의 현행 신찬이 생찬 위주라고 단정 짓기는 어렵다. 수확의례와 관계없는 조령제(祖靈祭) 등에서는 지금도 여전히 숙찬이 중심을 이루고 있기 때문이다.[4]

게다가 후술할 나오라이(음복)는 숙찬만 해당된다. 이런 의미에서 신사 마쓰리든 민간 마쓰리든 신찬은 숙찬 품목이 압도적으로 많다고 볼 수 있다. 다만 방금 언급했듯이 신사 마쓰리의 경우는 민간이나 가정 내 마쓰리의 경우보다 상대적으로 생찬 품목이 더 많다는 점도 간과해서는 안 될 것이다. 어쨌거나 현행의 많은 마쓰리 신찬에서는 숙찬과 생찬이 뒤섞여 있지만, 그렇다고 해서 양자를 구별하는 관념이 전혀 부재하는 것은 아니다. 예컨대 밥·술·떡과 같은 숙찬은 상단이나 중앙에 놓고 생찬은 그것보다 하단이나 양옆에 배치하며, 전술했듯이 나오라이 때는 숙찬만 내놓는다. 또한 생찬의 경우 풍작과 풍어 등을 기원하고 감사한다는 의미가 강하다면, 숙찬은 해당 시기에 구할 수 있는 최상의 식재를 조리하여 신들을 대접한다는 의미가 더 두드러지게 나타난다.[5]

이와 같은 신찬의 공통된 특징으로 다음 네 가지를 지적할 수 있겠다. 첫째, 신찬은 무엇보다 마쓰리를 구성하는 제 요소(신화, 시간, 공간, 제사 집단, 제사 대상, 제사 행위) 중 행위와 관련된 가장 중심적인 요소라 할 수 있다. 둘째, 신찬은 신과 인간의 교류 관계를 매개하는 매우 구체적인 형태로서, 그 교류의 대상과 목적을 상징적으로 잘 보여준다. 셋째, 신찬은 신에게 바치는 음식이므로 신이 그것을 먹는다는 설정이 절대적인 전제조건이라 할 수 있다. 넷째, 이때 신찬은 신인공식(神人共食)을 통해 비로소 신찬다운 신찬이 될 수 있다. 일본 신도에서 인간은 신이 먹은 신찬과 동일한 것을 먹음으로써 신과의 올바른 관계를 유지할 만한 자격을 획득하게 된다고 여겨진다.[6]

이 중 네 번째 특징과 관련하여 특히 '나오라이'(直会, 음복) 의식에 주목할 필요가 있다. 나오라이는 일반적으로 마쓰리 후에 행하는 주연 행사로, 신에게 바친 신찬 혹은 그것과 동일한 음식을 먹고 마시는 의례이다. 이때 신찬 차림의 상단에 놓였던 숙찬(밥, 술, 떡)을 마쓰리 구성원들에게 돌린다. 거기서 사람들은 밥을 한 젓가락씩 손으로 받아 입으로 가져가며, 술은 1잔씩 받아 세 번에 나누어 마신다. 그리고 떡은 마쓰리에 참석하지 않은 씨자(氏子)들에게 분배한다.

더 정확히 말하자면 마쓰리 때의 재계(齋戒)를 풀고 평상으로 돌아가기 위한 주연 행사를 가리켜 나오라이라고 한다. 그 어의에 관해 국학자 모토오리 노리나가(本居宣長)는 "'나호리아히(奈保理阿比)의 준말이다. 여기서 '나오루'(直る)란 재계를 풀어 일상으로 돌아온다는 뜻이다. (중략) 각 신사의 가미고토(神事)에서 말하는 나오라이(直会)도 마쓰리가 끝난 뒤에 행하는 것으로 마찬가지 의미이다."[7]라고 설했는데, 이후 나오라이가 마쓰리를 위한 이미(齋) 상태를 평상시로 되돌리는 해재(解齋)로 여겨지게 되었다.

나오라이라는 말의 문헌상 초출은 『속일본기』(續日本記) 767년 11월 23일의 쇼토쿠(稱德) 천황 선명(宣命, 센묘)에서 "오늘은 신상제(新嘗祭)의 나호라히(猶良比)의 도요노아카리(豊明)[8]를 행하는 날이다."[9]라고 나온다. 한자 표기는 『속일본후기』(續日本後記)의 '直相', 『연희식』(延喜式)의 '直會' 또는 '直相', 그리고 『황대신궁의식장』(皇大神宮儀式帳)[10]의 '奈保良比' 혹은 '直食' 등으로 다양하게 등장한다. 여기서 '直'이라는 한자는 일본 고문헌에서 흔히 나쁜 것을 바로잡는 교정을 뜻하는 말로 쓰이는데, 이는 신도 신화에 나오는 선신 나오비(直日神)에서 비롯된 어법으로 특히 이 신을 제사 지내면서 마쓰리 과정상의 여러 잘못을 바로잡는다는 의미가 내포되어 있다. 가령 오리구치 시노부는 마쓰리에서 "언어(詞)를 잘못 사용하면 재앙이 초래되므로 그 잘못된 효과가 나타나기 전에 나오비신의 출현을 기도한다. 그것이 나오라이다. 즉 나오라이란 나오비신의 위력을 발생시키는 행사를 가리킨다."[11]라고 하여, 마쓰리가 끝난 후 나오비신을 모시고 마쓰리 중에 범한 죄를 교정하는 것이 나오라이라고 설했다.

한편 중세의 『후압소로내부초』(後押小路內府抄)에는 "나오라이를 식탁 위의 고배(高坏, 다카쓰키)에 놓는다."라는 표현이 나오는데, 이는 나오라이가 원래 신에게 바치는 신찬 그 자체였음을 말해 준다. 나아가 신상(新嘗, 니이나메)과 대상(大嘗, 다이죠)이라는 문자의 옛 풀이가 '나후라이' 및 '나무라이'였듯이, 나오라이라는 말도 원래는 '나무리아히'로서 신과 인간이 공식(共食)하는 것을 의미하는 말이었다. 이것이 향후 사람들이 신찬으로 바친 음식물과 동일한 것을 먹고 마시는 주연 행사를 가리키게 된 것이다. 요컨대 나오라이는 본래 마쓰리의 중심이었는데, 그것이 오늘날에는 마쓰리가 끝난 뒤의 축하연으로 여겨지게 된 것이다.[12]

오늘날 신사본청이 규정한 〈신사제식〉(神社祭式) 절차에 의하면, 나오라이는 본제사 뒤에 행하도록 되어 있다. 그래서 나오라이 하면 마쓰리의 부대 행사로 여겨지기 십상이지만, 본래는 마쓰리의 중핵을 이루는 신찬의 일환이었다. 마쓰리의 본제사 중에 거행하는 나오라이는 이 점을 보여주는 흔적이라 할 수 있다. 예컨대 천황이 매년 11월 23일에 거행하는 신상제(新嘗祭)의 경우는 천황이 직접 신찬을 바치고 노리토를 진상한 다음 그 자리에서 신찬과 동일한 음식물을 신과 함께 먹고 마시는 의례가 행해지는데, 이것도 나오라이라고 칭해진다. 반대로 본제사에 앞서 나오라이가 행해지기도 한다. 가령 교토의 가모와케이카즈치(賀茂別雷)신사에서 매년 5월 12일 밤에 거행되는 미아레마쓰리(御阿禮神事)에서는 신직이 신을 맞이하기 전에 먼저 밥과 신주를 먹고 마시는 의례가 행해지는데, 이 또한 나오라이의 일종이다. 아마도 이와 같은 신상제라든가 미아레마쓰리에서의 나오라이가 원래의 나오라이 형태에 더 가까웠을 것이다.[13]

III. 신찬의 신화적 배경 및 역사적 변천

신찬의 기원은 신도 신화에까지 거슬러 올라간다. 가령 『일본서기』(日本書紀) 일서에 보면 이자나기가 "배고플 때 낳은 아이를 우카노미타마(倉稻魂命)라 이름 붙였다. 또한 이어서 태어난 해신들을 와타쓰미(少童命)로, 산신들을 야마쓰미(山祇)라고 칭했다."[14]라고 나온다. 여기에 등장하는 우카노미타마는 식물신으로 벼를 비롯한 곡물과 관계가 있고 해신과 산신은 바다와 산의 소출물과 관련되어 있는데, 이것들은 오늘날 모두 신찬의 주요 품목을 구성한다. 또한 『일본서기』의 다른 일서는 이런 우카노미타마의 계보를 잇는 식물신 우케모치(保食神)에 관한 신화를 다음과 같이 전해준다.

아마테라스가 천상에서 "아시하라노나카쓰쿠니(葦原中國, 일본열도_필자)에 우케모치가 있다고 들었다. 쓰쿠요미(月夜見尊, 월신_필자)여, 가서 보아라." 라고 했다. 쓰쿠요미가 이 말을 듣고 지상에 내려가 우케모치가 있는 곳에 이르렀다. 우케모치가 머리를 돌려 구니(國)로 향한즉 입에서 밥이 나왔다. 바다로 향한즉 크고 작은 어류가 역시 입에서 나왔다. 또 산으로 향한 즉 모피류 동물들이 역시 입에서 나왔다. 그것을 모두 갖추어 큰 상에 차려 쓰쿠요미를 대접했다. 이때 쓰쿠요미가 노하여 얼굴을 붉히면서 "더럽고 천박하다. 어찌하여 입에서 뱉어 낸 것을 감히 내게 주는가?" 하며 칼을 빼어 쳐 죽였다. 그런 후 아마테라스에게 이 전말을 상세하게 보고했다. 그러자 아마테라스가 몹시 화를 내며 "그대는 정말 나쁜 신이다. 서로 보지 말자."라고 하여 쓰쿠요미와 낮과 밤으로 떨어져 살았다. 그 후 아마테라스는 다시 아메노쿠마노우시(天熊能牛)를 지상에 파견했는데, 우케모치는 이미 죽어 있었다. 그런데 그 신의 머리에서 소와 말, 이마에서 조, 눈썹에서 누에, 눈에서 피(稗), 배에서 벼, 음부에서 보리와 콩과 팥이 생겼다. 이를 모두 천상으로 가져가 보였더니 아마테라스가 크게 기뻐하며 "이것들은 백성이 먹고 생활할 음식이다."라고 하면서 조, 피, 보리, 콩을 밭 종자로 삼고 벼를 논 종자로 삼았다. 또한 촌장을 정하여 벼 종자를 심게 했다. 그해 가을에 이삭이 길고 성하여 매우 보기 좋았다. 나아가 입에 누에고치를 물고 실을 뽑을 수 있게 됨으로써 양잠이 시작되었다.[15]

식물의 기원, 낮과 밤의 기원, 농경 생활의 시작뿐만 아니라 '음식과 폭력의 문제'에까지 관련된 이 신화는 고대 일본인의 식생활 체계 및 신찬을 검토하고자 할 때 가장 흥미로운 소재를 제공해 준다. 여기서 식물을 관장하는 신(保食神) 우케모치가 뱉어 낸 밥은 익힌 곡물류 전반(숙찬)을 의미하며, 구니(國)란 종자식물인 곡류 등의 농작물을 생산하는 장소 즉 땅으로 차정되어 있다. 또한 바다는 어로의 장소로서 어패류를, 산은 수렵의 장소로서 조수류를 표상한다. 이 또한 오늘날 신찬의 주요 품목과 일치함은 말할 나위가 없다. 이때 식물은 살해당한 여신의 사체에서 생겨났다고 묘사되어 있다.[16] 이런 신화적 기술은 음식이 일상생활뿐만 아니라 종교 생활의 근원이라는 점을 시사한다.

실제로 현행의 신찬을 집행하는 데 신도 신화는 중요한 근거로 간주된다. 가령 후술할 이세신궁 신찬의 경우 밥은 고천원에서 "이것들은 백성이 먹고 생활할 음식이다."라고 말한 아마테라스가 천손강림 장면에서 손자 니니기에게 벼를 수여했다는 신화를 신앙하여 신궁 신전(神田)에서 직접 재배한 쌀을 사용한다.[17] 또한 물은 고천원으로부터 종수(種水)를 받았다는 신화적 전승이 있는 외궁 소관사의 우물에서 매일 퍼 온다. 제사 식기인 질그릇도 고천원으로부터 흙을 옮겨 왔다는 신화적 전승을 지닌 미에현 다키군(多気郡) 메이와정(明和町)에서 전통적인 방식으로 물레를 돌려 수제로 만든다.

이상과 같은 신화적 배경을 지닌 신찬의 구체적인 품목이 언급된 최초의 문헌으로 헤이안 시대 초기에 성립한 율령 시행세칙인 『연희식』(延喜式, 927년 완성)을 들 수 있다. 가령 『연희식』 권5 신기(神祇)5 재궁(齋宮) 편에 나오는 재궁 신상제(新嘗祭)의 신찬에 관한 기사에는 다음과 같은 식재들이 열거되어 있다.[18] 즉 쌀(밥·죽·백주·흑주 제작용), 식용유, 아즈마노쿠니(東國)산 전복, 하카타(博多)산 전복, 오키(隱岐)산 전복, 청각채말이 전복, 가다랑어, 찐 가다랑어, 오징어, 고둥조개, 말린 청각채, 붉은색 바닷말(紫菜, 무라사키노리), 소금찜 은어, 간장조림붕어(醬鮒), 말린 생강, 콩, 팥, 밀, 참깨, 찰벼, 호시이(糒, 말린 밥),[19] 메밀잣밤, 생밤, 말린 밤, 말린 황자(薑子, 미노고메),[20] 말린 수수, 연(蓮), 말린 대추, 말린 감, 귤 등이 그것이다. 이처럼 다양한 식재를 남자 8인과 여자 10인이 조리했다고 나오는데,

이는 헤이안 시대 이전 고대인들의 식생활이 형식화·상징화된 측면을 보여준다.

이어 헤이안 시대 말기에 신불습합(神佛習合) 사상이 확립되면서 불공(佛供)[21]의 영향을 받아 신찬의 내용이 크게 변화되었다. 불교 계율에 따른 음식물이 신찬에 영향을 미친 것이다. 신찬은 일본 요리 특히 육식을 배제한 정진(精進)요리와 밀접한 관계가 있다. 가령 살생을 금하는 불교의 계율로 인해 육류가 빠진 소찬이 널리 보급되는 한편, 한반도와 중국 등 대륙 식문화의 영향을 받아 조미료를 사용하는 조리법이 전해져 숙찬이 일반화되었다고 보인다. 이처럼 신찬에서 육식을 배제하는 경향은 비단 불교의 영향 때문만은 아니다. 거기에는 일본 고대에 존재했던 육식 금기를 이어받은 측면도 존재한다. 하지만 특히 중세 이래 신찬을 비롯하여 일반인의 식생활에서 육식을 배제하는 사회적 관습이 널리 정착된 종교적 배경으로 신도와 불교의 관계에 주목할 필요가 있음은 말할 나위가 없다. 예컨대 신도의 부정 관념인 '게가레'(穢れ) 의식은 신도가 육식을 죄로 관념하는 불교와 습합하는 과정에서 점차 체계화된 것이며, 흔히 주장되듯이 토속신앙으로서의 신도가 고래로부터 가지고 있던 종교적 요소는 아니었다. 그러니까 중세를 통해 진행된 신도의 촉예(觸穢) 관념에 있어 게가레를 초래하는 원천의 하나로 여겨진 육식이 신찬에서 배제되었다고 말할 수 있다.[22]

오늘날 가장 현저하게 불교적 색채를 보여주는 신찬으로 나라현 사쿠라이시(桜井市) 소재 단잔(談山)신사의 '백미어식'(百味の御食) 신찬을 들 수 있다. 여기서 '백미어식'이란 『불설무량수경』(佛說無量壽經), 『평등각경』(平等覺經), 『대아미타경』(大阿彌陀經), 『분망경』(盆網經) 등의 불교 경전에서 대법회 때 불전에 바치는 여러 공물을 가리키는 말이다.[23] 단잔신사의 신찬 품목은 현재 80종이지만 원래는 100종이었다. 이 단잔신사의 백미어식 중에서 가장 화려하고 대표적인 신찬인 네 대의 화도(和稻)는 1대에 3천 개 정도의 온전한 쌀알을 골라 백색(흰쌀) 외에 적, 청, 황색으로 물들여 말린다. 문양은 네 종류인데 그중 하나는 卍형이다.[24] 이처럼 100가지 맛과 색채를 지닌 화려한 신찬을 올리는 신사는 대체로 사원과 일체가 되어 있는 경우가 많다. 단잔신사는 역사적으로 도노미네(多武峯)의 묘락사(妙樂寺)와 일체였다. 지금도 교토나 나라 지역 사원의 불공은 음식을 원통형으로 쌓아 올리는 형식 등에서 백미어식과 매우 유사하다.

그 후 메이지 시대 초기의 신불분리 징책과 신도의 국가관리 방침 즉 이세신궁을 정점으로 하는 국가신도의 형성에 따라 전국적으로 신찬의 획일화와 형식화가 진행되어 종래의 숙찬 대신 생찬 위주의 신찬으로 바뀌었다. 이는 1875년 식부료 통달(式部寮通達)〈신사제식제정의 건〉(神社祭式制定ノ件) 즉 일반적으로 〈메이지제식〉(明治祭式)이라 불리는 법령에 의한 것으로, 그 결과 오늘날 모든 신사에서는 통일적인 방식으로 노리토나 다마구시를 진상하며 신찬의 기본적인 조리법도 통일되었다. 이〈메이지제식〉의 주안점은 국가안태와 오곡풍양을 기원하는 데에 있었다. 어쨌거나 이로써 이전의 다양한 신찬 형식이 단순화되었다. 하지만 신사 마쓰리의 신찬은 통상 한정된 소수의 신직들에 의해서만 구전으로 전해져 온 경우가 대부분이라서, 메이지 이후 숙찬에서 생찬으로 전환되면서 구체적으로 무엇이 어떻게 변했는지를 명확히 규명하기란 쉽지 않다.

IV. 이세신궁과 천황의 제사 신찬

흔히 신찬은 '살아 있는 하나의 화석'이라고 말해지기도 하지만, 고대 및 중세 식생활의 흔적은 별로 남아 있지 않다. 일반 신사에서는 메이지 시대의 개혁으로 고풍은 거의 없어졌다. 그 가운데 이세신궁은 옛 의식이 가장 잘 보존되어 있다고 여겨진다. 그러나 이세신궁조차도 식년천궁제 라든가 삼절제(三節祭) 즉 신상제(神嘗祭)와 6월 및 12월의 월차제(月次祭)에 신찬의 옛 모습이 다소 남아 있기는 하지만, 일별조석대어찬제(日別朝夕大御饌祭=常典御饌) 등은 분명 옛 모습 그대로가 아니다. 물론 신앙적인 정신은 그대로일지 모르나 조리법이라든가 공찬 방식은 변했다. 게다가 메이지 시대 이전까지만 해도 내궁은 아라키다(荒木田) 신주, 외궁은 와타라이(度会) 신주가 세습하여 자손들에게 구전으로 신찬이 전승되었으므로, 기본적인 도상이나 문서 정도만 남아 있고 상세한 기록은 존재하지 않는다. 나라의 오래된 신사에는 진기한 신찬이 남아 있지만, 그것도 원래의 신찬이 줄곧 전해져 온 것은 아니다. 〈메이지제식〉 이후 일률적인 신찬으로 바뀌어 국가관리하에 들어가게 된 와중에서 힘들게 옛 전승을 일부 복원하는 정도였다.[25]

다음에는 이런 한계를 염두에 두면서 이세신궁(이하 신궁)의 신찬에 대해 살펴보고자 한다. 신궁 문헌에 따르자면 지금으로부터 약 1,500년 전 어찬신(御饌神)으로서 외궁(外宮)에 도요우케(豊受大神)가 진좌했다고 한다. 그 후 내궁(內宮)의 아마테라스와 별궁 신들에게 매일 조석 2회[26]의 신찬을 바치는 '일별조석대어찬제', 20년마다 행하는 식년천궁제, 매년 행하는 신상제(神嘗祭) 등을 비롯하여 별궁·섭사·말사·소관사 등 총 125개소의 대소 신사에서 행해지는 신궁 마쓰리는 연간 약 1,500회에 달한다. 그중에는 신의 의복으로서 도롱이를 공물로 올리거나 혹은 좋은 날씨를 기원하면서 우산을 바치는 마쓰리도 있다. 하지만 어떤 마쓰리든 대부분 신찬이 수반된다.

오늘날 일본 신사에서 행해지는 모든 신찬 의식의 대표라 할 만한 것이 신궁의 '1월 11일 어찬'(一月十一日御饌)이다. 헤이안 시대 말엽부터 원래 12월 18일에 행해졌던 이 마쓰리는 내궁(황대신궁)의 네기 1인과 모노이미노치치(物忌父)[27] 1인에 의해 거행되었으며 사어찬(私御饌)이라 불렸다. 거기서의 주요 신찬 식재는 밥, 술, 도미, 새우, 모쟁이(새끼숭어), 밤, 감, 귤(미깡), 어름밀감(橘) 등이었다. 이것이 1871년 〈신궁어개정〉(神宮御改正)에 의해 1873년부터 1월 11일로 변경되었고 명칭이 바뀌어 사어찬 대신 현재와 같이 어찬(御饌, 미케)이 되었다. 이날은 신년을 맞이하여 신궁 내궁에서 아마테라스와 도요우케를 비롯한 모든 신들이 함께 신찬을 먹는 날이다. 말하자면 신궁 신들의 신년하례식 같은 것이다. 그 신찬 품목은 새우, 도미, 말린 전복, 다시마, 대황(바닷말), 인삼, 미나리, 밀감, 떡, 밥, 감주, 청주, 소금, 물 등으로 정착되었다.[28] 이 중 밥, 소금, 물은 모든 신찬의 기본 품목이라 할 수 있다. 다음에 살펴볼 일별조석대어찬제, 신상제(神嘗祭), 식년천궁제 및 천황 제사의 신찬도 마찬가지로 밥, 소금, 물을 공통분모로 하고 있다.

1. 일별조석대어찬제

일별조석대어찬제의 기원과 관련하여 『지유기궁의식장』(止由気宮儀式

帳)[29]은 단바(丹波, 교토부)로부터 미케쓰도유케신(御饌津神等由氣大神=도요우케)을 이세에 맞이했다는 기사에 이어 "이로써 어찬전(御饌殿, 미케덴)을 세워 아마테라스에게 날마다 조석으로 신찬을 바치게 했다."라고 적혀 있다. 또한 『대신궁제잡사기』(大神宮諸雜事記)에 의하면 이 어찬전은 외궁(풍수대신궁) 북동쪽에 세워졌는데, 당초에 그것은 조리실이었고 거기서 만들어진 신찬이 매일 내궁까지 운반되었다. 그러다가 729년 새롭게 풍수대신궁 외원에 어찬전을 재건했다고 나온다. 그러니까 나라 시대 중엽부터 외궁의 어찬전이 신들의 식당이 되어 오늘에 이르고 있는 것이다.[30]

오늘날 외궁 정전의 동북쪽 구석에 위치한 이 어찬전만이 신궁 신전 가운데 유일하게 고창식(高倉式) 본연의 정루조(井樓造, 세이로즈쿠리)[31]라는 고대 건축양식을 보여준다. 그것은 기둥이 없고 동서로 동량지주가 하나뿐인 건축구조로, 나라 동대사(東大寺) 정창원(正倉院)과 함께 일본에서 가장 오래된 고풍 양식을 유지하고 있다는 사실에 주목할 만하다.[32] 그 안에는 6개소의 신좌(神座)가 있다. 원래는 아마테라스좌(동쪽)와 도요우케좌(서쪽)의 2좌뿐이었다가 후대에 외궁 상전신(相殿神)[33]이 추가되었고, 메이지 시대 이후 다시 내궁 상전신과 양궁 별궁의 신들을 위한 신좌가 더해진 것이다.[34] 이 어찬전에서는 매일 네기 1인, 곤네기 1인, 미야죠(宮掌) 1인 및 보조원(出仕) 2인이 봉사한다. 이 중 보조원 1인을 제외한 4인이 전날부터 재관(齋館)에서 백의를 입고 재계한 후 다음 날의 일별조석대어찬을 준비한다.

일별조석대어찬제에서 바치는 신찬을 신궁에서는 '오모노'(御物)[35]라고 부르는데, 그 품목은 밥(숙찬)을 비롯하여 소금, 물, 청주, 어류(가다랑어포와 도미. 단 여름에는 말린 생선과 말린 오징어), 해초(다시마, 바닷말, 미역, 녹미

채 등), 야채, 과일 등의 생찬으로 정해져 있다. 흥미로운 것은 이 모든 신찬 식재를 대부분 신궁에서 자급자족한다는 점이다. 예컨대 밥과 술은 고천원에서 아마테라스가 "일본인의 주식으로 삼으라."라고 벼를 수여했다는 신화에 입각하여 이세시 구스베정(楠部町)의 신궁 신전(神田)에서 직접 재배한 쌀을 사용한다. 이 신전의 기원 전승은 신궁 진좌 당시까지 거슬러 올라간다. 즉 제11대 스이닌(垂仁) 천황의 황녀로 최초로 신찬을 정한 인물이라고 말해지는 야마토히메(倭姫命)에 의해 처음으로 신전이 조성되었다고 한다. 현재 신전 면적은 약 3헥타르이고, 〈구스베정 어전식(御田植)보존회〉의 봉사자들과 신궁 직원에 의해 이스즈강(五十鈴川) 강물을 관개용수로 삼아 청정 재배되고 있다. 또한 취반용 물은 외궁 서쪽으로 3백 미터 정도 떨어진 후지오카산(藤岡山) 산록의 외궁 소관사 가미노미이(上御井)신사 우물에서 매일 아침마다 퍼 온다. 이 우물물은 신대에 고천원으로부터 종수(種水)를 받았다는 신화적 전승이 있다.

이처럼 신화적 전승을 배경으로 지닌 쌀과 물로 밥을 지을 때 사용하는 불을 신궁에서는 청정한 불을 뜻하는 '이미비'(忌火)라고 하며 그 이미비를 고대적인 방식으로 지피는 건물을 '이미비야뎬'(忌火屋殿)이라 부른다.[36] 이미비야뎬에서는 아침 5시(동절기는 6시)에 이미비를 피우는 작업부터 시작한다. 이때 시즈오카현 도로(登呂)유적[37]에서 발굴된 야요이 시대의 것과 동일한 형식의 나무공이(火鑽, 히키리) 도구가 신궁에서는 지금도 매일의 필수품이다. 약 2, 3분에 걸쳐 노송나무판에 비파나무 공이로 상하로 돌리면서 마찰시켜 불씨를 만든 후 그것을 삼나무 고엽으로 옮긴다. 이와 관련하여 메이지 정부가 발간한 백과사전 『고사류원』(古事類苑)에서는 "노송나무(檜, 히노키)를 불의 나무(火の木, 히노키)라고 하는 것도 불을 일으키는 데에서 생긴 이름이다. 마른 노송나무판에 홈(凹)을 파서 노송나무 공이로 그 홈에다 강하게 마찰시키면 불씨가 생긴다. 이 불씨를 매우 청정한 것으로 여겨 지금도 이세신궁 신찬에는 이 불을 사용한다."[38] 라고 기술한 바 있다.

소금은 와타라이군(度会郡) 후타미정(二見町) 소재의 2천 평에 이르는 신궁 염전에서 만든다. 해수와 이스즈강 물이 섞이는 곳의 어염빈(御鹽浜)에서 고대 그대로의 입빈식염전(入浜式鹽田) 방식으로 제작한다. 즉 여름의 입추 직전에 조수간만차를 이용하여 해수를 끌어들여서 염분을 포함한 모래를 모은 후 거기에 해수를 뿌려 햇볕에 건조시키면서 점차 진한 조수로 만든 다음 바짝 졸여 소금을 만든다.[39] 이렇게 제작된 소금은 신찬의 기본 품목일 뿐만 아니라 모든 신궁 마쓰리의 정화의례(하라이)에도 사용된다. 연간 약 100종에 이르는 각종 과일과 야채류도 1898년 와타라이군 후타미정에 마련된 신궁 어원(御園)에서 재배하여 조달한다. 이에 비해 도미 등의 어류는 자급자족하기가 쉽지 않으므로, 고대로부터 줄곧 아이치현 이세만의 고도 시노지마(篠島)로부터 공진되는 연간 약 5백 마리 정도의 도미를 신궁 조정소(調整所)에서 말려 조제한다.

한편 술의 경우, 메이지 이후 새롭게 첨가된 청주는 양조업체 독지가가 봉납한 것을 사용하고, 탁주인 백주·흑주·예주(醴酒, 감주)는 신궁 신직이 신찬을 조리하는 부엌 이미비야덴에서 직접 양조한다.[40] 이 중 흑주는 백주에다 특정한 초목을 태운 재를 섞은 것이고, 예주는 걸쭉한 죽 형태의 탁주이다. 일별조석대어찬의 신찬에는 청주만 올린다. 모든 신찬의 마지막은 항상 신주를 3배씩 올리는 것으로 끝난다. 후술할 유귀대어찬에는 백주·흑주·예주·청주를, 그 밖의 신궁 마쓰리 때는 청주와 예주를,

그리고 일별조석대어찬제 때는 청주만 바친다. 예전에 신주는 주작물기(酒作物忌, 사카도코노모노이미)라는 직책이 만들었다. 지금도 이세시에는 이 주작물기의 후손으로 100여 개의 사카도쿠(酒德)라 불리는 가문이 존재한다.[41]

이상의 신찬 품목을 담는 제기는 고천원으로부터 흙을 옮겨 왔다는 신화적 전승이 있는 미에현 다키군(多気郡) 메이와정(明和町)의 어료토기조정소(御料土器調整所)에서 오미베 씨(麻続部氏) 일족이 모두 전통적인 방식으로 간단한 녹로대[42]를 써서 수제로 만든다. 다양한 크기의 제기[43]들은 한 번 사용하면 잘게 부수어 정해진 장소에 묻는 것이 원칙이지만, 현재에는 반드시 그렇지만은 않다. 언긴 약 8만 개가 소요되므로 중요한 마쓰리에서는 새로운 것을 만들어 사용하지만, 평상시에는 보통 2, 3회 정도 사용하기도 한다. 신찬을 제기에 담을 때는 토기에 음식물이 달라붙지 않도록 그 밑에 토크베라잎(삼절제 외)이나 측백나무잎(삼절제)을 깔며, 특히 야채나 생선 밑에는 잎을 많이 깐다. 이처럼 제기에 나뭇잎을 까는 것은 『만엽집』의 "여행길에 나설 때는 (밥을) 잎사귀에 담는다네."라는 노래가 시사하듯이 고대적인 관습이 반영된 것으로 보인다.

일별조석대어찬제를 위한 신찬의 조리는 1시간 반 정도 걸리는데, 아침에 저녁분도 함께 준비한다. 아침과 저녁의 야채, 과일, 해초 품목은 다르다. 조어찬은 오전 8시(동절기는 9시), 석어찬은 오후 4시(동절기는 3시)에 행한다. 정해진 시간이 되면 봉사자는 정화한 재복을 입고 재관을 나와 이미비야덴의 불소(祓所)에서 소금에 의한 정화의식을 받은 후, 오리비쓰(折櫃, 얇은 노송나무를 굽혀 만든 네모 상자)에 담긴 신찬을 가라비쓰(辛櫃, 다리가 달려 있는 목제함)에 넣고 가마를 메듯이 운반하여 신들의 식당인 어찬전으로 향한다. 신찬을 진상할 때는 머리 위쪽으로 공손하게 바친다. 먼저 아마테라스에게 젓가락·밥 세 공기·가다랑어포·도미·해초·야채·과일·소금·물·청주 세 잔을 올리며, 이어 도요우케 및 양궁 상전신과 양궁 별궁신들에게도 동일한 방식으로 동일한 품목을 바친다. 어찬전 안에서는 서는 것이 금지되어 있어서 무릎으로 기어 진퇴한다. 이렇게 신찬을 바친 후에는 외궁 네기가 노리토를 진상하면서, 신궁이 이세 땅에 진좌한 유래와 도요우케신이 아마테라스의 식사를 관장하는 신으로서 이세에 영접받게 된 유래를 송창하고 황실의 안녕, 국가 번영, 세계 인류의 행복, 오곡풍양 등을 기원한다. 그런 다음 신궁 특유의 8배 작법을 거행한 후 신찬을 거둔다. 이와 같은 절차로 행해지는 일별조석대어찬제는 한 회당 약 40분 소요되지만 준비 시간을 합치면 하루에 5시간 넘게 걸린다. 사실 신찬은 자급자족이 원칙이므로 이 일별조석대어찬제를 위해 1년 내내 준비하는 셈이 된다.[44]

2. 신상제(神嘗祭)의 신찬

원래 신상제(神嘗祭, 간나메사이)란 천황이 그해에 수확한 신곡을 신궁에 바치는 마쓰리였지만, 오늘날에는 신궁 삼절제 중 하나로서 아마테라스로부터 쌀을 수여받았다는 신화에 입각하여 그렇게 수여받은 것을 아마테라스에게 돌려주는 마쓰리를 가리킨다. 매년 10월 15일에서 17일까지 거행되는 이 신상제 때는 유귀대어찬(由貴大御饌, 유키노오미케)이라는 특식 신찬을 바친다. 여기서 '유귀'란 최고로 존귀하다는 뜻이다. 그러니까 신궁 1년간의 마쓰리는 신상제의 유귀대어찬을 위한 준비라고 해도 과언

이 아니다.[45] 오후 10시의 유귀석대어찬(由貴夕大御饌, 유키노유베노오미케)
과 오전 2시의 유귀조대어찬(由貴朝大御饌, 유키노아시타노오미케) 등 두 차
례에 걸쳐 진행되는 유귀대어찬제는 외궁의 경우 10월 15일에서 16일에,
그리고 내궁에서는 10월 16일에서 17일에 걸쳐 행해진다.

　그 절차를 살펴보자면, 먼저 제주 및 대궁사를 비롯하여 40여 명에 이
르는 봉사자 신직 일동의 부정 여부를 점치는 어복(御卜, 미우라)의식이 행
해진다. 어둠 속에 잔잔한 음악이 연주되는 가운데 정전 앞뜰에 놓인 노
송나무로 만든 책상(案) 위에 순백색 재복을 입은 네기 4인이 나아가 다음
과 같은 28품목의 특식 신찬을 바친 후 대궁사가 노리토를 올리고 전원이
8배한다: 백목 젓가락 1조, 백미를 시루에 쎈 밥 세 그릇, 길이 15cm 정도
의 네모떡 10장, 황염을 볶아 뭉친 단단한 소금 덩어리, 물 한 그릇, 말린
전복, 껍질을 벗기고 내장을 제거하여 소금에 절인 생전복, 말린 도미 한
마리, 생도미 한 마리를 네 토막으로 자른 것, 형태 그대로 말린 꼬치물고
기 5마리, 형태 그대로 말린 서두어(鱪) 15마리, 이세새우 3마리를 형태 그
대로 찐 것, 껍질과 내장을 제거하여 말린 소라 20개, 말린 해삼 3개, 장방
형으로 잘라 말린 상어고기 3쪽, 말린 가다랑어 10개, 배를 갈라 말린 전
갱이 10개, 생잉어 1마리, 말린 메기 15마리, 생닭고기 한 쪽, 생오리고기
한 쪽, 청각채(海松) 한 줌, 김 10장, 연근 1개, 15cm 정도로 자른 무 3쪽,
배 1개, 감 3개, 백주·흑주·감주·청주 등 4종의 술을 각각 제기에 세
잔씩 담은 것.

　신궁 신상제의 신찬으로 바치는 이 특식 가짓수는 전술한 『연희식』의
재궁 신상제(新嘗祭) 신찬 품목보다 훨씬 많다. 조리법은 거의 비의에 속
해 있어 확실치 않으며, 대부분의 식재는 일별조석대어찬과 마찬가지로

자급자족한다. 이 중 유귀대어찬의 브랜드 품목이라 할 만한 전복은 마쓰리 이틀 전부터 조리가 시작되는데, 식재는 자급자족하기가 쉽지 않아 헤이안 시대 이래 줄곧 전통적으로 시마(志摩)반도 최동쪽 도바시(鳥羽市) 구자키(國崎)의 해녀들이 물질한 것을 공진받는다. 현재 공진량은 생전복 1,380개, 말린 전복 238개, 신취전복(身取鰒, 미토리아와비) 1,047줄, 옥관전복(玉貫鰒, 다마누키아와비) 336줄에 이른다. 일본에서 장수를 상징하는 전복은 종래 조정과 신궁에서 매우 중요하게 여겨 온 신찬 품목이다. 그래서인가 이세에 신궁이 진좌한 것도 전복이 잡히는 시마(志摩)와 가깝기 때문일 것이라는 설까지 있다. 어쨌거나 이때 주목할 것은 신궁에서 전복을 다루는 방식이다. 즉 껍질과 내장을 제거한 속살을 외측에서부터 얇게 도려내어 건조시킨 위두전복(熨斗鰒, 노시아와비)과 일정한 크기로 잘라 내어 묶은 신취전복 및 옥관전복 등을 '신궁어료복 조제소'(神宮御料鰒調製所)에서 제작한다. 이 중 위두전복 제작은 1,500년 이상의 전통이 있으며, 신상제를 비롯한 신궁 삼절제 신찬에만 올린다.

　유귀대어찬의 신찬은 말린 어류가 많으며 고대의 명칭과 모습이 많이 남아 있는 편이다. 하지만 메이지 이후에는 몇 가지 측면에서 변화가 있었다. 가령 신찬을 바치는 위치가 예전에는 신궁 심어주(心御柱) 주변의 대상(大床) 아래의 지면 위였는데, 지금은 안(案)이라 불리는 책상 위에 바친다. 또한 현재 네기가 하는 대부분의 역할을 예전에는 동녀가 했다. 신찬 품목에도 중요한 변화가 있었음은 말할 나위가 없다. 옛날에는 신찬 품목이 신궁 신령(神領)으로부터 공진되었다. 신궁에서 생어패류 등의 생찬을 바치게 된 것도, 이세새우 등을 반드시 바치게 된 것도 메이지 이후부터이다. 어패류 중에서 불을 사용하여 조리하는 것은 이세새우와 오징

어뿐이다. 요컨대 현재의 신궁 신상제는 예전 그대로가 아니다.[46]

3. 식년천궁제의 신찬

신궁의 진좌 유래를 적은 중세 가마쿠라 시대의 『왜희명세기』(倭姬命世記)에는 제11대 스이닌(垂仁) 천황 26년 이후 미혼의 황녀 야마토히메(倭姬命)가 아마테라스를 이스즈강 상류 지역에 모시고 사전을 조영하여 거울과 대소 칼, 창, 방패, 화살 등의 신보를 봉납하는 한편 신찬용 벼를 수확하고 신궁 삼절제를 정했다는 기사가 실려 있다.[47] 이런 전승에 상응하여 아마테라스에게 신곡을 바친 것이 방금 다룬 신궁 신상제(神嘗祭)의 기원이다. 이 신상제를 계기로 삼절제를 비롯한 1년간의 신궁 마쓰리가 정해진 것이다. 그러니까 『왜희명세기』 전승에 따르자면 신상제는 신궁이 진좌하여 최초로 바친 신찬을 매년 재현하는 마쓰리라는 말이다. 여기서 주목할 것은 이 전승에서 말하는 사전 조영과 신보의 봉헌 및 신찬을 바친 것이 그대로 신궁 식년천궁(式年遷宮)에서의 사전 조영, 천어(遷御)와 장속 및 신보의 봉헌, 그리고 대어찬(신찬)과 겹친다는 점이다. 다시 말해 이 전승은 신궁 신상제의 기원뿐만 아니라 동시에 식년천궁제의 기원을 말한 전승이라 할 수 있다.

여기서 식년천궁이란 무엇인가? 일반적으로 일본 신사에서 일정한 연수를 정하여 기존의 신전을 허물고 그것과 동일한 양식과 형태의 신전을 새롭게 조영하여 그곳으로 구신전의 신체(神體)를 옮기는 것을 식년천궁이라고 하며, 20여 년의 주기로 행해져 온 신궁의 사례가 가장 대표적이다. "무릇 대신궁은 20년에 한 번씩 정전과 보전 및 외폐전을 새롭게 지을 것(와타라이궁과 별궁 및 기타 영내의 신전을 새로 짓는 기한은 이에 준할 것). 모두 새로운 재목을 벌채하여 짓고 기타 영내 바깥의 신전은 신구를 통용하라."[48]라는 『연희식』 권4 이세태신궁식(伊勢太神宮式)의 기록에서 확인할 수 있듯이, 처음에는 19년 주기(20년째)로 행해지다가 1343년 제35회 식년천궁 이후 20년 주기(21년째)로 바뀐 이래 2013년 현재까지 총 62회의 식년천궁이 이루어졌다.[49]

약 8년 전부터 행해지는 20여 종의 각종 식년천궁 의식 중 가장 핵심적인 것이 천어(遷御, 센교) 마쓰리인데, 이는 구본전의 제신인 아마테라스의 신체를 새로운 본전으로 옮기는 의식을 말한다. 현재 10월에 거행되지만 그렇게 된 것은 14세기 이후이고 그 이전에는 내궁 천어가 음력 9월 16일, 외궁은 그 2, 3년 후의 음력 9월 15일로 정해져 있었다. 그런데 이 시기는 바로 신궁의 가장 중요한 마쓰리인 신상제 날에 해당된다. 그러니까 식년천궁은 말하자면 대신상제(大神嘗祭)였던 셈이다. 10월 3일(내궁) 오전 6시경 천어의식이 종료되면 그다음 날 아침 새로운 정전에 모신 아마테라스에게 첫 번째 식사를 제공한다. 대어찬(大御饌)이라 불리는 이 신찬은 원래는 신상제(神嘗祭) 신찬의 명칭과 마찬가지로 '유귀대어찬'이라고 칭해졌다. 또한 원래는 천어가 신상제 날에 행해졌으므로 대어찬도 천어하는 날 밤에 바쳐졌고 따라서 그 품목도 신상제 신찬과 동일하다. 이 점 또한 식년천궁이 예전에는 대신상제의 성격을 지녔던 것을 말해 준다.[50]

4. 신상제(新嘗祭)·대상제와 신찬: 신들과 천황의 공식

천황이 그해에 수확된 신곡과 신주를 아마테라스에게 바치면서 감사하고 자신도 함께 먹는 일종의 추수감사제 의식을 신상제(新嘗祭, 니이나메사이)라 한다.[51] 여기서 '상'(嘗)이란 신과 인간이 함께 맛보는 것을 뜻하는 말로 '향'(饗, 아에)과 통한다. 즉 신에게 음식을 바치고 신과 함께 공식하는 것을 의미하는 말이다. 오리구치 시노부에 의하면, 신상제(神嘗祭)가 제국에서 궁정에 바친 쌀을 천황이 이세신궁의 아마테라스에게 바치는 것이라면, 신상제(新嘗祭)는 신의 명령에 따라 농사의 결과를 보고하는 것이다.[52] 이런 신상제(新嘗祭)가 언제부터 행해졌는지는 분명치 않다. 단, 『일본서기』에는 교코쿠(皇極) 천황 원년(642) 11월 16일에 "천황이 신상제를 지냈다."라고 적혀 있으며,[53] 또한 『연희식』에서는 전국에서 많은 신들을 모시고 11월 중 묘인(卯日)에 신상제를 거행하노록 시기를 규정했다.[54] 이런 신상제가 전체 일본인에게 공유된 것은 메이지 정부가 신도의 국교화를 추진하면서부터이다. 이른바 상명하달을 통해 천황이 신상제를 거행할 때 각지 신사에서 그것과 동일한 형식으로 신상제를 행하도록 한 것이다. 하지만 민간에서도 예로부터 신상제라는 이름만 없었을 뿐 수확한 신곡을 신에게 바치고 축하하는 마쓰리가 각지에서 행해졌다. 그래서 메이지 이후 별다른 저항 없이 신상제 관습이 정착될 수 있었을 것이다.[55] 오늘날에는 11월 23일 근로감사의 날에 신상제가 거행된다. 이날 천황은 신가전(神嘉殿)에 홀로 나가 햅쌀 신찬을 신과 함께 먹는다. 이 신상제의 신찬 품목에 관해서는 앞의 제2장에서 『연희식』 권5 신기5 재궁(齋宮) 편 기사를 인용한 바 있으므로 생략하기로 한다.

이와 같은 신상제가 새로 즉위한 천황에 의해 최초로 행해질 때 그것을 대상제(大嘗祭, 다이죠사이)라고 한다. 이런 의미에서 전술한 식년천궁제가 '대신상제'(大神嘗祭)의 성격을 띠고 있듯이, 대상제는 '대신상제'(大

新嘗祭)라 할 수 있겠다. 오늘날과 같은 대상제의 원형은 율령국가가 가장 강대했던 덴무·지토조 무렵에 형성되었다고 보인다. 7세기 말 이래 대상제를 행하는 해에는 먼저 점복을 통해 신에게 바칠 벼를 공출할 재전(齋田) 지역 두 곳을 선정했다. 동일본의 유기(悠紀, 유키)와 서일본의 주기(主基, 스키)라 불리는 국·군(國·郡)이 그것이다. 이어 대상제 날에는 궁중 안에 이 명칭을 딴 유기전(悠紀殿)과 주기전(主基殿)[56]이라는 대상궁(大嘗宮)을 세운다. 당일 심야에 천황은 신좌에 해당하는 침구류가 갖추어진 유기전에 들어가 기도문을 올리면서 신에게 신찬을 바치고 그것을 신과 함께 공식한다. 그런 다음 새벽에 다시 주기전에 들어가 동일한 의식을 거행한다. 현 일본 천황의 대상제는 1990년 11월 22일 심야부터 23일 새벽에 걸쳐 행해졌다.

『연희식』 권7 신기7 천조대상제(踐祚大嘗祭) 편 기사에서는 신찬의 기본인 밥, 소금, 물 외에 대상제 때의 신찬 식재를 다양한 제기 규정과 함께 다음과 같이 제시했다.[57] 즉 신에게 바치는 음식은 대선직(大膳職)이 준비한다. 굽 달린 그릇(높이 5촌 5분, 입구 직경 7촌, 굽다리 4개짜리) 80장에다 특히 오키산 전복 및 오징어는 각 14량, 해삼 15량, 건어포 1되, 해초 10량, 소금 5작을 담는다. 이때 모두 밑에 나뭇잎을 깔고 목면 묶은 것을 드리워 장식한다. 평평한 그릇 80장에 신찬 품목별로 5합씩 담는다. 산배(山坏, 야마쓰키)[58] 40개에 특히 홍합 스시와 전복 스시 각 1되를 담고, 장식은 평평한 그릇의 경우와 동일하게 한다. 추성백거(麁盛白筥, 아라모리시라바코)[59] 3백 개(가로 1척 5촌, 세로 1척 2촌, 높이 3촌) 및 아즈마노쿠니(東國)산 전복을 담는 광주리 16개(특히 12근용)를 준비한다. 기타 볶은 해삼, 오징어, 사도(佐渡)산 전복, 삶은 가다랑어, 생가다랑어, 건어포, 연어, 다시마, 청각채, 김, 바

닷말, 귤, 밤, 곶감, 감, 배, 유자, 히네리모치(捻り餅),[60] 곡옥형떡(勾り餅), 콩
떡, 팥떡, 누에콩, 밀가루 과자(捻頭), 밥풀과자 등을 준비한다. 이처럼 신
상제보다 더 다양한 대상제 신찬 품목은 담는 그릇과 양이 각기 다르며,
동일한 재료라도 산지가 다르거나 조리법이 다르기도 하다. 조리법은 찌
거나 굽는 등 간단했으며, 양념도 조리 과정에서 재료 자체에 하기보다는
그릇에 담긴 신찬에다 소금, 간장, 초 등을 뿌렸을 것으로 추정된다.

V. 신찬의 의미

1. 신찬의 사회적 의미: 농경 사회 · 일본 요리 · 신불

이상에서 신궁과 천황의 마쓰리를 중심으로 살펴본 신도 신찬의 사회
적 의미는 농경 사회적 특징, 고대 식생활과의 관계, 일본 요리와의 연관
성, 현대사회에서 신찬의 의미 및 그것과 관련된 신불(神佛) 관념의 문제
등을 중심으로 생각해 볼 수 있다.

첫째, 일본 마쓰리의 대부분은 농경 의례 계통이다. 그런 만큼 일본 민
족의 기원과 관련된 농경 사회의 상징이자 식생활의 근원인 쌀 및 그 가
공품인 떡과 술 그리고 밭농사와 관련된 감자, 무, 인삼, 순무 등이 신찬
품목에 포함되는 것은 당연하다. 또한 농경과 함께 또 하나의 경제 수단
이었던 수렵의 상징인 조류나 어패류 등도 신찬에 많이 들어가 있다.

둘째, 확실히 신찬은 당대에 조리되었거나 사람들이 먹었던 재료로 만
들어진 것이 분명하다. 이 점에서 신찬은 당대의 식생활을 나타낸다. 하

지만 신찬은 신에게 바치는 음식이므로 일반 민중의 식생활을 그대로 반영한 것이라기보다는 특별 음식이라고 보는 편이 더 적절해 보인다. 신찬에는 기본적으로 매일 먹는 음식을 베풀어 주신 신에 대한 감사와 풍작을 기원한다는 의미가 내포되어 있다. 그래서 사람들은 가급적 많은 품목을 신찬으로 바쳤다. 앞서 살펴본 신궁 신상제와 식년천궁제 및 천황의 제사(신상제와 대상제) 때 바치는 신찬의 다양한 품목은 이 점을 잘 보여준다.

셋째, 〈메이지제식〉에서 가장 중요한 마쓰리는 봄의 기년제(祈年祭, 도시고이마쓰리)[61]와 가을의 신상제(新嘗祭)이다. 과거 일본의 중요한 마쓰리는 기년제에서 시작하여 신상제로 끝난다 해도 과언이 아니었다. 추수감사제에 해당하는 신상제는 말할 것도 없고 기년제 또한 그 핵심은 곡물에 있다. 이때 신찬은 무엇보다 풍작을 기원하거나 풍작을 보고한다는 의미가 강하다. 신찬은 파종의 계절에 먹을 것의 풍작을 기원하고 가을 수확을 감사하는 의례 및 여름의 제액제 등 음식의 풍양과 안전을 기원하고 감사하기 위해 신에게 바치는 식물로 요리의 기반이라 할 수 있다. 다시 말해 신찬은 신의 먹거리이자 동시에 인간의 먹거리를 표상하는 것이다. 이런 의미에서 일본 요리와 신찬의 관계에 주목할 필요가 있다. 일본 요리는 전통적으로 음식을 '올라갈수록 점점 좁히면서 담아 올리는 방식'과 '음식을 넓게 쌓아 올리는 방식'이 기본인데, 이런 패턴의 시원은 고성(高盛, 다카모리)과 평성(平盛, 히라모리)[62]으로 대표되는 조리 신찬(숙찬)에 있다. 즉 신찬은 일본 요리의 원형이라고도 말할 수 있는 것이다.[63]

넷째, 오늘날 일본에서 마쓰리는 점차 관습적인 연중행사가 되어 가고 있다. 그 결과 마쓰리는 더 이상 생활의 정신적 배경이 아닌, 다양화하고 핵가족화되는 현대사회에서 각자 흩어져 살던 가족들이 재회하여 소통하는 장으로서의 가치가 더욱 커지는 추세이다. 그런 가운데 신찬을 둘러싼 신과 인간의 관계는 갈수록 희박해지고 있다.[64]

2. 신찬의 종교적 의미: 신성·생명·재생

하지만 이런 사회적 의미의 변화에도 불구하고 다른 한편으로 신찬에 내포된 본래의 종교적 의미는 여전히 반추할 만한 여지가 있다. 일본에는 고래 일출이 아니라 일몰부터 하루가 시작한다는 관념이 있다. 마쓰리에는 소제(宵祭, 요미마쓰리)라 하여 야간에 행하는 의례가 전야제로서 행해지는데, 실은 이것이야말로 원래의 마쓰리였고 오늘날 말하는 본제(本祭)는 이런 소제 다음에 행해지는 2차적인 마쓰리였다. 이와 관련하여 신에게 신찬을 올리는 것이 신궁 신상제(神嘗祭)나 대상제가 그러하듯이 대제의 경우 주로 본제 전야에 행해졌다는 점에 주목할 필요가 있다. 이는 신찬이야말로 마쓰리의 본래 의미를 담고 있는 가장 중요한 요소임을 시사한다.[65] 그리하여 오노는 '마쓰리란 본래 가미에게 기원하기 위해 음식과 술을 바치는 것을 의미'[66]한다고 잘라 말했다. 이와 같은 신찬의 종교적 의미는 특히 신성, 생명, 재생의 관념과 밀접하게 결부되어 있다.

첫째, 신찬의 기본은 물, 소금, 쌀의 세 가지이다. 이는 생명의 원천으로서 정화력과 주술력을 지닌 물, 부정을 씻어 내는 주술력을 지닌 소금, 그리고 무엇보다 '미케'(신찬)의 '케'가 벼의 정령을 뜻하듯이 영력을 지닌 쌀에 대한 고대 일본인의 종교적 관념을 투영한다.

둘째, 특히 신궁의 일별조석대어찬제에는 신찬을 신성한 불로 조리해야 한다는 관념이 잘 드러난다. 신찬은 원래 항상 성화로 조리한 숙찬이

었다. 신인공식인 나오라이는 결국 '신성한 불을 공유하는 의식'[67]이기도
했다. 또한 일별조석대어찬제는 단지 감사의 제사만이 아니다. 거기에는
아마테라스가 도작법을 일본인에게 가르쳐 주었으며, 매일 신들에게 식
사를 바침으로써 생명력과 신위를 갱신해야 한다는 신앙이 깔려 있다. 그
래서 신찬에는 "일본적 신앙심의 중핵이 살아 있다."[68]라고 말하기도 한
다.

셋째, 신궁 외궁의 네기는 와타라이 씨(度会氏)가 줄곧 담당해 왔는데,
예전에는 이 와타라이 신주 일족의 동녀(원래는 아마도 네기의 자녀였을 것)
1인을 대물기(大物忌, 오모노이미)라는 직책에 임명하여 네기와 함께 외궁
제사 및 일별조석대어찬제를 관장하도록 했었다. 이때의 '이미'(忌)라는
말은 재(齋)와 같은 뜻으로 금기와 신성의 의미를 동시에 내포하는 표현
이다.

넷째, 신궁 신상제(神嘗祭)의 첫 번째 목적은 심야와 익일 새벽 두 차례
에 걸쳐 신곡을 신에게 바치는 데에 있다. 한편 대신상제로서의 식년천궁
은 20년에 한 번씩 본전 등을 새롭게 재건하는 의식이 잘 보여주듯이 무
엇보다 생명력의 재생이라는 종교적 모티브와 밀접한 관계가 있다.[69] 요
컨대 신상제 및 식년천궁제의 신찬은 생명력의 재생을 기원하는 관념과
밀접하게 연동하는 의식이라 할 수 있다.

다섯째, 신이 먹은 것을 사람들이 먹음으로써 신에 대한 숭경의 염을
더욱 깊게 하면서 신과 인간의 일체감을 강화하고 나아가 신의 새로운 영
위와 에너지를 수혈받는 데에 신인공식으로서의 나오라이(음복)의 의미
가 있다.[70] 다시 말해 신찬이란 신이 먹은 공물을 인간이 먹으면 생명력이
강화될 수 있다는 신앙에 기초한 것이라 할 수 있다. 이와 관련하여 간자

키 노리타케는 신이 먹은 신찬을 인간이 함께 먹는 나오라이(음복)의 신인공식이란 곧 인간이 '신령의 분신을 공유하는 것' 즉 '미타마와케'(御魂分け)이기도 하다고 말했다.[71]

3. 신찬의 정치적 의미: 천황·복속·궁중요리

고대 일본에서 정치는 신에 대한 제사를 뜻하는 '마쓰리고토'라고 불렸으며, 천황의 최대 역할은 바로 신을 모시는 것이었다. 다시 말해 일본에서 정치란 신에게 신찬과 공물을 바치고 그 가호를 기원하는 데에서 시작된 것이라 할 수 있다.[72] 이는 신찬이 본래 정치와 밀접하게 연부되어 있었음을 시사한다. 신궁 신상제(神嘗祭)의 의미도 이 점과 관계가 있다. 가령 『연희식』 권2 신기2 사시제하(四時祭下) 이세태신궁 신상제(神嘗祭) 조에 의하면 720년 "9월 11일에 천황이 대극후전(大極後殿)[73]에서 5위 이상의 왕을 사신으로 삼아 폐백을 수여하여 이세신궁에 파견했다. 이때 신기관의 나카토미 씨(와 이미베 씨 각 1인), 집폐(執幣) 5인, 사신 종자 3인이 수행했다."[74]라고 나온다. 이는 신궁 신상제 때 파견되는 사신 즉 예폐사(例幣使)에 관한 최초의 기사이다. 신상제는 신궁 삼절제 중에서도 가장 중시된 마쓰리인데, 이런 신궁 신상제의 의미와 관련하여 오리구치 시노부는 다음과 같이 적었다.

제국에서 쌀을 바치는 것은 궁정 및 궁정의 신에게 복종을 서약하는 의미가 있다. 일본에서 쌀은 신이다. 거기에는 제국의 혼이 깃들어 있다. 그 혼의 내용은 부(富), 수명, 건강 등이다. 제국에서 쌀을 바치는 것은 이런 혼을 바치는 것이므로 절대복종하겠다는 말이 된다. 쌀의 혼이 몸에 들어오면 강해지며 수명이 늘어나고 부자가 된다. … 천황은 제국이 바친 쌀을 몸소 드시기에 앞서 아마테라스에게 바친다. 이때 바치는 것은 조리한 밥과 조리하지 않은 생쌀의 두 종류이다. … 이리하여 제국에서 보내온 쌀을 천황이 직접 아마테라스에게 진상하는 것은 조상신에게 혼을 바치는 것, 다시 말해 복종을 서약하는 것이 된다.[75]

그러니까 제국에서 천황에게 쌀을 바치는 것이 천황에 대한 복종의 징표이듯이, 천황이 신상제 때 바치는 신찬 또한 아마테라스에 대한 복종의 징표라는 말이다. 쓰다 소키치(津田左右吉)에 따르자면 이때 천황으로부터 신찬을 받는 아마테라스의 본질은 '황조신'이자 동시에 '정치적 군주'로서 그 국가 통치의 항구불변성을 태양에 비유한 데에 있다.[76] 말하자면 신상제의 신찬은 일종의 정치적 복속의례라는 성격이 있는 것이다. 그와 같은 복속의례에 왕권 계승이라는 요소가 부가된 것이 바로 대상제이다. 국가 최대의 마쓰리인 대상제의 전제는 일본 신도에서 가장 중요한 마쓰리인 신상제(新嘗祭)이고, 이 신상제의 기본은 수확제로서 그해의 햇곡식을 신에게 바치면서 신인공식하는 민간의 신상제에서 비롯되었다. 하라다 노부오는 천황, 복속의례, 신상제와 대상제의 신찬 사이에 존재하는 이런 정치적 관계를 다음과 같이 적절하게 요약했다.

신찬에는 촌락 차원의 민간적 신찬과 국가적 신찬이 있다. 양자 간에는 차이가 있지만, 신인공식이라는 점에서는 공통적이다. 신인공식을 국가적 차원에서 거행하는 최고 사제자가 바로 천황이었다. 신에게 바치는 음식은 정치적으로는 신을 대리하는 천황에게 바치는 니에(贄)로 공납되며, 천황이 다스리는 나라는 신으로서의 천황이 그 니에를 먹는 나라라는 의미에서 오스쿠니(食國)라고 묘사되었다. 마쓰리에서 음식을 바치는 것과 신인공식은 필요불가결한 2대 요소였다. 원래 니에는 신찬의 공물을 의미하는 말로, 지역 신들과 수장에게 햇수확물을 바치는 관습에서 비롯된 것으로, 니이나메와 관련된 말이다. 그런 니에가 국가 형성기에 이르러 신에 대한 공물이 천황에 대한 공납으로 전화되어 전국적 규모로 조세화되었을 것이다.[77]

여기서 천황이 다스리는 나라 즉 일본이 식국(食國)으로 표현되었다는 점이 흥미롭다. 이와 관련하여 오리구치 시노부는 "식국(오스쿠니)이란 (신 혹은 천황이) 드실 것을 만드는 나라를 뜻하는데, (천황이) 통치하는 나라라는 후대의 어법도 여기서 비롯된 것이다. '드시다'(食す, 오스)는 말에서 '다스리다'(治める, 오사메루)라는 말이 나왔음은 의심할 나위가 없다."[78]라고 해석했다. 식국(오스쿠니)이란 천황이 지배하고 통치하는 영역을 뜻하는 말이고, 그때 '오스'란 '다스리다'·'먹다'·'마시다'·'옷을 입다'라는 말의 존경어이다. 오리구치는 이런 '오스쿠니'라는 말의 어원이 원래 '천황이 먹는 음식물을 만드는 나라'에서 비롯된 것이며, 거기서 '통치하는 나라'라는 뜻이 파생되었다고 본 것이다. 이에 대해 오카다 세이시(岡田精司)는 대상제와 관련된 신찬의례에 주목했다. 즉 천황이 제국으로부터 진상된 음식물을 먹음으로써 비로소 통치자로서의 자격을 얻어 나라를 지배했다는 것이다.[79]

신상제(新嘗祭)와 대상제는 물론이고 신상제(神嘗祭) 또한 원래 대표적인 궁중 행사로서 신도와 밀접한 관계가 있다.[80] 그렇다면 궁중 행사 음식과 신찬의 관계가 궁금해진다. 1877년부터 10년간에 걸쳐 궁내성이 작성한 〈공사록〉(公事錄)에는 에도 말기의 궁중 행사가 상세히 기록되어 있는데, 이는 헤이안 시대에 정해진 것을 계승해 온 것이다. 가령 원단 절회 때는 각종 은그릇에 다음과 같은 품목을 담는다: 과자, 8종의 과일(말린 대추·잣·말린 감·밤·배·석류·귤·밀감), 조미료 4종(초·술·소금·간장), 중국 전래의 8종 당과자, 기타 전복, 밥, 해파리, 해삼, 말린 꿩편육, 말린 도미, 오징어, 잉어, 말린 연어, 날 꿩고기, 전갱이, 익힌 닭즙 등. 이처럼 날것과 말린 것을 얇게 잘라내어 각각 그릇에 담아 배치했고, 밥은 팥을 섞어 찐 축하용 찰밥(强飯, 오코와)을 올렸다. 하지만 주류는 역시 해산물이고, 불을 사용하여 조리한 품목도 포함되어 있다. 미즈시마 유에 의하면 이와 같은 궁중 행사에서의 음식은 신도 신화에 입각하여 신으로서의 천황에게 바친 숙찬이며, 이세신궁 신찬과의 연관성이 대단히 밀접하다.[81]

VI. 나오는 말: 신찬과 한국의 연관성

이상에서 살펴본 일본 신찬에는 흥미롭게도 한국과의 연관성을 보여주는 측면들이 많이 내포되어 있다. 실상 신찬의 기본적인 밑그림이라 할 만한 일본 도작농경문화와 곡물, 신도 및 신사, 또는 일본술과 조리용 가마 등의 기원에 한반도가 밀접하게 관련되어 있다는 사실이 많은 고고학적·신화학적·역사학적·문헌학적 연구에 의해 밝혀진 바 있으므로, 신찬과 한국의 연관성을 상정한다 해서 그리 새삼스러운 일은 아닐 것이다.

가령 일본의 도작농경은 한국으로부터 전파되어 이미 조몬 시대 후기부터 행해졌다는 점이 후쿠오카현 이타즈케(板付) 유적 및 사가현 나바타케(菜畑) 유적 등의 발굴에서 규명되었고, 앞서 언급된 식물신 우케모치 신화의 경우 살해당한 여신의 사체 머리에서 소와 말, 이마에서 조, 눈썹에서 누에, 눈에서 피(稗), 배에서 벼, 음부에서 보리와 콩과 팥이 생겼다는 『일본서기』 기술에서 해당 신체 부위와 작물명을 한국어로 읽을 때 일치도가 높다는 해석도 나온 바 있다.[82] 또한 한국의 당신(堂神) 신앙이라든가 샤머니즘이 일본 신도의 유력한 루트 중 하나라는 주장도 설득력이 있으며,[83] 신도 신사의 중요한 루트 중 하나가 한국이라는 점은 예컨대 교토의 가장 오래된 신사 중 하나이자 오늘날 일본의 신사 신앙을 대표하는 이나리 신앙의 총본산인 후시미이나리(伏見稲荷)대사라든가 일본 전국 양조업자들의 성지인 마쓰노오(松尾)대사가 가야=신라계 이주민 하타 씨가 세웠다는 역사적 사실 하나만 꼽더라도 충분히 수긍할 만하다.[84] 나아가 『고사기』에 의하면 제15대 오진(應神)천황조 때 백제인 수수코리가 처음으로 양조술을 일본에 전했으며,[85] 술의 일본어 '사케'가 한국어 '삭히다'의 '삭'에서 비롯된 말이라는 설명도 매우 유력한 설로 받아들여지고 있다. '가마'(釜) 역시 7세기경 한반도에서 일본에 전래된 것이 분명해 보인다.[86]

이와 더불어 이 글의 주제인 신찬과 한국의 직접적인 연관성을 보여주는 사례도 적지 않다. 가령 앞서 단잔신사 '백미어식'의 경우 원통형으로 신찬을 쌓아 올린다고 언급한 바 있는데, 이는 한국의 인생 의례 중 결혼식이나 회갑연 상차림에서 사원의 원통형 불공 음식과 유사하다. 다시 말해 한국인들의 일상적인 인생 의례 풍습이 불교의 불공에 도입되었고, 그 불공 형식이 한국에서 일본으로의 불교 전래와 더불어 신찬에 영향을 준 것이라고 추정할 수 있겠다. 그러니까 일본의 경우 특히 헤이안 시대 말엽 이후 신불습합의 영향으로 불공에서 신찬으로 전개되었는데, 그 불공의 원형은 한국 인생 의례에서의 식문화라는 말이 된다.[87] 이 단잔신사는 7세기 이래 후지와라 씨(藤原氏)의 씨신 신사로 제신은 후지와라 씨의 조상인 후지와라노가마타리(藤原鎌足, 614-669)이다. 이 가마타리 신상을 모시고 후지와라 씨 자손들의 번영과 국가안태를 기원하는 마쓰리가 바로 가길제(嘉吉祭, 가키쓰마쓰리)이며 그때 바치는 신찬이 '백미어식'인 것이다. 그런데 후지와라 씨와 한국계 도래씨족 간의 관계는 매우 밀접했으며, 나아가 후지와라 씨의 조상이 한국인이었다는 설도 있다.

한편 나라의 가스가(春日)대사 또한 후지와라 씨의 씨신 신사이며, 그 전신은 768년에 건립된 후지와라 씨의 씨사(氏寺)인 흥복사이다. 가스가 대사의 마쓰리 형식은 흥복사의 것을 그대로 이어받았는데, 영훈(靈訓)이라는 백제계 도래인이 관승으로서 흥복사의 별당직을 맡았으며 가스가(春日)라는 명칭도 도래인들이 사용한 성이었다. 이런 가스가대사 약궁제(若宮祭, 와카미야마쓰리)의 신찬을 대표하는 '양분'(粱粉) 품목은 직경 5cm로 화지를 말아서 만든 다음 높이 15cm의 원통 표면에 풀을 바른 다음, 앞서 언급한 단잔신사의 화도(和稻)와 마찬가지로 청·황·적 삼색으로 물들인 쌀알과 흰쌀을 합쳐 네 가지 색깔로 곱게 붙여서 네 개의 토기에 담아 고배(高坏, 다카쓰키)에 올려놓은 것이다. 여기서 청·황·적·백색의 선명하고 화려한 색채 사용은 한반도와의 밀접한 관계를 연상케 한다. 이 4색은 한국에서 제사뿐만 아니라 궁중 잔치나 회갑연 등에 쓰이는 각종 과자에서 흔히 볼 수 있는 기본 색채로 현재에도 굿이나 제사 및 회갑연 상차림에 남아 있기 때문이다. 일반적으로 일본 신찬에서 흔히 찾아볼 수 있는 고배라든가 고성(高盛, 다카모리) 음식은 한반도의 고배(高排) 음식[88]과 의미가 같다. 현재 한국의 회갑상, 돌상, 제사상, 신랑 신부의 큰상, 굿상, 불공 등의 고배 차림은 일본의 신찬과 크기나 문양이 약간 다를 뿐 전체적으로 동일한 맥락을 보여준다.[89]

단잔신사와 가스가대사의 신찬은 우지(宇治) 시라카와(白川) 소재 하쿠산(白山)신사의 백미어식 신찬에 영향을 끼쳤는데, 이 하쿠산 신앙은 한국의 백산 신앙에서 비롯된 것으로 신라신 혹은 고구려신을 모신 하쿠산신사는 일본 전국에 걸쳐 2,700여 개소의 분사를 가지고 있다.[90] 이처럼 단잔신사, 가스가대사, 하쿠산신사의 신찬에 공통된 백미어식은 그 문양이 매우 다양하고 복잡하다. 한국의 고배상에 올리는 과자에도 다양한 문양이 쓰이지만 오늘날에는 극히 단순한 문양만이 남아 있다. 이 밖에 신찬에 사용되는 꽃 장식도 한반도와 유사하다. 조선 시대에는 궁중의 잔칫상 고배 음식에 상화(床花, 밥상꽃)를 사용했으며, 지금도 굿을 할 때 고배 음식 외에 오색의 조화(造花)를 장식하곤 한다.[91]

그렇다면 이세신궁의 경우는 어떨까? 신궁의 기원이 한국과 밀접하게 연관되어 있을 개연성은 매우 높아 보이지만,[92] 현행 신궁 신찬은 고대의 모습이 그대로 전승되거나 혹은 재현된 것은 아니고 대체로 메이지 시대 이후에 개정된 부분이 많다. 따라서 한국과의 직접적인 연관성을 말할 만한 측면을 찾아보기란 쉽지 않지만, 그 흔적을 엿볼 수 있는 사례가 전혀 없는 것은 아니다. 가령 신궁의 일별조석대어찬제 때는 신찬을 토기에 담아 신괴(辛櫃)에 넣어 운반한다. 거기서 신괴는 일본어로 '가라비쓰'라고 읽는데, 이는 '한국궤'를 의미하는 말이다.

신찬 운반과 관련하여 한국과의 연관성을 보여주는 사례는 신궁의 경우 외에도 더 찾아볼 수 있다. 예컨대 시가현 오즈시(大津市) 덴노(天皇)신사의 와니마쓰리(和邇祭) 및 쥬게(樹下)신사, 교토시 기타시라카와덴만궁(北白川天満宮), 오사카시 노자토스미요시(野里住吉)신사, 도쿠시마현 우사하치만(宇佐八幡)신사, 구마모토현 아소(阿蘇)신사, 가고시마현 보쓰정(坊津町)의 가을마쓰리 등에서 신찬을 관머리 위에 얹고 운반하는 관습이 그것이다. 이때 마쓰리 당일 일몰 후 정장을 한 여성이 신찬을 머리에 이고 가 신에게 바치는 쥬게신사의 경우처럼 대체로 남성 신직이 아닌 여성들이 신찬 운반을 담당한다.[93] 신도 마쓰리는 관습적으로 고풍을 유지 계승하려는 경향이 강하다. 신찬을 머리에 이는 것도 그런 차원에서 남아 있는 것일 터인데, 이는 한국 여성들이 관머리에 물건을 운반하던 일반적인 풍습과 모종의 연관성이 있다고 추정된다.

　그러나 이상과 같은 사례들은 어디까지나 단편적인 조각일 뿐이며, 신찬과 한국의 연관성을 체계적으로 밝히는 작업은 앞으로의 과제로 남겨두고자 한다. 여기서는 다만 위 사례들이 고대 한일 간 문화 교류의 뚜렷한 흔적을 보여준다는 의미에서 신찬의 문화적 의미에 포함시킬 수 있으리라는 점을 언급하는 데에 그치기로 하겠다.

2부

한국종교와 음식문화

한국 불교 의례에서
'먹임'과 '먹음'의 의미

─불공(佛供) · 승재(僧齋) · 시식(施食)의 3종 공양을 중심으로

민순의

I. 들어가는 말

한국 불교의 의례는 크게 일상 의례와 재의식(齋儀式)[재례(齋禮)]으로 구별된다. 일상 의례가 사찰에서 매일 반복되는 석(釋)[1]과 예불(禮佛) 등을 가리킨다면, 재례는 주로 망자의 천도 등 특정한 목적을 지니고 비일상적으로 거행되는 불교 의식이다. 현대 한국 불교에서 주요하게 거론되는 재례로는 상주권공재(常住勸供齋), 시왕각배재(十王各拜齋), 영산재(靈山齋), 생전예수재(生前預修齋), 수륙재(水陸齋) 등이 있다.

상주권공재란 망자의 극락왕생을 기원하는 의식으로 재례 중 가장 규모가 작은 것으로서, 시왕각배재 등 기타 재례 양식의 기본형이 되는 것으로 알려져 있다. 시왕각배재는 중국의 도교에서 기원한 명부 신앙(冥府信仰)을 불교에 도입하여 상주권공재의 기본 양식을 재구성한 재례이다. 중국식 명부 신앙을 도입하긴 했지만, 명부를 관장하는 10왕[시왕]의 통수적 존재로 지장보살을 상정함으로써 불교적 정체성을 유지하고자 한다. 불보살단인 상단 밑에 지장보살과 명부시왕을 모시는 중단을 마련하여 별도의 재차(齋次)를 올린다. 영산재는 한국 불교에서만 고유하게 존재하는 의례이다. 『법화경』에서 부처가 강설한 법회인 영산회(靈山會)[2]를 재현하며 그 공덕으로 망자를 천도한다는 의미가 있다. 생전예수재는 특이하게도 망자를 위한 천도 의식이 아니라 살아 있는 사람들이 생전에 사후의 극락왕생과 추복을 바라며 올리는 재례이다. 수륙재는 '물과 육지에서 헤매는 외로운 영혼과 아귀(餓鬼)를 달래며 위로하기 위하여 불법(佛法)을 강설할 뿐만 아니라 음식도 베푸는' 불교 행사로 일반적으로 알려져 있으며,[3] 모든 중생을 평등하게 천도한다는 의미에서 '무차평등회'(無遮平等會)라고 불리기도 한다.[4]

홍미로운 것은 상기 재례에서 재차의 상당 부분이 먹이고 먹는 행위의 의례화와 관련되어 있다는 사실이다.[5] 여기에서 우리는 한국 불교 의례에서 '먹임'과 '먹음'이라는 행위에 담긴 의미를 본격적으로 주목하게 된다.

한국의 불교 집안에서는 식사를 흔히 공양(供養)이라고 표현한다. 또 불보살에게 음식 등의 지물을 바치는 행위를 불공(佛供)이라고 하기도 한다. 공양이란 산스크리트어 pūja를 번역한 말로서, 본디 음식물이나 생활용품 등을 승려에게 바치는 행위를 가리킨다. 보시(布施)가 시주를 주고받는 이들 사이의 평등한 관계를 전제하는 것이라면, 공양은 시주를 주는 이가 받는 이에게 존경과 숭배의 마음을 지닌다는 것이 차이라고 할 수 있다. 초기 불교 시대에는 일체의 경제활동을 하지 않는 승단을 유지하는 유일한 수단이 재가 신도들의 지원이었으며, 그중에서도 음식, 의류, 와구(臥具), 약품(藥品)이 4종 공양물로 중시되었다. 이후 공양의 의미가 차차 넓어져 물질적인 것[재공양(齋供養)]뿐 아니라 정신적인 것도 공양물의 종류로 인정되기도 한대[법공양(法供養)]. 하지만 식사를 공양이라는 말로 표현하는 데에서 알 수 있듯이 한국 불교에서는 음식을 바치는 행위가 공양의 가장 중요한 덕목으로 생각되어 왔으며, 오늘날에는 공양이라는 용어에 음식물을 바치는 의미(먹임)뿐 아니라 그것을 섭취하는 행위(먹음)까지 모두 아우르게 되었다.

한편 불교에서는 식사 행위를 지칭하는 말로 달리 재(齋) 또는 재식(齋食)이라는 용어를 사용하기도 한다. 이는 특히 승려들의 식사를 가리킬 때 주로 쓰이며, 이때에는 승재(僧齋), 재승(齋僧) 등으로 불린다. 재란 산스크리트어 upavasatha의 번역어이다. upavasatha의 음역이 '포살'(布薩)인 데에서 알 수 있듯이, 이것은 본디 사부대중이 보름마다 한 번씩 모여 지난 행위를 돌이켜보고 잘못이 있을 경우 참회하고 교정하는 행사였다. 즉 심신의 청정 수행과 관련된 행위였으며, 오늘날에도 특별한 종교적 행사를 앞두고 '재계를 행한다'는 말에 그 본의가 남아 있다. 하지만 upavasatha의 훈역어인 재는 오히려 승려들의 오시식사(午時食事)를 가리키는 말로 한자 문화권에 더 일반화되어 있다.[6] 한국 불교의 주요한 망자천도 의례들이 상주권공재, 시왕각배재, 영산재, 수륙재 등과 같이 재라는 돌림자로 통칭되는 경향은 이들 의례에서 먹임과 먹음의 행위가 중시되는 현상을 달리 표현하는 것일 수 있다.

시식(施食)이란 글자 그대로 음식을 베푼다, 보시한다는 의미이다. 공(供)이 아닌 시(施)라는 글자를 사용한 데에서, 다시 말해 주고받는 이들 사이의 평등한 관계를 전제하는 보시라는 개념을 끌어온다는 점에서, 이것이 공양이나 승재와는 또 다른 관계의 설정을 전제하고 있음을 알게 된다.

그렇다면 한국 불교의 재례에서 먹임/먹음과 관련된 절차는 어떠한 것들이 있으며, 그것들의 의례 속에서의 구조는 어떠할까? 또 그것들은 각기 어떠한 내력을 지니고 변화 발전하여 오늘날 일정한 구조 속에서 결합하게 된 것일까? 이 글은 불공, 승재, 시식이라는 3종의 의례 절차에 주목하여 그 각각의 의미를 살펴보고자 한다. 다만 특정한 재례를 선정하여 그 절차에 집중하는 것이 아니라, 여러 의례에서 일반적으로 발견되는 상기 절차의 변천과 특징을 살피는 방식을 취하고자 한다. 또한 그 절차들의 구체적인 역사적 전개에 집중하기보다는 그것들의 구조적 양상과 의미에 주목하고자 한다. 무엇보다 먼저 초기 불교가 음식에 대해 보이는 태도부터 확인해 보도록 하겠다.

II. 중도(中道)의 합리적 기능주의
: 음식과 식사에 대한 초기 불교의 태도

불교에서 음식과 식사에 대한 태도는 엄격한 것으로 알려져 있다. 특히 한국 불교에서는 육식(肉食)과 오신채(五辛菜)[7]가 엄히 금지되고 있으며, 율장(律藏)에는 식사에 대한 많은 계율이 있다. 하지만 초기 불교에서는 육식에 대한 금지가 구체적이지 않았으며,[8] 식사에 대한 계율은 음식 자체에 대한 태도라기보다는 승단을 질서 있게 유지하고 재가 신도들과의 사이에서 발생할 수 있는 제반 문제들을 미연에 방지한다는 의미가 강했다.[9] 사실상 음식과 식사에 대한 엄격한 태도는 음식 자체에 대한 혐오가 아니라, 그 맛과 양에 탐착함으로써 수행에 방해가 되는 것을 우려한 데에서 비롯된 것이었다.[10] 오히려 부처는 음식에 대해 합리적이고 기능주의적인 태도를 지니고 있었으며, 정각(正覺) 직전의 공양(식사)은 입멸 직전의 그것과 함께 가장 수승한 2종 공양으로 간주된다. 이는 부처가 정각을 이룰 수 있었던 직접적인 계기가 수자타라는 이름의 처녀로부터 암죽을 공양받고 기운을 차린 사건이었다는 정각 설화에서도 충분히 짐작된다.

주지하다시피 부처는 출가 후 한동안 고행주의적 수행을 닦았다. 그중 대표적인 것이 바로 음식의 양을 극단적으로 줄이는 것이었다.

> 그는 한 집만 가서 음식을 받고 한 입의 음식만 먹고, 두 집만 가서 음식을 받고 두 입의 음식만 먹고 … 일곱 집만 가서 음식을 받고 일곱 입의 음식만 먹고, 한 닷띠의 음식만 구걸하고, 두 닷띠의 음식만 구걸하고, … 일곱 닷띠의 음식만 구걸하며, 하루에 한 번만, 이틀에 한 번만 … 이런 식으로 보름에 한 번만 음식을 먹으며 산다. 그는 채소를 먹고, 수수, 니바라 쌀, 가죽 부스러기, 수초, 왕겨, 뜨물, 깻가루, 풀, 소똥을 먹었으며, 나무뿌리와 열매를 음식으로 삼고, 떨어진 열매를 먹는다.[11]

이것은 『맛지마니까야』 중 「간다라까경」(Kandaraka Sutta)의 일부로서, "비구들이여, 그러면 어떤 사람이 자신을 학대하고 자신을 학대하는 데 몰두하는 사람인가?"라는 말로 시작하는 부처의 설법 내용이다. 여기에서 인용문은 '그'라는 3인칭의 주어를 사용하고 있지만, 사실상 이것은 부처 자신이 고행 시기에 행했던 극심한 절식(節食)의 양상에 대한 고백이라고 해도 과언이 아닐 것이다. 그러나 깨달음의 순간은 좀처럼 오지 않았고, 오히려 부처는 이로 인하여 건강상의 문제에 직면하게 되었다.

> … 악기웻사나여, 그런 나는 아주 적은 양의 음식을 먹었나니 녹두죽이건 대두죽이건 완두콩죽이건 검은콩죽이건 그것을 한 움큼씩만 먹었다. 악기웻사나여, 내가 그렇게 아주 적은 양의 음식을 먹자 내 몸은 극도로 여위어

갔다. 그렇게 적은 음식 때문에 나의 사지는 마치 아시띠까 넝쿨의 마디나 깔라풀의 마디와 같았다. 그렇게 적은 음식 때문에 나의 엉덩이는 마치 낙타의 발처럼 되었다. 그렇게 적은 음식 때문에 나의 등뼈는 줄로 엮어 둔 구슬처럼 되었다. 그렇게 적은 음식 때문에 나의 갈빗대들은 오래된 집의 서까래가 허물어지고 부서지듯이 허물어지고 부서졌다. 그렇게 적은 음식 때문에 내 동공 안에서 눈동자의 빛은 마치 깊은 우물에서 물빛이 깊고 멀리 들어가 보이듯이 깊고 멀리 들어가 보였다. 그렇게 적은 음식 때문에 나의 머리 가죽은 마치 익지 않은 쓴 호리병박이 바람과 햇빛에 시들 듯이 시들었다. 악기웻사나여, 그렇게 적은 음식 때문에 나의 뱃가죽이 등뼈에 달라붙어 내가 뱃가죽을 만져야지 하면 등뼈가 잡혔고, 등뼈를 만져야지 하면 뱃가죽이 잡혔다. 악기웻사나여, 그렇게 적은 음식 때문에 내가 대변이나 소변을 보려고 하면 머리가 땅에 꼬꾸라졌다. 악기웻사나여, 그렇게 적은 음식 때문에 몸을 편안하게 하려고 손으로 사지를 문지르면 뿌리가 썩은 털들이 몸에서 우수수 떨어져 나갔다.[12]

건강이 나빠지기만 할 뿐 깨달음은 증득되지 않는 현실 속에서, 부처는 오히려 건강의 피폐함이 깨달음을 방해한다는 생각을 하기에 이르렀다.

악기웻사나여, 그런 내게 이런 생각이 들었다. '이렇게 극도로 야윈 몸으로 그런 행복을 얻기란 쉽지 않다. 나는 쌀밥과 보리죽 같은 덩어리진 음식을 먹으리라.' 악기웻사나여, 그런 나는 쌀밥과 보리죽 같은 덩어리진 음식을 먹었다.[13]

부처가 제대로 된 음식을 먹자 함께 고행주의 수행을 영위하던 5명의 동료들은 그가 호사스러운 생활을 하며 용맹정진을 포기하고 사치스러운 생활에 젖어 있다고 비난하며 그를 떠났지만,[14] 부처는 오히려 이 정상적인 식사로 인해 기운을 차리고 비로소 깨달음을 얻을 수 있는 해방적 에너지를 얻게 되었다.

> 악기웻사나여, 그런 나는 덩어리진 음식을 먹고 감각적 욕망을 완전히 떨쳐 버리고 해로운 법[不善法]들을 떨쳐 버린 뒤 일으킨 생각[尋]과 지속적 고찰[伺]이 있고, 떨쳐 버렸음에서 생긴 희열[喜]과 행복[樂]이 있는 초선(初禪)을 구족하여 머물렀다. 악기웻사나여, 내게 비록 이러한 즐거운 느낌이 일어났지만 그것이 내 마음을 제압하지는 못했다.[15]

이 고백에서 우리는 부처가 극도의 절식으로 인한 허기는 오히려 감각적 욕망을 자극한다는 사실과, 적절한 음식의 섭취야말로 수행을 지속할 수 있는 물질적 토대가 된다는 사실을 알아차렸음을 알게 된다. 그뿐만 아니라 이 정상식(正常食)으로의 회복은 음식에 대한 탐착으로 이어지는 것이 아니라 오히려 수행을 지속할 수 있다는 사실에 대한 안도감을 느끼게 하는 한편, 그럼에도 불구하고 그러한 안도감이 쾌락적 욕망을 자극하여 자신을 압도하거나 제압하지 못하리라는 사실도 깨닫게 하였다. 다시 말해 부처는 정상적인 음식의 섭취가 음식에 대한 탐착으로 이어지는 것이 아니라, 그것을 통해 깨달음을 얻을 수 있는 물리적 에너지를 획득할 수 있다는 가능성에 주목하였던 것이다.

그리하여 "음식이란 육체를 지탱하고 유지하여 병과 고통으로부터 자유롭고 건강·힘·편안함에 머무르게 하는 것이며, 해악을 버리고 청정 범행을 지키기 위한 것으로서 궁극적으로 음식은 성스러운 삶의 실천을 돕는 것으로 기능해야 함을 강조했다."[16] 극단적인 절식은 수행의 물리적 토대로서의 육신을 피폐하게 하고, 결국 깨달음으로 인한 해탈과 열반이라는 불교의 궁극적인 목적에 아무런 도움이 되지 않는다는 것이다.

이는 곧 중도(中道)의 견해에 입각한 것으로, 음식에 대한 합리적 기능주의의 태도라고 할 수 있다. 즉 부처는 외부의 물질이 음식이라는 형태로 신체에 섭취되었을 때 비로소 생존과 수행을 위한 에너지를 얻을 수 있다는 메커니즘을 정확히 이해하고 있었던 것이다.

하지만 이러한 이해가 음식에 대한 집착으로 이어지지 않도록 주의하였으며, 음식이나 그것을 섭취하는 식사 행위를 결코 절대시하지 않았다.[17] 일체의 경제활동[18]과 취사 행위[19]를 금하던 초기 승단의 전통 속에서, 부처는 다만 걸식 및 청식(請食)의 수락을 통해서만[20] 1일 1회의 공양(재식, 식사)[21]과 오후불식(午後不食)[22]을 강조함으로써 음식의 맛과 양에 탐닉하지 않도록 주의하였다. 오히려 외물(外物)인 음식이 몸 안에 섭취되어 변화해 가는 상태를 정결하지 못하고 혐오스러운 것으로 관상한다거나,[23] 식재료가 그 발생과 성장 과정에서 더러운 것으로부터 기인한다는 점을 강조함으로써,[24] 짐짓 음식 그 자체를 부정적인 것으로 간주하도록 유도하며 집착에의 차단에 주력하였다.

요컨대 초기 불교는 생존을 해치는 정도의 절식으로 신체를 손상하는 방향이나 과식과 미식으로 음식에 대한 탐착을 일으키는 방향 모두를 거부하는 중도적 음식관을 지닌 것이었다. 음식은 오직 적절한 섭취를 통해 올바른 수행을 행할 수 있는 최적의 건강 상태를 유지하기 위한 수단이었다. 그리고 음식에 대한 이 같은 중도적 기능주의의 태도는 초기 불교 이래 불교의 전 역사를 통하여 관철되었다.

III. 불공(佛供)
: 수행(修行)-공덕(功德)의 상호 교환적 가치와 신앙 의례화의 경향

초기 불교에서 승단은 일체의 경제활동이 금지되어 있었으므로 승려들은 생존과 생활을 위한 모든 물질을 재가 신도들로부터 지원받아야만 했다. 이를 산스크리트어로 pūja라고 하며, 공양이라고 번역한다. 본디 이 말은 '공경하다'·'존중하다'·'숭배하다' 등의 의미를 지니는 √pūj라는 동사 어근에서 파생한 것으로서, 단순히 '준다'는 의미의 동사 어근 √dā에서 파생한 dāna 즉 보시에 비해 공경·존중의 의미가 강화된 개념이다. 힌두교에서는 제사 의식을 대리해 준 바라문에게 그 대가로 제공하던 시물을 dāna라고 하는 반면, 비슈누·인드라·브라만 등 최고의 신격 또는 그 화신들에게 복종의 태도로 헌납하던 시물을 pūja라고 하였다.[25] 대승불교에서는 6바라밀의 첫 번째 항목으로 보시를 설정하고 있는 만큼 불교 신자들에게 타자에 대한 보시는 언제나 강조되는 것이었지만,[26] 초기 불교 이래 승단에 대한 지원은 dāna보다는 pūja로 불렸다. 힌두교의 pūja는 힌두신들에게 바쳐지는 것인 만큼 희생제물이 공양물이었으나[공희(供犧)], 불교에서는 수행자들의 일상생활에 필요한 필수품들이 공양물이 되었다.

『아함경』과 『선견율비바사』와 같은 초기의 경장과 율장에서는 음식물과 함께 의류, 와구, 약품의 4가지 물품이 정례적인 공양물로 등장한다. 여기에서 우리는 재가 신도가 존경심을 갖고 출가승단을 공경하고 뒷바라지하는 행위야말로 불교적인 공양의 의미라는 것을 알 수 있다. 그런데 이것은 출가자의 주된 활동인 '수행'이라는 가치를 인정하고 그에 대한 존중의 의미로 공양을 한 재가자는 그 대가로서 공덕을 쌓을 수 있다는 '상호 교환적인 가치 체계'하에 이루어지는 것이었다.[27]

불도를 수행하는 출가자가 공양의 대상이 될 자격이 있음은 부처의 10대 명호 중 하나인 '응공'(應供)이란 단어에서도 확인할 수 있다. 응공이란 글자 그대로 '마땅히 공양을 받을 만한 존재'라는 뜻으로서, '아라한'(arhat)의 훈역어(訓譯語)이다. 대승불교에서는 아라한이 불보살보다 못한 존재로서 단지 부처의 설법을 들은 것에 불과한 존재[성문(聲聞)]의 하나로 그려지지만, 초기 불교에서는 출가하여 부처의 제자가 된 승단의 인원 중 수행과 깨달음이 뛰어난 이들을 가리키는 표현으로서 부처 자신조차도 아라한 중의 한 명으로 인식되었다. 부처의 10대 명호 중 하나로 아라한의 훈역어인 응공이라는 용어가 사용되는 연유이다. 여하튼 응공이라는 단어 하나만으로도 초기 불교에서 승단이 공양을 받을 수 있는 당위성과 또 재가 신도들이 승단에 공양하는 행위의 중요성이 어느 정도였는지를 잘 알게 된다.

위에서 언급한 4가지 물품으로 이루어진 공양물은 일상의 생활필수품으로서 어느 하나 중요하지 않은 것이 없으나, 그중에서도 특히 음식은 생존과 직결되는 물품인 만큼 가장 중시되었을 터이다. 재언하거니와 초기 불교의 계율에서는 오직 걸식과 청식(請食)만을 승단의 음식물 취득 방법으로 제시하였기 때문에, 출가자들은 식량의 획득에서 음식 섭취까지의 전 과정을 전적으로 재가에 의존할 수밖에 없었다. 걸식과 청식으로 구분하여 말하였지만, 이 둘은 모두 재가 신도로부터 식사공양을 제공받는다는 점에서 본질적인 차이는 없다. 다만 걸식이 승려들의 요청에 의해 식사를 제공받는 것이라면, 청식이란 재가 신도 측에서 자발적으로 승려 또는 승려들을 자신의 집으로 초대하여 대접하는 것이었다. 즉 양자 사이에는 출가자와 재가자 사이에 요청의 선후 차이만이 있을 뿐이다. 어느 쪽이든 '1일 1식'과 '오후불식'(午後不食)은 승려의 병치레 등과 같은 특수한 사례를 제외하고는[28] 확고부동한 원칙으로 엄수되었다. 또한 음식을 제공받은 승려는 그 대가로 식사 후 제공자 측에 설법을 행하는 것이 일반적이었다. 이 설법으로 인하여 음식의 제공자인 재가자는 불교의 가르침을 전수받고 깨달음의 길로 한 걸음 더 나아갈 수 있는 공덕을 쌓을 수 있었던 것이다.[29]

그런데 승단에 대한 음식물 등 필수품의 제공을 의미했던 pūja 즉 불교의 공양은 부처의 입멸과 대승불교의 흥기에 따라 그 의미와 내용에 다소 변화를 겪게 되었다. 대승불교에서 살아 있는 부처를 대신하여 그 유골과 사리를 모신 불탑을 숭배하는 경향이 나타나고 또 불상이 등장하면서 신도들은 승단이 아닌 불탑과 불상에 대해 공양을 하기 시작했고, 그 모습 또한 한층 신앙적인 면모가 깊어지며 의례화되었던 것이다. 이제 공양물의 내용은 승려들의 생활필수품인 4가지 물품이 아니라 꽃이나 향과 같은 장엄물이나, 음악이나 무용과 같은 비물질의 행위 동작으로까지 다양화되기에 이르렀다.

한국에 유입된 불교는 종파를 막론하고 초창기부터 국가권력의 강력한 후원을 받고 있었으므로 승단의 생활은 크게 보아 초기 불교에서와 같이 4가지 물품으로 이루어진 공양물을 제공받았다고 할 수 있다. 하지만 한국 불교에서 걸식이나 청식은 더 이상 일상적인 양상이 아니었고,[30] 주로 사찰이나 개별 승려가 국가 또는 왕실과 귀족으로부터 토지와 노동력을 제공받는 형식으로 생존과 생활이 유지되었던 것으로 보인다. 이와 함께 불공은 매일 있는 예불 또는 각종 의례 속에서 색신(色身)으로서 입멸한 석가모니 부처뿐 아니라 삼세(三世)의 모든 불보살―또는 그중 일부―을 대상으로 하는 공헌(貢獻) 절차의 하나로 자리매김하게 되었다.[31] 어떠한 목적을 지닌 의례이더라도 불보살에 대한 예경은 기본적으로 전제될 수밖에 없는 만큼, 모든 의례에는 초반부에 불공의 차제가 배치되었다.[32] 물론 공양물은 초기 불교의 4가지 물품에 국한되지 않고 다양하게 바쳐졌다.

한국 불교 의례에서는 불공의 여러 공양물 중 특히 향(香), 등(燈), 화(花, 꽃), 과(果·菓, 과일 또는 약과), 미(米, 쌀), 다(茶, 차 또는 정수)의 6가지가 한 세트로 정례화되어 6법공양이라 불린다.[33] 이것이 구체화된 시기와 지역은 확실치 않지만, 다만 한국의 경우 15세기 말~17세기 말에 6가지 공양물에 대한 명칭이 조금씩 변화하는 과정을 거쳐 18세기 초에는 확립되었던 것으로 보인다.[34] 물론 정례화가 이루어짐과 함께 각각의 공양물에 상징적인 의미가 부여되었다. 향은 번뇌의 속박을 벗어나 자유자재한 경계에 이르는 해탈을 상징한다는 의미에서 해탈향(解脫香)으로, 등은 부처의 가르침을 꿰뚫어보는 반야 지혜를 상징한다는 의미에서 반야등(般若燈)으로, 꽃은 육바라밀을 비롯한 보살의 수행을 상징한다는 의미에서 만행화(萬行花)로, 과일은 불교의 최고 이상인 깨달음을 상징한다는 의미에서 보리과(菩提果)로, 쌀은 선정을 통해 얻는 환희심을 상징한다는 의미에서 선열미(禪悅米)로, 차는 열반을 상징한다는 의미에서 감로다(甘露茶)로 불리기도 한다. 비유에서 알 수 있듯이 6종의 공양물은 정법(正法) 실현과 수행정진의 의지를 상징적으로 표현하게 된 것이다. 특히 감로다는 영원을 살 수 있게 하는 불사약이자, 육도윤회를 떠도는 중생들로 하여금 성불에 이를 수 있게 하는 수승한 음식물로 간주되기도 하였다.[35]

그런데 주목해야 할 것은 6법 등 구체적인 공양물의 헌공 이전에 변식(變食)의 과정이 수행된다는 것과, 헌공 이후에 다시 경전을 독송하고[풍경(諷經)] 기도를 드리며 축원(祝願)하는 과정이 진행된다는 점이다. 변식이란 현실적으로 양적 제한을 받을 수밖에 없는 공양물을 변화시켜서 시방삼세의 삼보(三寶)에게 모두 공양할 수 있을 만큼 충분한 양으로 상징적 변환을 거치는 과정이다. 이는 부처의 입멸과 대승불교의 흥기에 따라 그 의미와 내용에 변화를 겪게 된 불공, 다시 말해 신앙적으로 의례화된 양상으로서의 불공의 특징을 여실히 보여주는 과정이라고 할 수 있다.[36]

그런가 하면 풍경과 축원이 초기 불교 시대 이래 식사공양을 마친 뒤 식사를 제공받은 출가자들이 식사를 제공한 재가자들에게 공양의 답례로 불법을 강설하였던 전통과 맞닿아 있음은 두말할 나위가 없다. 즉 변식과 헌공 과정을 통해 삼세의 불보살을 물질적으로 충분히 공양한 뒤에 그 대가로 공덕을 구하는 수행-공덕의 상호 교환적 가치가 계승되고 있는 것이다. 또한 6법 등의 헌공을 통해 강조되는 음식물의 제공은 부처가 견지하고 있던 수행 에너지로서의 음식물 이해 즉 중도적 음식관이 끊어지지 않고 재현되는 것으로 볼 수 있다.

상단에 올려진 6종(6법) 등의 공양물이 퇴공(退供)된 후에는 다시 중단의 신중(神衆)들에게도 같은 종류의 공양물이 진설된다. 신중을 모시는 중단은 상단의 불보살, 그리고 후술할 하단의 영단(靈壇)과 함께 한국 불교 의례의 특징인 3단 구조를 이루지만,[37] 중단의 신중에 대한 공양은 공양 대상의 종교적 초월성이나 공양물의 유사성으로 볼 때 불공의 연장선에 있다고 보아도 무방할 것이다.

애초에 초기 불교의 공양이란 재가 신도들이 승단에 존경의 의미로 바치는 음식물과 기타 생필품 등의 재물이었다. 불도를 수행하는 출가자는 공양의 대상이 될 자격이 있으며[응공(應供)], 이러한 출가자에게 공양을 한 재가자는 그 대가로 공덕을 쌓게 된다. 양자 사이에는 불도수행과 공덕이라는 가치가 오가면서 성립되는 상호 교환적 가치 체계가 이원론(dualism)적이면서도 서로를 넘나드는 불이(不二)의 변주를 그리며 구축된다. 공양받을 가치가 있는 자를 공경하고 존중하며, 그가 지속적으로 수행에 전념함으로써 응공의 존재로 지속될 수 있도록 보필하는 과정을 통해 재가자 스스로가 공덕을 쌓아 가는 구조였던 것이다. 물론 그 기저에는 음식이라는 물질의 섭취를 통해서라야만 수행을 계속할 만한 건강한 신체를 유지할 수 있다는 기능주의적 태도가 전제되어 있었다.

이후 대승불교의 불탑공양을 거쳐 그 신앙적 의미가 깊어진 불공의 의례는 의례를 올리는 신자의 공덕을 강화한다는 의미를 넘어, 불보살의 위신력과 가피를 구하려는 종교적 의미를 또한 추가적으로 획득한 것으로 보인다. 다시 말해 초기 불교에서 승단에 대한 공양이 먹이는 자의 공덕과 먹는 자의 수행적 토대라는 상호 교환적 가치로 구축되며 불이론적(不二論的) 합일[38]이라는 교학적 의미가 있는 것이었다면, 그것을 계승한 한국 불교의례에서의 공양은 여기에 불보살의 위신력에 대한 타력적 종교 심성이 추가된 것이라고 하겠다.

IV. 승재(僧齋)
: 반승(飯僧)으로의 계승과 식당작법(食堂作法)의 축제성

한편 승려들을 초청하여 음식을 제공하고 설법을 듣는 청식의 전통은 불공의 종교적 의례화와는 별도로 존속하고 있었다. 우리는 그 한국적 흔적을 반승(飯僧)의 기록에서 찾을 수 있다.

반승이란 글자 그대로 '승려들을 먹인다'는 뜻이다. 반승이라는 용어가 압도적으로 많이 쓰이지만, 재(齋)라는 글자를 사용하여 재승(齋僧) 또는 승재(僧齋)나 설재(設齋)라고 불리기도 한다. 서론에서 언급한 바와 같이 재란 산스크리트어 upavasatha의 번역어로서, 우리에게도 잘 알려진 포살을 가리키는 말이다. 그런데 이것이 중국에 전래된 이후 동아시아 불교에서 승려의 식사라는 의미로 전용되다시피 한 것은 포살이라는 승단의 집단적 청정수행 의식을 행한 뒤에 승려들이 모두 모여 식사를 하였던 데에서 유래된 듯하다.[39] 물론 원칙적으로 승단의 식사 준비는 재가 신도들에게 맡겨져 있었기 때문에, 이는 필연적으로 재가의 대대적인 음식공양을 전제로 하는 것이었다. 특히 한국 불교에서는 이 반승 또는 재승에 대한 기록이 비교적 이른 시기부터 등장할 뿐 아니라 불교의 발전과 더불어 그 기록이 대량으로 전하기 때문에, 한국 불교에서 공양이나 재식이라는 말이 거의 전적으로 식사를 의미하는 현행의 용례에 영향을 미친 것이 아닌가 한다.

『삼국사기』에는 일찍이 신라 헌강왕 2년(876)에 "황룡사에서 모든 승려에게 음식을 대접하며 백고좌(百高座)를 열어 불경을 강론하였다. 왕이 직접 가서 들었다."라는 기록이 있다.[40] 이는 승려들에게 음식을 제공하고 설법을 듣는 초기 불교의 청식 전통을 고스란히 계승한 것이다. 다만 차이가 있다면 승려들을 재가 신도의 집—여기에서는 왕궁—에 불러들이지 않고, 그 대신 왕이 직접 사찰에 행차했다는 점이다. 또 다소 엇갈리는 기록이기는 하지만 『삼국유사』에는 "제55대 경애왕이 즉위한 동광(同光) 2년 갑신(924) 2월 19일에 황룡사에서 백좌(百座)를 열어 불경을 풀이했다. 겸하여 선승 3백 명에게 음식을 대접하고 대왕이 친히 향을 피워 불공을 드렸다. 이것이 백좌를 세운 선교의 시초였다."[41]라고 하여, 백고좌회(百高座會)와 반승의 기록이 50여 년 정도 늦춰진 것으로 나타나기도 한다. 대체로 10세기 초를 전후한 시기에 국가적 행사로서 청식의 전형적인 후신으로서의 반승이 확실하게 도입 시행된 데에는 이론의 여지가 없어 보인다. 그런가 하면 『삼국유사』에는 그보다 200여 년 앞선 효소왕 8년 (699)에 "낙성회(落成會)를 열고 효소왕이 친히 나아가 공양하였다."라는 기록도 보여,[42] 설법이 아닌 낙성회 등의 불교 행사에 반승이 이미 겸행되고 있었을 가능성도 알린다.

고려 시대에는 반승의 시행이 대규모적으로 빈번하게 이루어져, 주요한 국가적 불교 행사로서 상례화된 듯하다. 『고려사』에는 모두 130여 곳에서 반승에 대한 기록이 전하며, 그중 다수가 천승(千僧)이나 만승(萬僧)의 단위를 헤아린다. 이것은 국가권력에 의한 강력한 후원의 정도를 알리는 동시에, 한국 불교의 국가주의적 속성을 보여주는 것이기도 하다. 후원의 정도가 크다는 것은 그만큼 교단이 국가권력에 종속되는 정도를 반증하는 것이기 때문이다. 실제로 『삼국사기』와 『삼국유사』에 (거의) 처음 반승과 함께 등장하는 법회가 백고좌회였다는 것은 그러한 사실을 분명하게 보여준다. 백고좌회란 『인왕경』(仁王經)의 설법에 특정된 법회로서,

100개의 불상과 100개의 보살상을 모시고 100명의 법사를 초빙해 『인왕경』을 강설하고, 아울러 100개의 등과 100개의 향과 100개의 꽃으로 장엄하는 행사이다. 그런데 『인왕경』이란 국가의 흥성과 번영이 불교의 수행과 직결되어 있음을 강조하며, 호국불교의 가치를 중시하여 신라와 고려 시대에 중시되었던 경전이다.

여기에서 우리는 승단에 음식을 공양하고 설법을 듣던 청식 전통이 한국적으로 계승된 결과 국가권력과 왕권의 강화에 기여하는 정치사회적 의미를 띠게 되었음을 본다. 먹임과 먹음의 주체가 각각 정치권력과 교단권력으로 뚜렷이 구체화되며, 정치-교단 사이의 권력관계가 교차되는 속에서 공덕-수행이라는 기존의 종교적 이원주의(dualism)가 더욱 강화되는 양상이 나타나는 것이다. 그러나 동시에 이는 먹음 주체의 입장에서는 일종의 축제적인 기능을 지니게 되는 것이기도 했다. 물론 그것은 소비와 유흥을 특징으로 하는 세속의 축제가 아니라, 승단 공동체 전체가 절제와 정각(正覺)을 지향하며 일사불란하게 참여하는 종교적 수행적 의미의 축제였다.

조선 시대에 들어 국가와 교단 간의 권력관계가 큰 변화를 겪은 결과 오늘날에는 반승이라는 국가적 행사가 이어지지 않고 있지만, 현행 한국 불교 의례에서 큰 지분을 차지하는 영산재 속에 식당작법(食堂作法)이라는 재차로 그 흔적을 남긴 듯이 보인다.[43] 선행 연구의 설명에 따르면 "불전공양…에 올려진 음식은 각종 의례 행위를 통해 보통 음식과는 다른 법식(法食)으로 의미가 부여된다." 각종 공양의식문(供養儀式文)과 공양주(供養呪)의 독송에 의해 깨달음의 수단이자 그 자체가 하나의 법(法)으로 격상되는 것이다. "법식의 의미가 부여된 음식을 나누어 먹으면 불법의 공덕을 이어받게 된다는 데서 이를 대중공양(大衆供養)이라고 한다. … 되도록 많은 사람들에게 나누어 먹게 하는 것이 더욱 공덕이 큰 것으로 믿어진다. … (또한 이 대중공양에는) 일정한 의궤에 따른 의례 행위를 행하면서 먹게 되는데, 이를 식당작법이라 한다."[44]

다시 말해 식당작법이란 승려의 식사 시에 행해지는 의례 양식인 셈이다. 따라서 그 본래의 의미를 따르자면 1일 1식의 일상 재식에도 구현되어야 할 것이나, 영산재에서 보이는 것과 같은 규모와 절차의 식당작법이 현재 모든 사찰에서 항시적으로 행해지지는 않는다. 적지 않은 비용과 품이 드는 것으로 미루어 그러한 규모와 절차의 식당작법이 과거에도 매일의 항규 의례였을 것으로 생각되지는 않고, 다만 대규모의 반승 행사 시에는 시행되었을 것으로 보인다. 즉 승려들이 대중처소에서 일상적으로 임하는 발우공양 시에는 매 단계 죽비 소리에 맞추어 몇 가지 간단한 의식 절차를 순서 있게 따르는 약식의 작법을 행하기도 하지만, 본격적으로 의례화한 식당작법은 영산재를 올린 다음 대중공양 시에 행하게 된다.

식당작법은 반승, 멀게는 초기 불교의 청식이 의례적으로 계승되어 재현된 것인 만큼 오후불식의 원칙에 따라 오시(午時)에 행해지도록 권고된다. 사시(巳時)에 거행되는 불전공양에 뒤이어 오시를 넘기지 않도록 진행된다.[45] 재례에 참석한 승가대중 전원이 참여하는 까닭에 건물 내의 공양간에서는 수용되기 어려우므로 건물 밖에서 행사가 이루어지는 것이 일반적이다. "(상단)권공을 마치고 대종(大鐘)이 18추 울리면 대중은 각자의 발우를 지니고 뜰 가운데로 모인다."[46] 다수의 인원이 참여하면서 산만해지기 쉬운 분위기는 의식문의 낭송, 사물 및 도구의 운용, 범패와 작법 등으로 주도면밀하게 통제되어 질서가 유지된다.

무엇보다도 식당작법은 참여하는 승려들로 하여금 불전공양 과정에서 법식으로의 의미를 획득한 음식을 섭취하며 영산회상의 일원으로 격상되도록 하는 상징적 의미를 지니기 때문에, 의식문의 정교한 인용을 통하여 작법의 전 과정이 수행으로 연결되도록 배려된다. 특히 식당 중앙에는 8각의 기둥 각 면에 팔정도(八正道)의 각 항목이 적힌 '백추'(白槌)가 세워져, 이것을 치며 거행되는 타주무(打柱舞)는 공양에 임하는 승려일지라도 수행자 본연의 자세를 한시도 망각하지 말도록 권면한다. 또 공양에 앞서 금판(禁板)을 사용하여 대중의 대열이 흐트러지지 않도록 하고[금판일잡(禁板一匝)], 이어지는 정수정건(淨水淨巾) 단계에서는 청정수가 담긴 그릇과 깨끗한 수건을 준비하여 대중으로 하여금 번뇌로부터 벗어나 청정한 마음으로 공양에 임할 수 있도록 독려된다.[47]

요컨대 식당작법은 불교 수행자가 갖추어야 하는 정신적 숭고함과 실질적 질서유지를 효과적으로 성취하며, 참여자로 하여금 불공을 통해 법식으로서의 상징성을 획득한 음식을 섭취하고 영산회상의 일원으로 거듭나게 하는 종교적 의식의 전범이라고 할 수 있다. 초기 불교의 청식 공양에서 비롯되어 한국 불교의 반승 전통을 거쳐, 종국에는 식사라는 일상의 행위에도 의례적 상징성을 부여함으로써 행주좌와(行住坐臥)의 모든 거동에 교학적 의미를 부여하는 일종의 종교적 축제인 셈이다. 이리하여 식당작법에 이르러 불교 의례의 먹임과 먹음은 초기 불교의 기능론적 영양학의 의미와 한국으로의 전승 이래 국가-교단 간 권력 상호작용의 의미를 모두 내장하는 동시에, 그 교학적 의미를 심화한 종교 수행적 축제의 의미를 동시에 아우르게 된 것이다.

〈그림 1〉 영산재[48] 결계(結界)의식[49]

〈그림 2〉 영산재 판수(判首)[50]

〈그림 3〉 영산재 타주(打柱)[51]

〈그림 4〉 영산재 타주무(打柱舞)

〈그림 5〉 진지(進旨)의식[52]과 정수(淨水)[53]

〈그림 6〉 진지의식: 밥의 배분

〈그림 7〉 진지의식: 국과 나물반찬의 배분

〈그림 8〉 타주무의 반복[54]

〈그림 9〉 식사 후 발우 세척[55]

〈그림 10〉 회향의식(回向儀式)[56]

V. 시식(施食): 불교 구원론의 우주론적 확산

　시식(施食)은 하단의 영가(靈駕)에게 음식을 베풀고, 경전을 읽고 법문을 일러 주면서 영혼의 극락왕생을 기원하는 의례 행위이다.[57] 보시를 의미하는 시(施) 자를 사용했다는 데에서, 공경과 존중의 의미가 담겼던 불공의 공양과는 달리, 음식을 주고받는 존재들 사이의 평등성이 부각되고 있음을 알 수 있다.[58]

　불공 때와는 달리 시식에는 오신채와 육류를 제외한 상식(常食) 모두를 올릴 수 있다. 불교의 특성상 유교식 상제례(喪祭禮)와 달리 채식이 위주가 되기는 하나, 시식물 역시 일반적인 제사음식이라고 할 만한 것이다. 또 이 음식들은 철상(撤床)[퇴공(退供)]된 후 대중공양에서 사용되기도 한다. 망자의 유혼에게 제공되었던 음식이 물려진 후 다시금 살아 있는 인간에게 제공된다는 점에서, 시식은 유교 제례의 음복(飮福)을 상기시키기도 한다. 물론 유교의 음복이 조상으로부터 복을 받는다는 의미를 내포한다는 점에서 시식은 엄밀히 음복과는 다르다. 하지만 더 넓은 의미에서는 시식 역시 인류 문화에 공통되고 동아시아 종교문화에서 특히 강조된 조상숭배(또는 망자숭배) 의식의 불교적 표상이라 하기에 무리가 없을 것이다.

사실대로 말하자면 불교와 유교는 망자에 대한 태도가 엄연히 다르다. 유교에서는 살아 있던 인간이 죽었을 때 남은 자들이 슬퍼하고―이것이 곧 흉례(凶禮)로서의 상례(喪禮)이다―. 죽음 이후 일정 기간이 지난 뒤 망자가 기일(忌日)에 맞춰 자손들을 찾아왔을 때 기쁘게 맞이하는 것―이것이 곧 길례(吉禮)로서의 제례(祭禮)이다―이라는 의식 관념을 기본적으로 지닌다. 따라서 유교에서는 초상을 치른 후에도 매년 조상의 영혼에 제사를 지내는 것이 자연스럽다. 그에 반해 불교에서 죽음은 윤회 또는 극락왕생을 환기하는 사건이다. 망자는 49일의 중음(中陰) 기간 동안 윤회와 서방정토에로의 왕생이 결정되며, 또한 윤회 뒤의 존재 양상 역시 이 기간 동안 징해지게 된다. 따라서 남은 자들은 중음 기간이 끝나기 전에 망자가 의심 없이 서방정토로 건너가도록 유도해야 하는 의무가 있다. 이는 다시 말해 49일의 중음 기간이 지나면 망자가 더 이상 생전의 모습으로 존재하지 않으며 결코 살아 있는 자들이 생활하는 시공간으로 돌아올 수 없음을 의미한다. 이미 서방으로 왕생하였거나, 이승의 윤회도에 빠졌다 하더라도 다른 존재로 다른 생명을 받아 태어났을 것이기 때문이다. 이는 불교에서는 망자를 위한 추천재(追薦齋)로 오직 칠칠재(49재)까지만이 유효하며, 그 이후부터의 추천재는 교리상 무익함을 의미한다. 그럼에도 불구하고 한국의 불교 의례에서 재례가 끊임없이 상제례의 틀로 이해되는 것은 불교가 한국의 종교문화 속에서 변용된 결과, 조상의 영혼을 숭배하는 구래의 신앙적 전통 및 여말선초 이후 도입 유포된 유교식 의례의 영향을 받았기 때문이었을 것이다.

시식의 재례는 망자의 사후 49일째 되는 날까지 7일마다 모두 7번 행해지는 칠칠재(七七齋)(49재)와 매년의 기일(기신)에 행해지는 기신재(忌晨齋)를 기본으로 하지만, 그 외에도 재주(齋主)될 자가 원한다면 적당한 시기에 언제라도 설행되곤 한다.[59] 49재나 기신재와 같이 특정 영가에게 바쳐지는 상제례(喪祭禮)적 재례와 별도로 존재하는 시식 거행의 재례로는, 불교의 일반적인 망자천도일로 정형화된 음력 7월 15일의 백중재(百中齋, 百衆齋, 白衆齋)와 수륙(水陸)의 무주고혼 일반에게 공덕을 회향하는 수륙재(水陸齋)를 가장 대중적인 것으로 꼽을 수 있다.[60] 한국 불교 의례에서는 관음시식(觀音施食)이라는 단독의 시식의례를 설행하기도 한다.[61]

시식은 영가에게 음식을 공양하여 극락왕생을 가능케 하는 에너지와 지혜를 준다는 일차적 의미를 지니지만,[62] 이 음식은 유교의 상제례에서 진설되는 것과 같이 살아 있는 인간이 먹는 단순한 음식이 아니라, 불공을 통해 구원론적인 의미를 획득한 법식으로서의 의미가 있다. 일상의 음식물이 법식으로서의 의미를 획득하기 위해서는 다음과 같은 의례 절차를 거치게 되어 있다. 첫째, 영혼 구제의 위신력을 지닌 불보살을 의식도량에 청하여 망자에게 법문을 일러 주도록 발원한다. 둘째, 당일 시식의 주인공이 되는 영가(들)를 청하여 법식을 받도록 한다. 셋째, 변식진언(變食眞言) 등의 주문을 독송하여 일상의 음식물이 극락왕생의 신비성을 지니는 법식으로 변환될 수 있도록 조처를 취한다. 넷째, 재주(齋主)의 공덕으로써 법식을 받은 영가가 불보살로부터 극락왕생의 증명을 받기를 기원한다. 마지막으로, 그 같은 공덕을 삼세육도의 모든 중생이 두루 나누

어 가질 수 있도록 회향의식을 행한다.[63]

여기에서 가장 주목해야 할 단계는 변식 절차이다. 변식은 변식진언을 음송(吟誦)함으로써 이루어지는데, 그 효과는 음식물에 망자의 깨달음을 촉진시키는 특수한 힘을 부여할 뿐 아니라, 한 그릇의 음식이 온 법계의 중생을 모두 다 거두어 먹일 수 있는 양으로 증액한다. 곧 변식진언을 통하여 음식물은 질적 변화와 양적 변화를 동시에 이룰 수 있게 되는 것이다. 이는 실로 불교의 구원론을 전 우주적으로 확산시키는 의례적 표현이라 할 수 있다. 재례의 주 대상이 되는 특정 망자뿐 아니라, 궁극적으로는 모든 중생을 거두어 먹일 수 있도록 음식물에 질적인 변화와 함께 양적인 변화까지 도모함으로써, 재례의 필수 단계인 하단시식을 통해 불교 구원론은 세상의 모든 존재들을 아우를 수 있게 되었기 때문이다.

물론 변식뿐 아니라 법어(法語)를 들려주어 망자로 하여금 극락왕생을 용이하게 하는 절차[법시(法施)]도 몹시 중시된다. 영가가 마지막까지 남은 집착을 끊고 열반에 들어 천도할 수 있도록 하려는 의도로 행해지는 것이기 때문이다. 법어는 영가가 시식에 들었을 때 반복적으로 음송된다. 변식 변환의 과정을 가능하게 하는 것이 바로 부처의 법어이며, 이를 장엄하며 그 효용성을 증대하기 위하여 등장하는 것이 바로 범패와 작법 등의 불교 의례적 상징체계라 할 수 있다.

이로 보건대 영가시식 역시 초기 불교가 보였던 음식에 대한 태도 즉 수행을 위한 물질적 에너지를 얻을 수 있는 기제로서 음식을 바라보는 기능주의적 시각이 내재되어 있음을 알 수 있다. 그러면서도 동시에 대승불교 이후의 불공에 구현된 초월적 존재에 대한 공덕 희구의 종교심성이 크게 자리하고 있기도 하다. 영가에게 올리는 음식물이 깨달음을 촉진하는 법식으로 전환될 수 있기를 바라는 마음이 시식공양 의례의 바탕에 깔려 있기 때문이다.

한국 불교에서 수륙재는 고려 광종 대(949-975)에 첫 설행 기록이 보인다.[64] 영산재는 고려 중기의 대각국사 의천(大覺國師 義天, 1055-1101)이 고안한 것으로 거론되기도 하지만,[65] 영가시식을 수반하는 천도재(추천재)에 대한 기록은 대체로 고려 말에서 조선 초에 이르는 시기에 다수 발견된다. 재례에서 하단 영가시식의 중요성은 인도 및 동아시아 3국의 불교 의례에서 공통적으로 나타나는 현상이지만,—물론 그 구체적인 양상과 의미는 지역과 시대에 따라 적지 않은 편차를 나타낸다—16세기 이후 한국에서만 나타나기 시작한 감로도(甘露圖)의 존재는 하단 영가시식의 의미와 비중이 한국의 종교문화 속에서 변용되어 유행한 현상으로 보기에 충분하다.

감로도란 불교의 영혼천도 의례에서 사용된 불화로서, 감로탱화(甘露幀畵)·감로탱(甘露幀)·감로왕도(甘露王圖) 등으로도 불린다. 16세기 조선에서 처음 등장한 이래, 오직 한국에서 그려진 작품만이 60~70여 점 남아 전해지는 한국 고유의 불화 양식이다. 전체적으로 상중하 3단의 화면으로 구성되어, 상단에서는 보통 중앙의 7불 입상과 함께 그 좌우에 지장·관음·인로왕(引路王) 보살이 배치되고[불보살도(佛菩薩圖)], 그 아래의 중단에는 불보살 및 망자에게 올려진 잿상(齋床)과 함께 그 좌우 주변에서 재의식을 진행하는 장면이 묘사된다[시식의례도(施食儀禮圖)]. 그리고 탱화의 아래쪽에 위치한 하단에는 통상 잿상 바로 앞에 크게 그려진 2위의 아귀(餓鬼)를 중심으로 지옥을 표상하는 갖가지 장면들이 화면을 가득 메운다[육도윤회도(六道輪廻圖)]. 아귀는 음식조차 제대로 섭취하지 못한 채

육도윤회를 떠도는 고혼(孤魂)을 상징하는 것이라 할 수 있으며, 상중하단의 장면은 특별히 구획되어 분리되지 않은 채 자연스럽게 인접하여 배치된다. 상중하단에 각각 불보살, 인간세계,─정확히는 천도재례를 올리는 인간들의 모습─지옥도를 배치함으로써 천상으로부터 지하로 연결되는 중생계의 위계를 공간적으로 가시화할 뿐 아니라, 하단에 위치한 아귀를 비롯한 지옥 또는 육도윤회의 중생들이 중단의 잿상에서 구원을 상징하는 음식인 감로(甘露)를 섭취한 뒤 상단 불보살의 세계로 진입할 수 있다는 구원론적인 메시지도 도상학적으로 구현한다.

감로도 상단은 중앙에 놓인 공양물─영가천도의 의미를 살리자면 정확히는 시식물─을 영적인 의미의 법식[감로(甘露)]으로 만드는 데 기여한다. 감로도의 중단에서 재례를 설행하는 인간들이 염원한 바에 감응한 불보살들이 위신력을 발휘하여 시식물을 아귀나 고혼들도 먹을 만한 음식으로 변환하는 것이다. 그리하여 하단의 아귀와 구제받지 못한 영혼들이 극락으로 왕생할 수 있게 된다.

감로도는 사찰의 매일의 일상 의례와 각종 천도재에서 공히 상단불공과 중단권공 이후 행해져야 할 하단시식의 과정을 적어도 일상 의례에서는 현실적으로 생략하고 관념적으로 운용하고자 하는 의도에서 그린 그림으로 보인다.[66] 이는 다시 말해 감로도의 재단(齋壇) 그림이 천도재 때 실제로 올려지는 시식공양물의 전범이 되며, 또 감로도의 전체적인 구성이 영가시식을 둘러싼 종교적 관념을 내포하고 있음을 의미하기도 한다.

실제의 하단시식에서는 상단 불전에 올리는 6종(6법) 등의 공양물이 물려지면서(퇴공) 중단에서 새롭게 진설된 뒤(중단권공), 마지막으로 하단의 잿상에서 새롭게 편성되며 시식 절차를 밟는다. 대체로─재주(齋主)가 있을 경우에 특히 더욱―시식물의 내용이 늘어나는데, 이는 하단의 주인인 영가에게는 아직 불보살이나 신중과 같은 초월적 존재의 이미지가 구축되지 못한 채 여전히 현실적 삶의 연장으로서 그들을 바라보는 관념 체계가 존속하기 때문일 것이다. 당면한 죽음, 즉 인연이 있는 동료 인간들의 죽음 또는 육도를 윤회하며 인간과 같이 고통을 감수해야 하는 존재들의 죽음을 맞이하여, 그것을 삶의 연장으로 인식하는 태도가 하단에 공양되는 음식물의 종류와 양에 반영된 것으로 보인다.

이상에서 살핀바 하단의 영가에게 행해진 시식공양은 고려 시대를 거쳐 조선에 이르러 확립된 한국 불교의 재례가 자비와 공덕의 대상을 삼세 중생으로 넓혀 우주적 차원의 구원론으로 확장되었음을 보여준다. 물론 이는 음식을 수행을 위한 물질적 에너지로 간주하던 초기 불교의 음식관 위에 불보살―내지 신중―이라는 초월적 존재의 위신력에 대한 종교적 신앙심이 중첩된 지층을 고스란히 보여준다. 이 종교적 신앙심은 상식(常食)을 감로로 변환시키려는 주문의 시행으로 가능한 것으로 간주되었다.

여기에서 우리는 한국 불교 의례에서 먹임 주체의 음식에 대한 태도가 초기 불교의 '수행과 불이론적으로 합치하는 공덕 추구'에서 '세속적 국가 권력의 강화' 태도를 거쳐 마침내 '공덕과 회향의 우주적 확산'이라는 국면으로 착실히 수렴되었음을 본다. 그런가 하면 먹음 주체의 입장에서는 먹음으로 표상되는 자력적 수행의 차원이 종내 타력적 구원으로 확장됨으로써, 국가-교단 간의 권력관계를 넘어 대중적 기복 신앙으로 기층화되는 양상을 보게 된다. 현실의 반승과 같이 국가·왕실·귀족 등 주로 부유하고 유력한 후원자의 재원으로 가능했던 승단의 정제되고 수행 중심적인 관념적 축제는, 주문이나 의례와 같은 상징적 종교 지표의 활용 또는 종교적 관념의 의미론적인 확장을 통해 재가 신도와 하층민 나아가 삼세육도의 모든 중생에게 그 시혜(施惠)와 수혜(受惠)가 확장됨으로써 비로소 세속적인 의미의 축제 분위기까지 포섭할 수 있게 되었다.

Ⅵ. 나오는 말

초기 불교는 신체의 손상에 이르는 과도한 절식이나 음식에 대한 탐착 모두를 거부하는 중도적 음식관을 지니고 있었다. 음식의 섭취는 적절한 건강 상태를 유지하여 올바른 수행을 가능케 하는 수단이었다. 음식에 대한 이 같은 초기 불교의 중도적 기능주의의 태도는 이후 불교의 전 역사를 통해 관철되었다.

당초 재가 신도들이 승려들의 수행을 보필하고자 공경의 마음을 담아 음식과 생활필수품 등을 바치던 행위인 공양은 동시에 재가자들 스스로가 공덕을 쌓는 수단으로도 인식됨으로써, 공양은 승단과 재가 사이에서 불도수행과 공덕이라는 가치를 주고받으며 성립되는 이원론(dualism)적인 상호 교환적 가치 체계를 구축하게 되었다. 이후 대승불교의 불탑공양을 거쳐 동아시아로 전파되며 그 신앙적 의미가 깊어진 불공의 의례는 불보살의 위신력과 가피를 구하려는 종교적 의미 또한 획득한 것으로 보인다. 즉 초기 불교의 공양이 먹이는 자의 공덕과 먹는 자의 수행적 토대라는 상호 교환적 가치 속에서 불이론적 합일이라는 교학적 의미를 터득할 수 있었다면, 그것을 계승한 한국 등 동아시아 대승불교 의례에서의 공양은 거기에 초월적 존재의 위신력에 대한 타력적 종교심성이 추가된 것이라고 하겠다.

 한편 승려들을 초청하여 음식을 제공하고 설법을 듣는 초기 불교의 청식 전통은 불공의 종교적 의례화와는 별도로 존속하였으며, 고중세기 한국 사료에 남아 있는 반승의 기록은 그 대표적인 흔적으로 보인다. 그런데 반승의 사례는 청식의 전통이 한국 등 동아시아 불교문화에서 변용되면서 국가권력과 왕권의 강화에 기여하는 정치사회적 의미를 띠게 되었음을 노정한다. 먹임과 먹음의 주체가 각각 정치권력과 교단권력으로 뚜렷이 구체화되며, 정치-교단 사이의 권력관계의 교차 속에서 공덕-수행이라는 기존의 종교적 이원주의가 공식적으로 강화되었던 것이다. 그러나 이는 동시에 일종의 축제로서의 기능적 의미적 확장을 의미하기도 한다. 물론 이것은 소비와 유흥을 특징으로 하는 세속의 축제가 아니라, 수행과 깨달음이라는 목표를 지향하며 승단과 어떤 의미에서는 재가 신도까지도 통합적으로 참여하는 종교적 의미의 축제였다. 오늘날 반승은 영산재의 식당작법 속에 그 흔적을 남긴 듯하다. 이는 법식으로서의 상징성을 획득한 음식을 섭취하여 영산회상의 일원으로 거듭나게 하는 종교적 의식의 전범이다. 결국 식당작법에 이르러 불교 의례의 먹임과 먹음은 초기 불교의 기능론적 영양학의 의미와 한국으로의 전승 이래 국가-교단 간 권력 상호작용의 의미를 모두 내장하는 동시에, 그 교학적 의미를 심화한 종교 수행적 축제의 의미를 동시에 아우르게 된 것이다.

 마지막으로 하단의 영가에게 바쳐지는 시식공양은 한국불교의 재례가 마침내 우주적 차원의 구원론으로 확장되게 되었음을 보여준다. 피안의 불보살과 차안의 승려를 넘어 마침내 명부의 영가에게까지 음식을 통한 자비와 공덕이 베풀어지고 있기 때문이다. 물론 영가에게 제공되는 감로는 변식 주문을 통하여 일상식으로부터 변형될 수 있는 것이기에 초월적 존재에 대한 종교적 신앙심은 변함없이 요구되었다. 이제 이 단계에 이르러 한국 불교 의례의 먹임 주체는 '수행과 불이론적으로 합치하는 공덕 추구'에서 '세속적 국가권력의 강화' 태도를 거쳐 궁극적으로 '공덕과 회향의 우주적 확산'으로 음식에 대한 태도를 심화시켰다. 또한 먹음 주체의 입장에서는 '수행에 필요한 물질적 에너지를 얻기 위해 먹음'으로 표상되는 자력적 수행이 '국가-교단 간의 권력 관계를 수용'하는 정치적 태도를 넘어 '먹임 주체의 변식 주문에 도움 받은 타력적 구원'으로 나아감으로써 음식에 대한 태도가 대중적 기복 신앙으로 기층화되는 양상을 보게 된다. 그리하여 더 이상 반승이나 식당작법과 같이 승단을 중심으로 정제된 채 관념적으로 수행되었던 엄숙한 축제가 아니라, 주문과 같은 종교지표를 활용하며 교리를 의미론적으로 확장함으로써 재가신도와 하층민 나아가 삼세육도의 모든 중생에게 혜택과 공덕이 미치는 세속적인 의미의 축제 분위기에 도달할 수 있게 되었다.

요컨대 한국의 불교 의례는 초기 불교의 기능주의적 물질적 음식관과 승단 청식의 전통을 받아들여, 상단과 중단 그리고 하단에 이르는 3중의 의례적 구조를 완성하였으며,[67] 그 과정에서 수행과 공덕의 상호 교환적 가치로 재해석되는 이원주의적 사유 체계, 초월적 존재에 대한 종교적 신앙심, 국가와 교단 간의 정치사회적 권력관계, 수행과 공덕으로 성속을 아우르는 축제의 이미지, 그리고 마침내 자력과 타력을 두루 하는 우주적 차원의 불교구원론이라는 다양한 의미의 지층을 중층적으로 포섭하게 되었다.

굿 의례음식

─무속 설명 체계의 하나

이용범

I. 들어가는 말

한국 민간신앙 의례에서 의례음식은 빠뜨릴 수 없는 필수 요소의 하나이다. 이는 아주 간단한 치성도 맑은 물 한 사발이라도 올려야 가능하다는 점을 통해서 확인된다. 이런 점에서 민간신앙 의례를 신과 인간이 만나 소통하는 것이라 할 때, 음식은 신과 인간이 소통하는 매체 가운데 하나라고 말할 수 있다.

한국 민간신앙에서 의례음식이 가장 두드러진 사례로 무속의 대표적 의례인 굿을 들 수 있다. 굿의 특징 가운데 하나로 크고 작은 다양한 제상(祭床)에 올린 의례음식을 지적하지 않을 수 없다. 굿을 준비하는 데 가장 많은 시간을 필요로 하는 것이 굿의 제상에 차릴 의례음식을 마련하는 것으로, 다른 민간신앙 의례와 마찬가지로 의례음식 없이 무속의 굿은 성립되지 않는다.

일반적으로 의례음식은 신에게 올리는 제물로 생각된다. 굿 역시 무속의 신을 대상으로 한 의례이고, 굿 의례음식은 무속의 신들을 위한 제물로 여겨진다. 그러나 무속의 굿에서 의례음식은 단순히 신을 위한 제물에 그치지 않는다. 그것은 제물이면서, 아울러 행해지고 있는 굿, 굿에서 등장하는 신, 굿을 하는 제가집의 가족 구성원 등 굿 전반에 관한 정보가 드

〈그림1〉 이상순 진적굿의 성제거리.(2016.03.20. 사진: 홍태한)

러나는 기호 또는 상징으로 기능한다. 또한 굿 의례음식은 무속 세계관의
일단을 구현한다. 이런 점에서 굿 의례음식은 무속에 대한 설명 체계의
하나라고 말할 수 있다. 이 글은 굿 의례음식이 갖는 무속 설명 체계로서
의 의미를 밝혀 보고자 한다.

　굿 의례음식의 의미를 밝히기 위해 선택한 자료는 서울 무속의 진적굿
이다. 진적굿은 일반 사람을 위한 굿은 아니다. 무속의 사제인 무당이 무
속의 신을 대상으로 신과의 관계를 확인, 유지, 강화하기 위해 정기적으
로 행하는 굿이다.

　진적굿은 서울 굿의 기본 과정을 보여주는 재수굿의 절차를 따른다.[1]
일반적으로 진적굿은 재수굿의 절차에 청계배웅, 제당맞이, 회정맞이와

같은 진적굿 특유의 절차가 추가되어 진행되지만, 상황에 따라 이 세 절차는 생략되기도 한다.[2] 이러한 특수 절차가 추가되긴 하지만, 기본적으로 재수굿의 절차를 따른다는 점에서 진적굿은 서울 굿 의례음식 일반을 살펴볼 수 있는 자료의 하나라고 말할 수 있다.[3]

무속 굿 의례음식의 특징 가운데 하나로 의례음식이 의례 공간에 따라 구분, 배치되는 점을 들 수 있다. 굿에서 의례음식은 동일한 공간에 함께 놓이지 않는다. 굿을 구성하는 개별 거리에 따라 의례음식을 차리는 공간이 구분된다. 공간이 구분되지 않는 경우 제상을 달리한다.

굿 의례음식이 공간에 따라 구분, 배치되는 양상은 일반 가정집에서 굿이 행해질 때 가장 잘 드러난다. 그런데 현재 서울에서는 대부분의 굿이 굿당에서 행해진다. 그래서 가정집에서 행하는 굿을 만나는 것은 거의 불가능하다. 그나마 일부 무당의 진적굿은 아직도 무당 자신의 집에서 행해지고 있다. 이런 점에서 무당을 위한 진적굿은 굿 의례음식과 의례 공간의 상관성을 확인할 수 있는 적절한 자료를 제공한다. 이 또한 진적굿을 중심으로 굿 의례음식을 살펴보고자 한 이유 가운데 하나이다.

이 글은 먼저 서울 진적굿의 과정을 제상과 제상이 놓인 공간을 중심으로 간략히 살펴본다. 그리고 굿 의례음식의 구성, 의례음식이 차려지는 방식과 공간을 중심으로 굿 의례음식의 특징적인 양상을 지적한다. 이를 토대로 굿 의례음식이 무속 설명 체계 가운데 하나로서의 의미를 갖고 있음을 밝히고자 한다.

II. 진적굿의 과정과 의례음식

1. 진적굿의 과정

서울 무속에서 행하는 진적굿은 일반적으로 재수굿의 과정에 청계배웅, 제당맞이, 회정맞이 등의 절차가 추가되어 이루어진다. 서울 무속의 진적굿 과정은 다음과 같다.[4]

1) 주당물림

2) 부정거리[5]: 부정 - 가망청배 - 본향노랫가락 - 청계배웅 - 진적 - 대신거리 - 상산노랫가락

3) 불사거리(천궁맞이): 주(主)거리 - 부인거리[6] - 호구거리 - 대신거리 - 제장거리 - 신장거리 - 대감거리 - 창부거리 - 뒷전(걸립, 맹인, 서낭, 영산, 상문, 수비)

4) 제당맞이

5) 도당거리(山거리): 주(主)거리 - 도당호구[7] - 말명거리 - 제장거리 - 신장거리 - 대감거리 - 창부거리- 뒷전(걸립, 서낭, 영산, 수비)

6) 본향거리: 본향바래기- 본향공수 - 가망공수 - 말명공수(만신말명 포함)

7) 전안거향: 성제거리 - 신장거리 - 장군거리 - 명성황후거리 - 부인거리(장군부인거리) -별상거리

8) 대감거리

9) 조상거리

10) (안당)제석거리

11) 성주거리

12) 창부거리

13) 계면거리

14) 뒷전

15) 회정맞이

위에서 제시한 진적굿의 과정은 서울 진적굿 절차에 행해지는 모든 거리를 다 포함한 것이다. 진적굿에서는 서울 주변의 산(山)을 돌고 인왕산 국사당에 굿을 알리고 허락을 구하는 '물고'를 받는데, 그러지 않았을 경우에는 청계배웅, 제당맞이, 회정맞이의 절차가 생략된다.[8]

진적굿을 행할 때 각 거리에 따라 그 거리에 해당되는 별도의 제상이 준비된다. 그리고 그 제상을 중심으로 각 거리가 행해진다. 물론 하나의 제상이 여러 거리를 포괄하는 경우도 있다. 대상(大床, 또는 굿상)과 대안주상은 '전안거향'으로 포괄되는 여러 거리가 다 관련된 제상이다. 이는 성제거리에서 별상거리까지를 전안거향이라고 통칭하는 데서 드러나듯, 이 거리에서 등장하는 신들이 모두 장군신의 범주에 속하는 동일 계열의 신들이기 때문에 그렇다.

또한 '부정거리'처럼 여러 개의 제상을 대상으로 하는 거리도 있다. 이는 앞에서 말한 것처럼,[9] 그 거리의 복합성 때문에 그렇다. 단일한 성격의 거리가 아니기 때문에 복합성에 상응하는 복수의 제상이 마련된다. 이런 차이에도 불구하고, 흔히 '거리'로 표현되는, 각각의 신을 대상으로 한 의례행위의 개별 단위는 일정한 의례음식을 전제한다는 점에서는 다를 바가 없다.

그런데 각각의 제상은 한 공간에 모두 모여 있지 않다. 제상은 개별 거리의 성격에 따라 정해진 공간에 위치한다. 물론 동일한 공간에 놓인 제상도 있다. 그 경우에도 별도의 제상에 개별 거리의 의례음식이 올라가기 때문에 제상의 개별성이 혼동되지는 않는다. 즉 굿의 각 제상은 그것이 놓인 공간과 제상에 올려져 있는 의례음식을 통해 나름의 개별성을 확보한다. 제상과 제상이 놓이는 공간을 중심으로 진적굿의 과정을 다음과 같이 정리할 수 있다.

〈표1〉 서울 진적굿의 과정과 제상, 제상 공간

거리 제상과 공간		제상	공간
주당물림		없음	해당 없음
부정거리	부정	부정상	마루(현관 입구)
	청계배웅	청계배웅상	마루(현관 입구)
	대신거리[10]	대신상	전안
불사거리(천궁맞이)		불사상	마루 안쪽(또는 마당)[11]
제당맞이		12장반기, 제당상	마루(현관 입구)
도당거리		도당상	마루 안쪽(또는 마당)
본향거리		본향상	마루(현관 입구, 전안)
전안거향		대상(大床),[12] 대안주상	전안
대감거리		대감시루, 팔방상(八方床)[13]	전안, 집안 곳곳
조상거리		대상,[14] 조상상	전안
(안당)제석거리		안당제석상	안방
성주거리		성주시루	마루(마루와 부엌의 경계)
창부거리		없음	해당 없음
계면거리		계면떡	전안
뒷전[15]		뒷전상, 걸립시루, 삼재시루	마루(현관 입구)
회정맞이		회정맞이상	마루(현관 입구)

〈표 1〉을 보면 진적굿을 구성하는 과정인 각 거리마다 적어도 하나 또는 둘 이상의 제상을 차리는 것을 알 수 있다. 물론 제상은 말 그대로 의례음식이 놓인 제상의 형태를 갖추는 것이 보통이나, 떡을 시루째 올리거나 음식을 그릇에 담아 바닥에 놓아두는 형태로 나타나기도 한다. 중요한 점은 각 개별거리가 진행될 때 그 거리를 위해 마련된 의례음식과 제상이 어떤 형식으로든 필수적으로 요청된다는 점이다.

여기서 의례음식을 올린 제상이 없는 주당물림과 창부거리가 문제될 수 있다. 주당물림은 굿 시작 전에 사람들에게 해로운 주당살(周堂煞)을 물리치는 과정이다. 주당살을 맞지 않도록 사람들은 모두 집 밖으로 나가고 무당은 장구와 제금을 쳐 주당살을 물린다. 이처럼 주당물림이 굿의 본 과정을 시작하기 전에 위험한 주당살을 물리는 과정이라는 점에서, 의례음식을 차리지 않는 것은 자연스럽다.

문제가 되는 것은 창부거리이다. 창부거리는 창부신이 무당에게 실려 인간과 소통하는 거리이면서도 창부신을 위한 의례음식이 따로 마련되지 않는다. 이는 하나 또는 그 이상의 제상을 전제로 진행되는 굿의 다른 절차와 분명한 차이를 보인다. 현재는 이에 대해 분명하게 설명하긴 어렵고, 단지 창부거리와 창부신의 성립 시기 및 위상의 문제와 연결되어 있을 것으로 추정할 뿐이다.[16]

창부거리와 같은 예외가 있음에도 불구하고 일반적으로 굿의 각 거리는 의례음식을 올린 개별 제상을 전제로 진행된다. 그리고 각 거리와 연결된 제상은 마당, 마루, 전안, 부엌, 장독대, 화장실, 대문가 등 일정하게 정해진 나름의 공간에 각각 배치된다. 한마디로 굿에서 의례음식을 올리는 제상은 모듬상이 아니라 각상(各床)으로서, 각각 정해진 공간에 독립적으로 놓이는 양상을 보인다. 이는 굿에서 무속의 신들은 함께 상을 받는 것이 아니라, 각각 자기의 자리에서 개별 제상을 통해 의례음식을 받는다는 것을 말해 준다.

2. 진적굿 의례음식

진적굿의 각 제상에 차리는 의례음식에 대해서는 장황함을 피하기 위해 〈표2〉와 같이 표로 정리하였다. 이 표는 서울 무속의 진적굿 제상에 올라가는 전형적인 의례음식을 파악하기 위해 이상순의 설명과 2013, 2016년도 진적굿 제상에 차린 의례음식을 토대로 작성한 것이다. 따라서 실제로 행해지는 진적굿 제상에 차리는 의례음식과는 차이가 있을 수 있다.

〈표2〉를 보면 다양한 음식이 굿의 의례음식으로 활용되는 것을 알 수 있다. 진적굿의 의례음식을 다룸에 있어서, 각각의 제상에 놓이는 의례음식의 종류나 개별 의례음식 각각의 성격과 상징적 의미를 밝히기보다는, 개별 의례음식이 특정 신이나 제상과 어떻게 연결되는지에 초점을 맞추고자 한다. 그러한 연관 관계의 특수성을 기준으로 개별 의례음식이 특정 신이나 제상을 나타내는 지표로 기능하는지 아닌지 여부를 확인하고자 한다.

〈표 2〉 서울 진적굿의 제상과 의례음식

제상＼의례음식		의례음식	비 고
부정상[17]		떡: 팥떡(+웃기) 1~3조각 술: 탁주 1~2잔 북어: 1마리	
청계배웅상		떡: 팥떡(+웃기) 3접시 밥: 3그릇 술: 탁주 3잔 물: 1그릇 전(煎): 누름적(빈대떡)[18] 1접시 삼색나물: 고사리+도라지+시금치 1접시 과일: 사과, 참외, 배, 귤	
불사상		떡: 증편(+웃기 2개+가지꽃 2개) 3개씩 6접시, 백설기(+고깔) 2개, 두텁떡 1접시 생쌀(+숟가락 2개씩+실타래): 3그릇[19] 밥: 1~2그릇/ 약식: 1그릇 물(옥수): 1잔[20] 튀각: 1접시 전: 두부전 1접시, 누름적 1접시 삼색나물: 고사리+도라지+시금치 1접시 유(밀)과: 백산자,[21] 옥춘,[22] 팔모 과일: 밤+대추, 곶감, 사과, 배, 감, 참외, 딸기, 귤, 한라봉, 바나나, 파인애플, 석류	촛불 2개 향로 1개
제당맞 이상	12장반기	떡: 편떡(+누름적+웃기) 12접시 과일: (밤 1개+대추 1개) 12개	촛불 2개 향로 1개
	제당상	떡: 편떡(+웃기 1개+가지꽃 2개) 3조각 술: 탁주 3잔 유(밀)과: 팔모 과일: 밤+대추, 사과+배+참외	
도당상		떡: 도당시루(팥떡에 백설기 한 켜+가지꽃 2개)[23] 1개, 북 한산시루(편떡+가지꽃 2개) 1개 술: 탁주 3잔 고기: 소머리 1접시, 갈비찜 1접시, 섭산적 1접시 전: 누름적 1접시, 어전(魚煎) 1접시 유(밀)과: 약과, 백산자 과일: 밤[24]+대추, 곶감, 참외, 사과+배, 귤	촛불 2개 향로 1개

대신상	떡: 개피떡, 두텁떡, 절편 국수: 12그릇/ 약식1 술: 맑은술 12잔 고기: 육회, 갈비찜, 양지머리 전: 누름적 1접시 잡채 과일 자른 것 1접시	대신 진적상
	떡: 콩떡시루(+웃기+과일[사과1, 참외1, 귤1]) 1개, 콩떡(콩+밤+대추) 1틀, 계면떡 1접시 약식1 물(옥수): 2잔 술: 맑은술 3잔	촛불 1개
본향상	떡: 본향시루(편떡+웃기 3개+가지꽃 1개) 술: 맑은술 3잔 고기: 섭산적 1접시 전: 누름적 1접시 유(밀)과: 옥춘, 약과,[25] 팔모 과일: 밤+대추, 사과, 배, 참외	세발심지 3개 또는 촛불 2개 향로 1개
조상상	떡: 편떡(+웃기 3개+가지꽃 3개+수팔련 1개) 1틀, 조상시루(편떡) 3개(양가, 생가, 시댁), 개피떡, 두텁떡, 절편 술: 맑은술 3잔 고기: 섭산적 1접시 전: 누름적 1접시 유(밀)과: 옥춘, 팔모, 백산자, 약과 과일: 대상(大床)의 과일 공유	편떡 1틀은 대상(大床)에 올림. 조상시루 3개와 다른 음식은 별도 제상에 차림.[26]
대상(大床)	떡: 편떡 2틀(+웃기 3개+가지꽃 3개+수팔련 1개)[27] 유(밀)과: 백산자 과일고임: 사과, 배, 감, 바나나, 딸기, 참외, 한라봉,파인애플	촛불 2개 향로 1개
대안주(댄주)상	술: 맑은 술 6잔 고기: 소머리1, 갈비1, 양지머리1, 우족 2개, 황태찜1, 갈비찜1, 약산적1 전: 어전(漁煎), 간전(肝煎), 허파전, 누름적	촛불 2개 향로 1개
대감시루	떡: 00병원 팥시루(+웃기1+북어1+탁주 1잔), 아들 몸주 팥시루(+웃기1+탁주1잔), 00몸주 팥시루(+웃기1+탁주1잔), (자동)차시루 팥시루(+웃기1+탁주 1잔), 0서방 모텔 팥시루(+웃기1+탁주 1잔), 대감 시루 팥시루(+웃기1+탁주 1잔+북어1), 문화재시루 편떡시루(+웃기1+탁주1잔+북어1) 약식 1	

성주시루	떡: 팥떡시루 1개 생쌀: 1그릇, 수저 꽂은 쌀 2그릇(+실타래) 밥: 3그릇 술: 맑은술 3잔 북어: 3마리	성주시루 받침대 (안에 쌀), 촛불 2개, 향로 1개
안당제석상	떡: 백설기(+웃기1+고깔) 1틀 생쌀 1그릇 밥: 2그릇/ 약식1/ 물: 1잔 튀각1/ 두부1/ 나물1/ 누름적 유(밀)과: 옥춘, 백산자 과일: 밤+대추, 사과+귤+배	촛불 2개
뒷전상	떡: 팥떡(걸립시루1, 삼재시루1) 1접시 술: 탁주 3잔, 맑은술 1잔 밥: 1그릇 나물: 고사리+도라지+시금치 1접시 전: 간전, 어전, 누름적 북어: 3마리 유(밀)과: 약과, 옥춘, 산자 과일: 사과1, 배1, 참외1	
회정맞이상	12장반기	제당맞이상과 동일
	떡: 편떡(+웃기1+가지꽃) 3조각 술: 맑은술 3잔 밥: 3그릇 고기: 양지머리1, 섭산적1 과일: 사과1, 배1, 참외1	촛불 2개 향로 1개
팔방상(八方床)	떡: 터주시루(팥시루+탁주 1잔+북어 3마리. 장독대) 팥떡(+탁주 1잔) 1접시(장독대 위) 업시루1(팥시루. 장독대) 팥떡(+탁주 1잔) 1조각(부엌 전자렌지) 팥떡(+탁주 1잔) 1접시(화장실) 팥떡(+탁주 1잔) 1접시(건물 옆) 팥떡(+탁주 1잔+북어1마리) 1접시(대문가) 팥떡(+탁주 1잔) 1접시(창고 입구) 수비채반: 사과조각+탁주 1잔+북어 1마리(대문가)	
(사외)삼당(三堂)상	떡: 편떡(3켜)+웃기+방맹이떡 2개+장구떡 3개+(대감)벙 거지떡 3개	

〈표2〉를 보면, 진적굿에서 사용되는 의례음식은 크게 떡류, 쌀이나 밥, 술이나 물·차 등의 마실 것, 고기류,[28] 전(煎)류, 나물류, 튀각, 유(밀)과류, 과일류, 북어 등으로 나눌 수 있다. 일차적으로 드러나는 특징은, 유교 제사상에 올라가는 탕(湯)이나 일생의례에서 자주 등장하는 국수류는 없다는 점이다.[29]

물론 진적굿에서 대신상 중 대신 진적상에 국수가 올라가기는 한다. 그러나 이때의 국수는 진적굿에서만 나타나는 특수한 의례음식이다. 진적굿이 무당의 몸주신인 대신을 위한 잔치의 성격을 지니고 있어서 국수가 올라갔을 뿐, 다른 굿의 제상에는 나타나지 않는다.

진적굿 의례음식에서 가장 일반적인 의례음식은 떡이다. 이는 떡이 올라가지 않는 제상이 없음을 통해 확인된다.[30] 또한 떡은 제상에 따라 달라진다. 이처럼 일반성과 아울러 특수성을 함께 갖고 있어서 떡은 떡이 올라간 제상과 떡을 받는 신을 나타내는 지표 음식으로서 기능한다.

제상에 올라가는 떡에는 백설기, 증편(방망이떡), 편떡, 팥떡, 인절미, 절편, 개피떡(바람떡), 웃기(떡), 두텁떡 등이 있다. 이 외에 장구떡과 (대감)병거지떡이 있는데, 이 두 떡은 진적굿의 삼당상에만 올라가는 특수한 떡으로 그 성격이 분명하다.[31]

웃기는 백설기나 팥떡, 편떡의 장식용으로 쓰이는 떡이다. 두텁떡, 개피떡, 절편은 불사상과 대신상, 조상상에 올라간다. 이 세 떡은 주로 큰 잔치에 등장하는 떡으로, 굿에서는 진적굿 제상에만 올리는 떡이다. 그래서 일반 굿에서는 올라가지 않는 떡이며, 웃기와 마찬가지로 어느 제상이나 다 올라갈 수 있는 떡이다.[32] 따라서 이들 제상에 필수적인 떡은 아니다. 즉 두텁떡, 개피떡, 절편은 웃기와 마찬가지로 개별적인 제상에 한정된 특수

〈그림2〉삼당상의 장구떡, 벙거지떡. 그 아래에 웃기와 편떡도 보인다.(이상순 진적굿. 2007.09.22.)

성을 갖지 않고, 어느 제상에나 두루 나타나는 일반적인 성격의 떡이다.

이렇게 본다면, 진적굿에서 중심적 위치를 차지하는 떡은 백설기, 증편(방망이떡), 편떡, 팥떡이다. 그리고 이들 떡은 일정한 계열의 신들에게만 올리는 특징이 있다.

백설기와 증편(방망이떡)은 불사, 칠성, 제석 등의 신을 모시는 불사상이나 안당제석상 또는 소산신(素山神)을 위한 제상에만 올라간다. 이처럼 백설기와 증편은 단일한 성격을 보이며, 따라서 정체성이 뚜렷한 떡이다. 이런 점에서 백설기와 증편(방망이떡)은 불사, 칠성, 제석 등의 불교, 도교 계통의 신을 나타내는 지표 음식이라고 할 수 있다.

〈그림3〉 불사상. 가지꽃이 꽂힌 떡이 증편이고, 백설기에는 고깔이 씌워져 있다.(이상순 진적굿. 2013.03.30.)

콩떡[33] 역시 성격이 단일한 떡으로, 대신상에만 올라가고 그 외의 상에는 올라가지 않는다. 그래서 흔히 콩떡은 대신떡이라고 한다.

백설기, 증편, 콩떡과 달리 팥떡은 복합적인 성격을 보여준다. 굿에서 팥떡을 받는 신은 두 부류로 나타나며 올리는 방식도 다르다. 팥떡은 대 감상, 성주상, 도당상, 부정상, 뒷전상, 청계배웅상에 올라가며, 상에 따라 시루째 올리거나 조각으로 나눠 차린다.

먼저, 팥떡은 집과 가족 구성원을 포괄하는 가신(家神)으로서의 대감이나 성주, 마을을 관장하는 지역신인 도당신에게 올린다. 이들 신에 대해서는 팥떡을 시루째 올린다. 또한 장독대, 부엌, 화장실, 건물의 옆, 대문가, 창고 등 집안 곳곳에도 팥떡을 차린다. 이때는 시루째 올리기도 하고 조각으로 올리기도 한다. 이런 점에서, 일단 팥떡은 집이나 마을 같은 구체적인 생활공간과 관련되거나 그것을 상징하는 신을 대상으로 한 음식

〈그림4〉 대문가와 수비채반(오른쪽)에 놓인 팥떡
(이상순 진적굿. 2016.03.20.)

〈그림5〉 성주시루(이상순 진적굿.
2016.03.20.)

의 성격을 갖는 것으로 이해할 수 있다.

또한 팥떡은 부정상이나 뒷전상, 청계배웅상에도 올라간다. 이들 제상에는 팥떡을 시루째 올리지 않고 조각으로 올린다. 이런 점에서 팥떡은 이름 없는 귀신이나 부정하고 해롭다고 여겨지는 존재를 대상으로 한 떡의 성격도 갖는다. 이 경우, 팥떡의 색이 붉다는 점에서, 동지 팥죽처럼 부정한 존재와 이름 없는 귀신을 물리치려는 의도 즉 축귀(逐鬼)를 위해 부정상이나 뒷전상, 청계배웅상에 팥떡을 올리는 것으로 이해할 수도 있다. 그러나 이러한 이해의 난점은 대감시루나 성주시루, 팔방상 및 도당상에 팥떡이 올라가는 점을 설명하기 어렵다는 것이다. 이 경우에 팥떡은 신을 물리치기 위한 것이 아니라 신을 위해 올리는 제물이기 때문이다.

또한 무속이 잡귀잡신이나 부정한 존재를 무조건적인 축출 대상으로 여기기보다 그러한 존재들 역시 소극적인 방식으로나마 소통하고 풀어

먹여야 하는 존재로 여긴다는 점에서, 붉은색에 초점을 맞춰 팥떡을 부정하고 위험한 존재를 물리치는 의미가 있는 음식으로 이해하는 것을 적극적으로 수용하기 어렵다. 오히려 팥떡을 가신과 마을신, 잡귀잡신 등을 두루두루 위하는, 그럼으로써 그들 신과 관계를 맺는 보다 일반적 성격의 제물로 파악하는 것이 자연스럽다.[34] 팥떡의 의미를 어떻게 이해해도, 팥떡이 다양한 가신이나 마을신, 그리고 부정하고 이름 없는 잡귀잡신에게 올리는 특수성을 지닌다는 점에서, 그러한 신들과 연관된 지표 음식으로서의 성격은 부정되지 않는다.

거피(去皮) 팥떡인 편떡은 주로 장군신 계열의 신을 위한 상인 대상(大床)과 그리고 조상을 위한 조상상이나 조상과 같은 계열인 본향[35]을 위한 본향상에 올라간다. 또한 '사외삼당 궁니제당 돌기'로 표현되는 지역 내 여러 주요 당의 순례와 연관된 삼당상, 제당상과 12장반기에도 올라간다.

이처럼 편떡은 장군신과 조상, 그리고 서울 지역의 여러 당신(堂神)을

〈그림6〉 대상에 올린 3틀의 편떡(과일 뒤).(이상순 진적굿. 2013.03.30.)

대상으로 한다. 또한 장군신과 조상을 위한 편떡은 고임을 한다. 이런 점에서 주로 인물신이나 상대적으로 높다고 여겨지는 신을 대상으로 한 떡의 성격을 보여준다고 이해할 수 있다. 물론 편떡에 대해서 '(집안이) 편안하라고 편떡을 올린다'는 설명도 있다.[36] 그럼에도 불구하고 장군신, 조상이나 본향, 당신(堂神)에 한정된 떡이라는 점에서, 그러한 신들의 지표 음식으로서의 의미는 여전하다고 말할 수 있다.

고기는 대안주상에 집중적으로 올라간다는 점에서, 관운장·장군·별상·신장 등의 장군신 계열의 신을 위한 상에서 두드러지는 것으로 파악할 수 있다. 물론 굿에서 장군신 계열의 신들만 고기를 받는 것은 아니다. 대안주상 외에도 제당상과 회정맞이상, 도당상, 본향상, 대감상, 조상상에도 산적이나 우족 같은 고기류가 올라간다. 그러나 장군신 계열의 신을 위한 대안주상에 소머리, 갈비, 우족 등 고기류가 중심적인 의례음식으로 자리잡고 있다는 점에서 고기는 장군신 계열의 신을 나타내는 지표 음식

〈그림7〉 대안주상에 올린 고기.(이상순 진적굿. 2013.03.30.)

이라고 할 수 있다.[37]

진적굿 제상에 올라가는 음식 가운데서 떡만큼이나 두루두루 여러 제상에 올라가는 일반적 음식으로 과일과 유(밀)과, 누름적을 들 수 있다. 그러나 일반적이면서도 지표 음식의 성격이 있는 떡과는 달리 이 세 음식은 특정 제상이나 신을 나타내는 지표 음식이라고 말하기 어렵다.

과일은 밤·대추·사과·배·감·참외 외에 최근에는 파인애플·레몬·토마토 등 새로운 과일이 추가되는데, 굿의 규모에 따라 더 많은 과일이 올라갈 수도 있고 간략해질 수도 있다. 유과 역시 굿의 규모에 따라 추가될 수도 줄어들 수도 있다. 유과 중에서 거의 빠지지 않는 것으로는 산자를 들 수 있다. 산자는 9귀신이 받는다고 해서 이름 없는 귀신들을 풀어먹이기 위해 거의 빠지지 않고 올린다. 산자는 불사상, 도당상, 본향상, 조상상, 대상, 안당제석상, 뒷전상 등 거의 대부분의 제상에 올라간다.

누름적 역시 주요 제상에 거의 모두 올라가는 음식이다. 신과 조상은 기름 냄새를 좋아해서 누름적을 올리지 않으면 신이 감응하지 않는다고 한다.[38] 이런 점에서 누름적 역시 일반적인 제물로서의 성격을 보여줄 뿐 어떤 제상이나 신을 상징하는 지표 음식의 성격은 확인되지 않는다.

마실 것의 경우, 차와 물, 술은 분명한 경계선을 보여준다. 즉 차와 물은 불사상이나 안당제석상 등 불교, 도교 계통의 신을 위한 상에 올라간다. 이들 신을 위한 상에는 술이 올라가지 않는다. 그 외의 신들을 대상으로 한 상에는 술이 올라간다. 술은 탁주나 맑은술을 가리지 않는다고 한다.

밥의 경우 모든 제상에 두루 올라가는 일반적 제물일 것으로 추측되나, 서울 진적굿에서 모든 제상에 다 올라가지는 않는다. 청계배웅상, 불사상, 안당제석상, 도당상, 성주상, 회정맞이상, 뒷전상 등에만 올라간다.

조상상에도 올라가지 않는다.[39] 아직 밥이 굿 의례음식에서 어떤 의미가 있는지를 파악하지 못하였으나, 일반적인 제물이 아니라는 점에서 몇몇 제상과 신들을 상징하는 지표 음식으로 기능한다고 이해할 수 있다. 이는 불사상·성주상·안당제석상에만 올라가는 쌀이나, 부정상·대감시루·성주시루·뒷전상에 올라가는 북어 역시 마찬가지라고 할 수 있다.

III. 굿 의례음식의 특징과 의미

1. 굿 의례음식의 특징: 개별성의 표상

진적굿에서 의례음식을 차리는 방식과 공간, 그리고 각 제상의 의례음식을 중심으로 굿 의례음식의 특징적인 양상을 파악하고, 이를 '개별성의 표상'으로 규정하고자 한다.

진적굿 의례음식에서 두드러진 일차적인 특징으로 제상이 모듬상이 아닌 각상(各床)으로 차려지는 점을 지적할 수 있다. 즉 신에게 올리는 의례음식이 신에 따라 각기 다른 제상에 놓인다. 그래서 각 거리별로 해당 제상이 존재한다. 굿은 무속의 많은 신들을 대상으로 한 종합적인 성격의 의례여서 다양한 신을 위한 의례음식을 준비하는데, 개별 제상을 통해 각각의 신에 대한 의례음식이 제공되는 것이다.

물론 대상(大床)처럼 관운장, 장군, 별상, 신장 등 여러 신을 위한 상이 하나의 상으로 통합되는 경우도 있다. 하지만 관운장·장군·별상·신장 등의 신이 동일 계열의 신이라는 점을 고려한다면, 대상이 각상의 질

〈그림8〉 나무 밑에 차려진 팥떡.(이상순 진적굿. 2013,03,30.)

서에서 벗어난 것으로 규정하기는 어렵다. 이런 점에서 굿에 등장하는 무속의 신들은 자신에게 주어진 개별적인 상을 통해 독자적으로 제물을 흠향하는 존재들이다.

이는 굿에서는 거리와 신에 따라 제상이 차려지는 공간이 달라진다는 사실에 의해 뒷받침된다. 즉 신을 위한 제상이 동일한 공간에 다 함께 차려지는 것이 아니라 서로 다른 공간에 자리 잡는 것이다. 예컨대 불사상과 도당상은 마당이나 마루에 위치하고, 조상상과 대상은 전안에 놓는다.

굿 의례음식의 진설이 일정한 공간 구분 개념을 전제하고 있다는 점을 더욱 분명하게 보여주는 것이 이른바 팔방(八方) 돌리기이다. 대문가, 장독대, 부엌, 화장실, 창고, 건물 옆, 나무 밑 등 집안 곳곳마다 의례음식을 차리는 것은 신에 따라 해당 의례음식이 놓이는 공간이 달라진다는 점을 잘 보여준다. 이처럼 거리에 따라, 모시는 신에 따라 제상 공간이 구분되

〈그림9〉 마루에 놓인 제상들.(이상순 진적굿. 2013.03.30.)

고 달라지기 때문에 제상과 의례음식의 개별성이 보장된다.

물론 동일한 공간을 점유하는 제상도 있다. 마루에 단 하나의 제상이 차려지는 것이 아니라 여러 제상이 놓이며, 전안에도 다수의 제상이 자리 잡는다. 그러나 동일한 공간에 놓인다 하여도 다시 공간을 세분해서 제상을 달리 배치하기 때문에 개별성이 훼손되지 않는다. 예컨대 이상순의 진적굿을 보면, 마루에 놓인 제상도 제상에 따라 마루 입구, 마루 안쪽, 마루와 부엌의 경계로 나뉘어져 제상이 놓이는 공간이 구분된다. 이런 점에서 무속 굿의 제상 배치에서 거리와 신에 따른 공간과 제상의 구분은 기본적인 원리로 작용한다.

이러한 제상의 개별성은 제상에 올라가는 의례음식의 차별성과 연결된다. 무속의 굿에서 각각의 거리나 신을 위한 의례음식은 동일하지 않다. 겹치면서 다르다. 굿의 의례음식 구성은 크게 떡류, 쌀이나 밥, 술이나

물·차 등의 마실 것, 고기류, 전(煎)류, 나물, 튀각, 유(蜜)과류, 과일류, 북어 등의 틀에서 벗어나지 않는다,

그러나 개별 제상에 진설되는 음식은 제상에 따라 달라진다. 떡이라 할지라도 제상에 따라 백설기나 증편이 선택될 수도 있고, 편떡이나 팥떡을 올려야 하는 경우가 있다. 또한 팥떡이라 할지라도 시루째 올리는 경우와 조각을 올리는 경우가 있다. 밥의 경우 아주 일반적인 의례음식으로 여겨지나, 모든 제상이 공유하는 의례음식이 아니다. 서울 무속의 진적굿에서는 조상상에도 올라가지 않고, 몇몇 제상에만 올라가는 차별성이 있는 의례음식이다.

고기의 경우도 제상과 신에 따라 구분되는 대표적 의례음식의 하나이다. 무속에서는 일반적으로 소식(素食)을 하는 신과 육식을 하는 신이 명확하게 구분된다. 황해도 굿에서는 아예 소식을 하는 신을 위한 절차와 육식을 하는 신을 위한 절차가 구분된다.[40] 육식 여부는 제주도 당신(堂神) 본풀이에서도 신이 갈라서는 주요 요인의 하나로 제기된다.[41] 이런 점에서 소식과 육식의 구분은 불교 전래 이전부터 작용해 온 의례음식 구분의 원리로 추정된다.

물론 과일이나 유밀과처럼 여러 제상에 올라가는 일반적인 음식도 있다. 그러나 떡, 고기, 밥 등과 같은 특수성이 있는 이른바 지표 음식에 의해 제상이 구분되기 때문에 각 제상의 차별성은 유지된다.

그뿐만 아니라 굿의 성격이나 유형에 따라 제상 자체가 달라진다. 앞에서 말했듯이, 진적굿의 경우에도 사외삼당이나 궁리제당을 순회하는 과정을 거치지 않으면 청계배웅, 제당맞이, 회정맞이의 절차가 생략되며 당연히 관련 제상도 차리지 않는다.

이처럼 굿의 제상과 의례음식은 모든 굿에 동일하게 차려지지 않으며, 굿에 따라서 그리고 굿을 구성하는 거리에 따라, 그 거리에서 모시는 신에 따라 달라지는 대단히 개별적인 현상이라는 점을 확인할 수 있다. 이런 개별성으로 인해 굿 의례음식은 굿은 물론 신의 성격이나 정체성을 나타내는 기호로 기능할 수 있다.

2. 굿 의례음식의 의미: 무속 설명 체계의 하나

무속의 굿에서 의례음식은 일차적으로 신을 위해 올리는 제물이다. 하지만 굿의 과정에서 음식은 제물 이상의 의미를 지닌다. 이 글은 무속 굿 의례음식을 굿, 굿의 의례 대상인 신, 굿하는 제가집, 무속의 세계관 등에 대한 하나의 설명 체계로 파악하고자 한다.

먼저 굿 의례음식은 지금 행해지는 굿이 어떤 굿이며, 지금 어떤 신을 대상으로 굿이 행해지고 있고, 굿하는 제가집의 가족 구성원은 어떤지 등 굿 전반에 관한 정보를 전달하는 기호로서의 의미가 있다.

굿은 그 성격에 따라 의례음식이 올라가는 제상이 달라진다. 진적굿도 사외삼당이나 궁리제당 돌기를 하지 않고 국사당에서 물고를 받지 않으면, 청계배웅상을 비롯해 12장반기·제당상·회정맞이상을 차리지 않는다. 관련 절차가 생략되고 삼당상을 매지 않는 것은 물론이다. 또한 대상(大床)에 올리는 고임 편떡도 두 틀만 올린다. 사외삼당이나 궁리제당을 돌고 국사당에서 물고를 받고 행하는 진적굿의 경우 고임 편떡 세 틀을 올린다. 이처럼 의례음식과 제상은 굿의 성격과 정체성을 파악할 수 있는 지표로서의 의미가 있다.

〈그림10〉 서울 새남굿 연지당상.(김유감을 위한 새남굿, 2009.07.02.)

　이는 진적굿에만 해당되지 않는다. 의례음식과 제상이 굿의 성격과 정체성을 보여주는 보다 분명한 사례는 죽은 자를 위해 행하는 굿이다. 서울 무속에서 죽은 지 얼마 안 된 망자를 위한 굿을 진진오기굿이라고 하는데, 그 굿에서는 불사상을 차리지 않는다. 불사상은 생명과 생산을 담당한다고 여겨지는 불사, 제석, 칠성 등의 신을 위한 상이다. 그러한 불사상을 차리지 않았다는 것은 그 굿이 바로 진진오기굿이라는 것을 말한다.

　서울 무속에서 죽은 자를 위해 행하는 굿 가운데 가장 큰 규모의 굿이 새남굿이다. 새남굿의 경우 지장보살을 모신 연지당상을 차리지만 일반 진오기굿에서는 잘 차리지 않는다. 따라서 연지당상의 존재 여부를 통해 그 굿이 죽은 자를 위한 굿 가운데서 어떤 규모의 굿인지 판단할 수 있다.

〈그림11〉 전안의 대감시루들.(이상순 진적굿, 2013.03.30.)

또한 서울 굿에서는 제물로 소머리나 돼지머리를 제상에 올리기도 한
다. 그러나 진진오기굿이나 새남굿에서는 망자의 머리를 연상시킨다고
해서 사용하지 않는다. 그 대신 돼지고기 편육이나 갈비를 올린다. 이 역
시 의례음식이 굿의 성격과 정체성을 전달하는 지표로서 기능하는 것을
보여주는 사례라고 할 수 있다.

제상에 차린 의례음식에 따라 굿을 하는 제가집의 가족 상황이 드러나
기도 한다. 진적굿의 경우 대감시루가 그러한 정보를 함축한다.[42] 이상순
의 진적굿 대감시루를 통해서, 아들 외에 또 다른 자녀와 딸, 사위(ㅇ서방)
가 있으며, 가족 중에 누군가가 병원이나 모텔을 운영하고 있고, 문화재
와 관련된 사람이 있으며, 집안에서 자동차를 운행하고 있음을 파악할 수

〈그림12〉 서울 새남굿 제물: 뮈쌈(위에서 세 번째 줄), 숭어(위에서 두 번째 줄 왼쪽), 홍합(위에서 두 번째 줄 중앙). (김유감을 위한 새남굿. 2009.07.02.)

있다.

서울 새남굿의 경우 의례음식을 통해 망자와 가족 상황이 더욱 분명하게 나타난다. 서울 새남굿에는 새남굿에만 올리는 제물이 있다. 홍합과 숭어, 일종의 해삼 요리인 뮈쌈(물몽둥이)이 그것이다. 홍합과 뮈쌈, 숭어는 망자를 위한 제물로 새남굿에서만 나타나는 제물이다.[43]

뮈쌈은 망자가 남자이면 12개, 여자이면 9개를 올린다. 당일 굿의 대상인 망자가 여성이라면 뮈쌈 9개가 올라온다. 서울 새남굿 보유자였던 김유감을 위한 새남굿에서는 뮈쌈 9개가 올라왔다.[44] 상에 올린 숭어의 수는 망자 아들의 수를 나타낸다. 만약 딸만 있다면 숭어를 올리지 않고 조기를 올린다. 김유감을 위한 새남굿에서는 숭어를 1마리 올렸다. 이는 그에게 아들이 한 사람 있다는 사실을 말한다.[45]

이처럼 굿에서 제물은 단순히 신에게 바치는 음식 이상의 의미를 갖는다. 그것은 굿 전반에 관한 포괄적인 정보를 함축하는 복합적인 상징으로 작용한다.

두 번째로 굿 의례음식은 무속 신의 세계를 구체화하는 일종의 판테온 (pantheon)으로 기능한다. 굿 의례음식은 무질서하게 차려지지 않는다. 신에 따라 의례음식이 달라지고, 의례음식이 놓인 제상 역시 일정한 공간 구분에 기초한 질서를 함축한다. 따라서 의례음식과 그것이 차려진 제상을 통해 그 굿에서 어떤 신들이 등장하는지를 알 수 있다. 즉 무속의 굿에서는 의례음식이 신을 상징하고 구분하는 지표의 하나로 작용한다. 신을 구분하고 신의 정체성을 확인하는 주요 매체 가운데 하나가 의례음식인 것이다. 이처럼 의례음식이 신을 나타내는 지표로 기능하는 것이 가능한 것은 의례음식의 개별성 때문이다.

서울 무속의 굿에서는 무신도(巫神圖)나 신상(神像) 등 신에 대한 별도의 상징물이 설치되지 않은 채 굿이 진행된다. 이런 상황에서 신을 현현(顯現)시키는 주된 상징으로 기능하는 것 가운데 하나가 그 신을 위해 차린 의례음식이다.

서울 굿에서 각 개별 거리는 그 거리를 위해 차린 개별 제상을 전제하며, 그 제상을 중심으로 진행된다. 한 거리를 시작할 때 먼저 신내림을 하는데, 해당 제상 앞에서 전후좌우로 춤을 추어 신을 내린다. 신이 내린 다음 이루어지는 신과 인간의 커뮤니케이션도 그 제상이 놓인 공간의 범위를 벗어나지 않는다. 예컨대 이상순 진적굿의 경우, 불사거리의 연행은 불사상이 놓인 마루에서 진행된다. 불사상이 놓인 마루의 영역을 벗어나 전안이나 다른 공간에서 불사거리가 연행되지는 않는다. 한 거리를 마치고 신을 돌려보낼 때도 정해진 제상 앞에서 가볍게 뛰다가 한 바퀴 돌아 그 제상을 향해 절을 한다. 이런 점에서 의례음식이 차려진 제상은 신의 상징이자 신이 모셔진 신단(神壇)의 의미를 갖는다고 말할 수 있다.

세 번째로 굿의 의례음식은 무속의 세계관을 가시적으로 구현하는 의미를 지닌다. 무속의 굿을 인간과 신의 관계 맺음의 메커니즘이라 할 때, 의례음식은 신의 존재를 확인하고 신과 관계맺는 것을 가능케 하는 주요 매체로 기능한다.

무속은 인간과, 인간 삶에 영향을 미칠 수 있는 다양한 신들로 이루어진 다원적 세계를 전제한다. 무속의 굿은 무속의 신들과 조화롭고 화해로운 관계를 맺고자 한다. 무속 굿의 특징 가운데 하나는 이러한 관계 맺음에서 어떤 신도 배제되지 않는다는 점이다.[46]

이러한 굿의 질서가 실현되는 통로의 하나가 의례음식이다. 굿에서는 모든 신에게 어떤 식으로든 개별적으로 의례음식이 제공된다. 이른바 높은 신으로 여겨지든 이름 없는 잡귀잡신이든 각각의 신을 위한 의례음식이 준비된다. 의례음식의 내용이나 제공 방식, 제공 공간에서는 차이가 있을지 몰라도 어떤 무속의 신도 배제되지 않는다.

무당이 굿을 잘하고 그 뒤가 맑다는 평을 듣기 위해서는 무속의 신들을 빠뜨리지 않고 잘 챙겨야 한다고 한다. 그 중요한 방법 가운데 하나가 바로 무속의 신들에게 제공해야 할 의례음식을 빠뜨리지 않고 준비하는 것이다. 즉 신의 존재를 확인하고 그 신과 소통하는 중심적인 방법이 그 신을 위한 의례음식을 마련하는 것이다. 예컨대 서울 무속에서는 아이를 낳다 죽은 귀신을 하탈귀라고 하는데, 하탈귀를 위로하고 그 존재를 확인하는 방법이 굿에서 미역국과 밥을 차리는 것이다. 하탈귀로 변신한 무당은 준비된 미역국과 밥을 먹으며 하탈귀의 존재를 현실화시키고 가족들과 소통한다.

이는 어떤 존재도 예컨대 이름 없는 잡귀 잡신조차도 배제하지 않는 무속의 세계관이 무속 의례음식을 통해 실현되는 것을 보여준다. 즉 어떤 신도 배제되지 않고 인간과의 관계에서 그 존재를 인정받는 무속의 세계관이 무속의 모든 신을 대상으로 마련하는 개별적인 굿 의례음식을 통해서 확인되는 것이다.

무속은 신과 인간이 함께하는 세계를 추구한다. 그러한 세계의 실현에 무속의 의례음식은 주요 매체의 하나로 기능한다. 무속은 자기 이념이나 세계관을 명시적으로 선언하는 종교는 아니다. 따라서 무속의 종교적 이념이나 세계관은 현실화되지 못한 채 늘 잠재 상태에 머물러 있다. 이런 점에서 무속 굿의 의례음식은 잠재 상태에 놓여 있던 무속의 세계관을 현실화하는 통로 가운데 하나로 기능한다.

이처럼 굿에서 의례음식은 단순히 신에게 바치는 제물 이상의 의미를 갖는다. 굿 전반에 관한 다양한 정보를 함축하고 무속의 세계관을 드러내는 복합적인 기호라는 점에서, 의례음식은 굿을 이해하는 중요한 통로 가운데 하나이다. 이런 점에서 굿 의례음식을 무속에 대한 설명 체계의 하나라고 말할 수 있다.

IV. 나오는 말

무속의 굿에서 두드러진 현상 가운데 하나가 여러 제상에 차린 다양한 음식이다. 의례음식이 없는 굿은 성립되지 않는다. 또한 굿에서 의례음식은 신을 위한 단순한 제물에 그치지 않는다. 그것은 신을 위한 제물이면서, 아울러 굿의 성격, 무속의 신, 굿을 하는 제가집 등 굿 전반에 관한 포괄적 정보를 함축한 기호이기도 하다. 또한 굿 의례음식을 통해 무속 세계관이 구체화되기도 한다. 이런 점에서 굿 의례음식은 무속과 굿을 이해하는 중요한 통로 가운데 하나이다. 따라서 의례음식을 통한 무속의 굿에 대한 접근은 기존의 무당 중심적인 관점에서 벗어나 좀 더 새로운 각도에서 굿과 무속을 이해하는 길을 열어 줄 수 있을 것이다.

이런 중요성에도 불구하고, 기존 무속 연구에서 의례음식은 그에 걸맞은 충분한 관심을 받지 못했다. 무당 중심적인 관점에서 굿에서 나타나는 무당의 말과 행위를 통해 굿과 무속을 이해하려는 연구가 지속되었을 뿐, 의례음식을 통해 굿과 무속을 이해하고자 하는 시도는 거의 이루어지지 않았다.

기존 무속 연구에 대한 이러한 비판적 문제의식하에 이 글은 서울 진적굿 의례음식을 자료로 굿 의례음식의 특징과 의미를 밝히고자 하였다. 이를 통해 굿 의례음식이 무속에 관한 하나의 설명 체계로서, 굿과 무속을 이해하는 데 중요한 통로가 된다는 점을 밝혔다. 그러나 굿 의례음식을 통해서 밝힐 수 있는 굿이나 무속에 대한 새로운 이해가 무엇인지에 대해서는 분명하게 제시하지 못하였다. 추후 더욱 포괄적이고 치밀한 굿 의례음식에 대한 조사 보고를 토대로 이런 한계를 보완하고자 한다.

천도교의 음식문화

─'만사지 식일완'(萬事知 食一碗), 밥의 의미를 중심으로

차옥숭

I. 들어가는 말

　오늘날 동서양 학자들이 심각하게 받아들이는 문제는 생태와 관련된 것이다. 지구 변화의 위기 속에서 사라져 가는 숲, 지구온난화의 위협, 생물 다양성의 감소, 세계 빈곤의 증가 등 암울한 오늘의 현실에서, 하나의 통합적 공동체로서 지구를 소생시키기 위해서는 인간과 다른 생명 사이를 연속성의 토대 위에서 이해해야 한다.

　생명 파괴의 바탕에는 모든 가치의 중심에 인간을 두고 자연과 인간의 불연속성을 전제로 한 세계관이 있다. 인간과, 우주의 나머지 존재들 사이에 커다란 격차가 있다는 생각은 인문학자들이나 과학자들 양편 모두에서 키워 온 사상이다. 과학자들은 철두철미하게 우주의 나머지 존재들을 기계 혹은 객체라고 묘사함으로써 그런 사상을 부추겼고, 인문학자들은 인간의 정신과 영혼의 철저한 독특성을 강조함으로써 그렇게 했다.[1]

　특히 근대의 데카르트는 인간의 육체와 동물을 기계라고 보아 격하하고, 생각하는 이성적 자아만을 확실한 기초라고 생각했는데, 이러한 이성 중심적 사고는 대상에 대해 냉혹한 자아를 형성하는 전통을 낳았다. 신체에 대한 경멸을 포함한 이성 중심적 사고가 지니는 폐해는 동양적 사고의 장점을 수용하지 못하게 하는 큰 장애 요인이 되었다. 근대 과학 문명을 옹호하는 전통은 이성적 의지에 추동되는 그러한 데카르트적 인격과 결합하여 오늘에 이르고 있다.

그 결과 이원론적 사고방식이 널리 수용되었고, 자연과 인간의 경계 강화는 자연에 대한 폭력으로 이어졌다. 그러나 그 폭력은 그대로 인간에게 되돌아온다. 지구의 주요한 생명 체계들이 지구 안에서 제대로 기능할 수 없는 최종점에 직면하고 나서야 비로소 인간의 윤리성에 문제가 있음을 알아차리게 된 것이다.[2] 따라서 오늘날 인류가 직면해 있는 문제를 해결하기 위한 새로운 비전, 즉 모든 인류, 모든 생명체, 그리고 미래를 위해 공정하며 형평성을 갖춘 방식으로 영구적인 번영을 제공할 수 있는 비전을 창출하기 위한 패러다임의 전환이 필요하다.[3]

자연과 인간의 경계를 허물고 소통하려는 새로운 패러다임 전환의 요청에 직면한 지금 뭇 생명에 기대어 살아가는 인간이 할 수 있는 일은 무엇일까? 여러 종교전통은 여기에 대한 해답을 찾기 위해 음식문화에 대해 진지하게 성찰하고 거기에 따른 여러 가지 대안을 제시하고 있다.

예를 들면 여성 신학자이며 생태주의 신학자이기도 한 샐리 맥페이그(Sallie McFague, 1933-2019)는 모든 생명의 안녕을 돕는 세계 내 방식으로 전환할 필요성을 강조하고, '세계는 하느님의 몸'이라는 메타포를 도입했다. 하느님은 자신의 몸을 구성하는 수십억의 다른 몸들에게 생명을 부어주는 영이고 숨결이기 때문이다.[4] '세계가 하느님의 몸'이라는 메타포는 고통당하는 인간과 동물의 몸이 느끼는 아픔도 함께 겪는다는 것을 시사한다. 우주가 하느님의 몸이라면, 하느님은 한 장소에서만 우리에게 현존하는 것이 아니고 태양과 달, 나무와 강, 동물과 인간의 몸 등등 모든 몸을 통해서 우리에게 현존한다.[5] 따라서 강과 산이 오염되고 파헤쳐져서 고통당하면 하느님도 고통당한다. 하느님은 모든 고통받는 몸과 동일시하는 몸이 된 신이다.[6] 그렇다면, 하느님의 몸을 이루는 생명과 생명의 관계는 어떻게 설명될 수 있는가? 그들 사이에서 먹고 먹힘의 관계는 어떻게 설명될 수 있을까?

하비(Graham Harvey)는 인간이 생명을 유지하기 위해서는 다른 생명을 죽여야 하고, 여기서 벗어나기 위해 '나'를 죽이는 것은 '나'와 더불어 살고 있는 생명체에 잔인한 폭력을 행사하는 일이기에, 폭력의 사이클에서 벗어날 길이 없다고 말했다. 나의 삶을 지탱하기 위해 '그들'에게 어쩔 수 없이 폭력을 저지른다고 해도, '그들'과 계속 관계를 맺을 수 있을까? 어떻게 하면 그럴 수 있을까? 이 질문에 대한 대답은 다른 종들과 관계를 맺을 때 절제와 되돌려 줌, 한계 두기와 되갚기, 허용과 한도를 설정하는 데 있으며, 종교는 생명체에 대한 잔인한 폭력 행위에 제동을 거는 장치로서 서로 다른 종들(persons) 사이에서 교섭(negotiation)하고 합의(deal)를 도출하는 역할을 맡아야 한다고 말했다.[7]

맥페이그는 "다른 몸들의 필요성을 채우기 위해 자신의 몸을 내놓음으로써 하느님을 만나는 일, 이것이 철저한 내재로서의 초월을 비추는 일이다. 우리는 우리 자신의 몸을 타자들을 위해 내려놓음으로써 타자의 몸 안에서 그리고 그 몸을 통해 하느님을 만난다."라고 말했다. 맥페이그는 '자기 비움'(케노시스), 곧 '자기를 제한하여 다른 이들이 성장하고 번창할 수 있도록 공간과 장소를 내어 주는 것은 하느님이 세계를 향해 일하는 방식이고, 또한 우리가 서로를 향해, 그리고 삼라만상을 향해 일하는 방식'이라고 말했다. 이 자기 비움은 역설적으로 참된 충만함의 길이기도 하다.[8] 따라서 "지구의 건강을 위한 윤리는 개인적이고 영적인 차원에서 자아와 물질적 필요를 스스로 제한하는 데서 시작할 수 있으며, 반드시 그렇게 되어야 한다."[9]라고 강조했다.

여기에서 제기되는 의문점은 하비가 제시하는 생명체에 대한 폭력 행위에 제동을 거는 종교의 역할이, 쌍방 간에 이루어져야 하는 서로 다른 종들 사이의 교섭과 합의를 도출하는 것도 가능한가이다. 마찬가지로 맥페이그가 제시한 "다른 몸들의 필요성을 채워 주기 위한 '자기 비움'" 역시 일방적으로 인간이 다른 생명체들에게 강요해 오던 일이며 인간이 다른 생명체들을 위해 자기 몸을 내어 주는 일이 가능한가 하는 점이다.

동학은 이러한 사상 전통을 극복하는 데에 좋은 대안 중의 하나라고 생각된다. 해월의 '이천식천'(以天食天)은 먹힘과 먹임의 관계를 잘 풀어냈다. 맥페이그는 최근까지, 하비는 지금도 살아서 활동하는 사람들이지만,, 해월은 120여 년 전, 생태 문제가 전혀 거론되지 않던 시기에 활동했던 사람이다. 해월이 말하는 '이천식천' 역시 하비의 주장처럼 폭력을 합리화하고 완화시키기 위한 고도의 장치에 불과할는지 모르지만, 그의 가르침에 바탕을 둔 동학 및 천도교의 음식문화는 오늘의 심각한 생태 문제와 음식 문제를 푸는 실마리를 제공할 수 있을 것이다.

해월은 '만사지 식일완'(萬事知 食一碗)이라는 말을 남겼다. 밥 한 그릇을 먹게 되는 이치만 알게 되면 모든 이치를 다 알게 된다는 뜻이다. 우주만물을 유기체적인 생명 공동체로 인식한 해월은 만물이 자기 안에 한울님을 모신 존재(侍天主者)로 보았다. 사물을 생명으로 보고 나아가 그 자발성과 우주적 연대성을 강조하는 동학사상이 지니는 혁명성은 민중들의 삶이 피폐(疲斃)해지고 식민화 위기를 목전에 둔 19세기 말의 역사적 상황에서 생명 세계와의 상호 긍정적 관계를 첨예하게 주장했다는 데에 있다고 생각한다. 역사적 상황과의 연관을 무시하지 않고 인류의 미래까지도 살리려고 하는 동학의 이러한 역사의식은 오늘에도 큰 귀감이 된다고 하겠다. 인간의 신체와 기억까지 산업화와 돈벌이의 수단으로 이용되는 오늘날 이러한 생태적 역사의식은 더욱 필요한 것이다. 이런 의미에서 동학의 주체성이 지니는 여러 성격을 구명하는 것은 중요한 의미가 있다.

필자는 이 글에서 동학 및 천도교의 음식문화에 초점을 맞추어 먼저 그 음식문화의 이론적 근거를 수운 최제우(崔濟愚, 1824-1864)와 해월 최시형(崔時亨, 1827-1898)의 가르침을 통해 분석할 것이다. 동학 및 천도교의 음식문화의 이론적 근거가 되는 가르침은 수운의 시천주(侍天主) 사상과 해월의 천지부모(天地父母), 경물(敬物), 물물천사사천(物物天事事天), 이천식천(以天食天), 내칙(內則), 내수도문(內修道文) 등에서 찾을 수 있다. 그다음, 그들의 가르침이 오늘의 천도교인들이 날마다 이어 가는 식사에서 어떻게 구현되고 있는지를 살필 것이다. 마지막으로 동학 및 천도교의 음식문화에 담긴 사상이 오늘 우리가 직면한 생태 문제와 음식 문제를 해결하는 데 어떤 시사점을 던지는지를 한울연대의 빈 그릇 운동과 한살림운동 등을 통해 '만사지 식일완(萬事知 食一碗) - 밥의 의미'를 살필 것이다. 이를 통해 생태계가 위기에 처해 있는 현실에서 생명의 그물망과 생명의 다양성, 그리고 만물의 내연 관계가 존중되는 새로운 대안을 모색해 보도록 하겠다.[10]

II. 수운의 시천주(侍天主) 사상과
해월의 물물천사사천(物物天事事天), 이천식천(以天食天)

수운의 시천주 사상은 동학과 천도교의 종지(宗旨)이다. 서양의 주류 전통에서는 궁극적 실재를 절대타자로 받아들이고 내 밖의 초월의 경지에서 찾는 반면, 동양 전통에서는 무한한 궁극적 실재를 유한한 개별자의 마음에서 찾고, 발견하고, 만나고, 하나가 되는 것이다. 수운의 시천주는 내 안에서 신령한 한울의 생명과 신성을 발견함과 동시에 내가 전체 우주의 뭇 생명들과 깊이 연결되어 하나를 이루고 있다는 생명의 존엄성과 연대성에 대한 자각이다.(內有神靈, 外有氣化)

이규성에 의하면 '개체 속에 영적 본질이 있다'는 것은 개체의 절대성을 의미하며, 동시에 개체는 타자와의 우주적 소통 관계 속에 있다는 보편적 연대성을 의미한다.[11] 수운과 해월은, 개체의 자각에서 우주의 궁극적 본질이 내부에 있다는 것(內有神靈)이 알려지고, 이 본질이 자기실현의 힘을 가지고 밖으로 작용하여 타인을 주체로서 공경하면서 변화시켜 나간다(外有氣化)고 보았다. 그리고 해월에서 동학의 윤리는 바로 성인적 인격의 심층적 지혜인 '자기성명'(自己性命)의 자각과 실현에서 '경천'(敬天) · '경인'(敬人) · '경물'(敬物)이 실현되는 공경의 세계가 펼쳐진다.[12]

해월은 수운의 시천주를 '우주일기'(宇宙一氣)의 존재로 이해하여 '나의 굴신동정이 우주일기의 조화이고, 나의 마음과 기운은 천지우주의 원기와 하나로 통해 있는 것'이라 하였다.[13] 또한 사람만이 아니라 천지만물이 다 한울님을 자기 안에 모신 존재라고 보았다. 따라서 해월은 물물천사사천(物物天事事天), 이천식천(以天食天)을 다음과 같이 설명했다.

그러므로 내 항상 말할 때에 물건마다 한울이요 일마다 한울이라 하였나니, 만약 이 이치를 옳다고 인정한다면 모든 물건이 다 한울로써 한울을 먹는 것 아님이 없을지니, 한울로써 한울을 먹는 것은 어찌 생각하면 이치에 서로 맞지 않는 것 같으나, 그것은 편견이고 만일 한울 전체로 본다면 한울이 한울 전체를 키우기 위하여 같은 바탕이 된 자는 서로 도와줌으로써 서로 기운이 화함을 이루게 하고, 다른 바탕이 된 자는 한울로써 한울을 먹는 것으로써 서로 기운이 화함을 통하게 하는 것이니, 그러므로 한울은 한쪽 편에서 동질화는 종 내부의 상호부조를 이루게 하고 이질화는 종끼리 기화를 소통시켜 서로 연결된 성장 발전을 도모하는 것이니, 합하여 말하면 한울로써 한울을 먹는 것은 곧 한울의 기화작용으로 볼 수 있는데, 대신사께서 모실 시 자의 뜻을 풀어 밝히실 때에 안에 신령이 있다 함은 한울을 이름이요, 밖에 기화가 있다 함은 한울로써 한울을 먹는 것을 말씀한 것이니 지극히 묘한 천지의 묘법이 도무지 기운이 화하는 데 있느니라.[14]

위의 글에서 해월은 물물천사사천, 이천식천을 설명했다. 시천주자로서 모든 만물은 한울이다. 따라서 만물의 활동과 일은 한울의 활동이고 일이다. 풀 한 포기의 몸짓에서도 새의 울음소리에서도 한울의 활동과 한울의 소리를 들었던 해월이 경천, 경인, 경물을 말하는 것은 당연하다. 모든 만물을 유기체적 생명 공동체로 인식한 해월은 일상의 식사 행위를 한울이 한울을 먹는 이천식천으로 설명했다. 이천식천은 한울의 기화작용으로 한울 전체를 성장 진화케 하는 원리라고 말했다. 즉 모든 만물이 서로를 먹이는 관계를 통해서 서로의 성장과 우주적 성장 진화를 도모한다는 것이다.

이돈화는 '천지만유(天地萬有)가 진화 연쇄적 직선상에 있는 동일체로서 그가 향상 발전하기 위하여 생명체가 비교적 하 단계에 있는 물건이 생명체가 비교적 상 단계에 있는 물건을 통하여 우주 자체의 대생명을 도와서 위로 올라가게 하는 법칙이 곧 이천식천의 원리'[15]라고 설명했다. '갑물(甲物)로서 을물(乙物)을 내려다본다면 갑은 을을 먹고 자체를 키운다고 볼 수 있고 을로서 갑을 올려다본다면 을은 갑을 통하여 자체를 한 단계에 오르게 하는 행위를 하는 것이라고 보게 되는 것이며, 갑과 을을 동일한 우주체로 본다면 갑이 을을 먹는 것도 아니며 을이 갑에게 먹히는 것도 아니며 우주라는 대생명체가 자체의 성장을 스스로 하여 나가는 자율적 법칙이라 할 수 있는데 이것이 이천식천의 원리'[16]라는 것이다.

나아가 이돈화는 "어떤 종속(種屬)이 이천식천에 적당하다고 인정되면 한편으로 그 종속을 먹게 되는 동시에 한편으로 그 종속을 보존 또는 성장하게 하는 의식적 기화작용(氣化作用)을 하게 되는 것이다. 목축과 농업이 여기에서 나온 것이다. 즉 사람은 한편에서는 자연을 이용하는 동시에 자연을 보호할 책임도 갖게 된다. 한울을 키우는 데 천연적 기화작용뿐만 아니라 의식적 기화작용인 노동이 필요하다."[17]라고 설명했다.

김지하에 의하면 '노동'이란 어떤 생명이 다른 생명과의 접촉을 통해서 또 하나의 생명을 창조해 내는 과정을 말하는 것이다. 동시에 모든 생명체는 그 성장 과정에서 자기의 종(種)을 유지·발전시키고 유지·보존할 수 있는 씨앗을 생산해 내며 그 씨앗을 중심으로 해서 수많은 여백을 창출한다.[18] 따라서 다른 단위 생명체로 하여금 그 여백으로부터 그 생명체의 먹이를 획득하게 하도록 개방하는 '생명계의 질서'가 '생명이 생명을 먹는', '이천식천'이다. 이것은 약육강식이나 적자생존의 원리에 입각한 먹이사슬이 아니라 자연 본래의, 생명의 본성에 따른 이 생명이 저 생명의 형태로 전환하는 생명의 전환, '생명의 순환'의 원리에 따르는 공생의 원리이다.[19]

1. 식사는 제사다

수운은 『용담유사』 「교훈가」에서 다음과 같이 말했다.

> 일일시시(日日時時) 먹는 음식
> 성경이자(誠敬二字) 지켜 내어 한울님을 공경하면
> 자아시(自兒時) 있던 신병(身病) 물약자효(勿藥自效) 아닐런가

매일 먹는 음식을 거룩하게 그리고 공경하는 마음으로 한울님께 바친다면, 즉 자기 안에 모신 한울님께 스스로 지은 밥을 바쳐서 성실한 마음, 공경스러운 마음으로 먹는다면 어렸을 때 얻은 오랜 불치병도 약 없이도 나을 수 있다는 뜻이다.

여기에서 해월은 수운의 생각을 계승 확대하여 일상적인 밥과, 일상의 식사·행위를 거룩한 제사로 승화시켰다. 해월은 「내수도문」(內修道文)에서 세 끼 식사를 부모님 제사와 같이 받들라고 당부한다. 해월의 「내수도문」과 「내칙」의 내용은 오늘날에도 천도교인들 삶 속에 매일매일의 심고와 식고를 통해 현재화되고 있다.

「내수도문」(內修道文)

3. 먹던 밥 새 밥에 섞지 말고, 먹던 국 새 국에 섞지 말고, 먹던 침채 새 침채에 섞지 말고, 먹던 반찬 새 반찬에 섞지 말고, 먹던 밥과 국과 침채와 장과 반찬 등절은 따로 두었다가 시장하거든 먹되, 고하지 말고 그저 「먹습니다.」 하옵소서.

4. 조석 할 때에 새 물에다 쌀 다섯 번 씻어 안치고, 밥해서 풀 때에 국이나 장이나 침채나 한 그릇 놓고 고하옵소서.

5. 금난 그릇에 먹지 말고, 이 빠진 그릇에 먹지 말고, 살생하지 말고, 삼시를 부모님 제사와 같이 받드옵소서.

「내칙」(內則)

1. 포태하거든 육종(肉種)을 먹지 말며, 해어(海魚)도 먹지 말며, 논의 우렁도 먹지 말며, 거렁의 가재도 먹지 말며, 고기 냄새도 맡지 말며, 무론 아무 고기라도 먹으면 그 고기 기운을 따라 사람이 나면 모질고 탁하니, 일삭이 되거든 기운 자리에 앉지 말며, 잘 때에 반듯이 자고, 모로 눕지 말며, 침채와 채소와 떡이라도 기울게 썰어 먹지 말며, 울새 터 논 데로 다니지 말며, 남의 말 하지 말며, 담 무너진 데로 다니지 말며, 지름길로 다니지 말며, 성내지 말며, 무거운 것 들지 말며, 무거운 것 이지 말며, 가벼운 것이라도 무거운 듯이 들며, 방아 찧을 때에 너무 되게도 찧지 말며, 급하게도 먹지 말며, 너무 찬 음식도 먹지 말며, 너무 뜨거운 음식도 먹지 말며, 기대앉지 말며, 비껴 서지 말며, 남의 눈을 속이지 말라.

5. 천지조화가 다 이 「내칙」과 「내수도문」 두 편에 들었으니, 부디 범연히 보지 말고 이대로만 밟아 봉행하옵소서.

천도교에서는 아이를 잉태했을 때 육식을 하면 기운이 탁하게 되므로 가급적 육식을 금하고 몸가짐을 단정하게 할 것을 권고한다. 또 특별기도나 수련 때에도 어육주초를 금한다. 일상적인 것 안에 거룩함이 들어 있다.「내수도문」에서 보면 천도교인들은 매일 세 번의 제사를 지낸다. 따라서 일 년 열두 달 내내 매일 세 번씩 제사를 지낸다. 매일의 식사가 거룩한 제사이다.

제사가 바로 식사가 되고, 식사가 바로 제사가 되는 것은 '밥'을 통해서이다. 밥은 우주생명의 창조적 활동을 뜻하는 것이며, 동시에 그 생명의 결실을 생명 활동의 주체인 생명 자신이 먹는다는 것을 뜻한다. '식사'는 똑같은 의미에서 대지와 인간 속에서 활동하는 생명의 적극적인 창조 활동인 노동을 통해서 창조한 생명을 수렴해서 먹고 다시 생명력을 확장하는 능동적이고 역동적인 생명의 순환을 의미한다. 따라서 식사는 바로 제사요, 제사는 바로 식사이다.[20]

해월은 1897년 4월 5일 '향아설위'(向我設位)를 아래와 같이 발표했다. 여기에서 식사가 제사가 되는 의미를 알 수 있다.

나의 부모는 첫 조상으로부터 몇만 대에 이르도록 혈기를 계승하여 나에게 이른 것이요, 또 부모의 심령은 한울님으로부터 몇만 대를 이어 나에게 이른 것이니 부모가 죽은 뒤에도 혈기는 나에게 남아 있는 것이요, 심령과 정신도 나에게 남아 있는 것이니라. 그러므로 제사를 받들고 위를 베푸는 것은 그 자손을 위하는 것이 본위이니, 평상시에 식사를 하듯이 위를 베푼 뒤에 지극한 정성을 다하여 심고하고 부모가 살아 계실 때의 교훈과 남기신 사업의 뜻을 생각하면서 맹세하는 것이 옳으니라.[21]

'향아설위'(向我設位)는 오랜 동안 벽을 향해서 제사상을 차리는 '향벽설위'(向壁設位)를 뒤바꾼 사건이다. 김지하는 향아설위를 동서고금의 제사양식을 뒤집어 버린 '혁명적인 사건'이고 '개벽적인 사건'이라고 간주하며 그 의미를 다음과 같이 밝혔다.

> 향벽설위는, 한울님은 '미래에 있다', '앞에 있다', '위에 있다' 즉 '하늘에 있다'─이렇게 끊임없이 이야기해 왔던 인류의 수만 년 문명사 전체의 지배적인 문화양식이었다. '미래에 있고 앞에 있고 위에 있는 한울님', '벽 쪽에서 활동하는 한울님', '시선 방향의 저편에 있는 한울님', '피안에 있는 한울님', '천당', '극락정토', '부처님', '자유의 왕국', '목적의 왕국', '풍요한 사회'─그것을 향해서 지금 여기에서의 모든 사람들의 정신적 내지 육체적, 단독적 내지 사회적·집단적인 모든 창조 활동·생명 활동·노동 활동의 총체와 그 결과로서의 생산적 가치 총체를 '벽 쪽으로 갖다 놓아라' 하는 말이다. 그러나 진정한 한울님은 지금 여기 살아 있는 한울님인 사람 속에서 일하고 밥 먹고 자고 또다시 일어나 일하고 창조하는 바로 그런 분이다. 따라서 한울님은 벽 쪽에 있는 것이 아니라 벽을 향해서 절을 하고 있는 상제, 즉 나·사람·노동 주체·생명 주체인 이쪽에, 내 속에 살아 계신 것이다.[22]

이처럼 향아설위에서는 나를 통해서 한울님, 부모님, 스승님이 모두 먹고 마시고 활동하며 뜻을 이루어 가는 것이며, 식사가 제사이며 제사가 곧 식사이니 정성을 다해 행하라는 것이다.

2. 식고(食告)와 청수봉전(淸水奉奠)

1) 식고(食告)

천도교에서는 음식 역시 한울이다. 따라서 음식을 먹는 행위는 지극한 한울모심이 된다. 따라서 식고는 이천식천(以天食天), 이천화천(以天化天)과도 연결된다.[23]

한편 천도교는 감응의 종교이다. 향아설위에서 살펴보았듯이 감응의 주체는 나고, 대상은 한울님이고 조상님이고 스승님이다. 주체와 대상을 편의상 나눴을 뿐 천도교에서는 이를 일체된 하나로 본다. 심고는 분리된 나, 분리된 조상님, 스승님, 한울님이 하나 되는 과정이기도 하다. 감응을 통해서 하나 되는 것이다. 그래서 심고는 '감응하소서'로 마무리된다. 심고는 한울(신)과의 소통이다. 심고는 한울 된 자가 한울이 되어 가는 과정이기도 하다. 한울이 한울을 먹고[以天植天], 한울이 한울이 되고[以天化天], 한울이 한울을 모시는[以天奉天] 것은 심고를 통해 감응되어 가는 과정을 뜻한다.

해월은 천지의 젖인 오곡을 먹고 영력을 발휘하는 사람이 천지만물과 서로 화합하고 감응하는 것은 심고를 통해 가능하다고 밝혔다.

> 한울은 만물을 지으시고 만물 안에 계시나니, 그러므로 만물의 정기는 한울이니라. 만물 중 가장 신령한 것은 사람이니 그러므로 사람은 만물의 주인이니라. 사람은 태어나는 것으로만 사람이 되지 못하고 오곡백과의 영양을 받아서 사는 것이니라. 오곡은 천지의 젖이니 사람이 이 천지의 젖을 먹고 영력을 발휘케 하는 것이라. 그러므로 한울은 사람에 의지하고 사람

은 먹는 데 의지하니, 이 한울로써 한울을 먹는 원리에 따라 사는 우리 사
람은 심고로써 천지만물의 서로 화합하고 통함을 얻는 것이 어찌 옳지 아
니하랴.[24]

식고(食告)는 음식 앞에서 하는 심고이다. 생활 속에서 신적 합일을 중
요시하는 동학은 가장 적나라하고 구체적인 합일의 생명 행위가 먹는 것
에 있기 때문에 심고의 세분화된 행위로 식고를 한다.[25] 해월은 천지부모
(天地父母) 편에서 식고에 대해 다음과 같이 설명했다.

사람은 오행의 빼어난 기운이요 곡식은 오행의 으뜸가는 기운이니, 젖이
란 것은 사람의 몸에서 나는 곡식이요, 곡식이란 것은 천지의 젖이니라.
부모의 포태가 곧 천지의 포태니, 사람이 어렸을 때에 그 어머니 젖을 먹
고, 자라서 오곡을 먹는 것은 천지의 녹을 먹는 것이니 식고는 도로 먹임의
이치요, 은덕을 갚는 도리이니, 음식을 대하면 반드시 천지에 고하여 그 은
덕을 잊지 않는 것이 근본이 되는 것이니라.[26]

대부분의 천도교인들은 해월 선생의 「내수도문」에 따라 삼시 세끼를
부모님 제사와 같이 받들면서 식사 때마다 새 밥을 정성껏 지어서 올린
다. 밥은 내 안에 모신 한울님과 조상님을 봉양하는 것이기도 하다. 그러
므로 정성을 다해 감사와 함께 감응의 식고(食告)를 드린다. 식사는 곡식
을 주신 천지부모님께 다시 봉양하는 것이다. 한울님의 은덕에 보답하
는 마음으로 식고하고 식고 후에 감사하는 마음으로 먹는다. 따라서 식사
전에 '감응하소서'라는 감응식고를, 식사 후에 감사식고를 한다. 「내수도

문」에서 밝히고 있듯이 밥과 반찬은 먹을 만큼만 덜고 남기지 않는다. 부득이 남은 음식은 따로 두었다가 먹되, 한번 먹었던 음식에는 식고를 하지 않는다. 한울님과 조상님을 청하는 것이 아니기 때문이다.

2) 청수봉전(清水奉奠)

해월은 포덕 16년(1875) 8월 15일 설법에서 다음과 같이 말했다.

> 내가 과거 다년간에 각종 음식물로써 기도 의식의 준비를 행하였으나, 이는 아직 시대의 관계로부터 나온 所以니 日後는 一切 의식에 但히 清水 一器만 用하는 日이 有하리라.[27]

해월은 '일체의 의식에 번거로운 예절을 사용하지 말라'는 강화(降話)의 가르침을 얻고 설법하기를 "앞으로 일체의 의식에 청수 한 그릇만 사용하는 날이 있으리라."라고 하였다. 그 당시 쫓겨 다니는 어려움 속에서 제물을 마련하기도 힘들었을 것이고 어려운 서민들 형편을 헤아리면서 그런 결단을 했을 거라고 추측해 본다.

그러나 『초기 동학의 역사 도원기서』를 보면 바로 제사 음식이 청수 일기로 행해진 것 같지는 않다. 포덕 16년 이후에도 해월 선생과 동행하는 사람들이 제의에 쓰일 제물을 어렵게 정성껏 준비하는 것을 볼 수 있다.

포덕 47년(1906)에 와서 중앙총부가 시일(侍日)에 청수봉전을 규칙으로 하는 종령을 발표했고, 포덕 51년(1910)에는 전교식, 참회식, 시일식, 기념식, 기도식, 기타 예식에 청수봉전을 하도록 '천도교의절'을 제정했다. 천도교에서 청수봉전은 물이 생명의 근원이라는 의미가 있다. 또한 수운이

1864년 3월 10일 대구장대(大邱將臺)에서 처형 직전에 '청수일기'(淸水一器)를 앞에 놓고 묵도를 한 뒤에 순도한 것을 기념하는 의미도 있다. 해월은 법설 '향아설위' 편에서 청수봉전의 의미를 다음과 같이 설명했다.

> 만 가지를 차리어 벌려 놓는 것이 정성이 되는 것이 아니요, 다만 청수 한 그릇이라도 지극한 정성을 다하는 것이 옳으니라. 제물을 차릴 때에 값이 비싸고 싼 것을 말하지 말고, 물품이 많고 적은 것을 말하지 말라. 제사 지낼 시기에 이르러 흉한 빛을 보지 말고, 음란한 소리를 듣지 말고, 나쁜 말을 하지 말고, 서로 다투고 물건 빼앗기를 하지 말라. 만일 그렇게 하면 제사를 지내지 않는 것이 옳으니라. 굴건과 제복이 필요치 않고 평상시에 입던 옷을 입더라도 지극한 정성이 옳으니라.[28]

III. 밥의 의미와 천도교여성회와 한살림의 실천적 음식문화운동

해월은 밥은 한울이라고 했다. 천지의 젖인 밥은 나누는 것이고 함께 먹는 것이고 그냥 먹는 것이 아니라 감사하는 마음으로 모시는 것이라고 했다. '만사지 식일완(萬事知 食一碗),즉 밥 한 그릇의 이치를 알면 세상만사를 다 아는 것'이라고 했다.

밥은 하늘과 땅과 사람이 협동해서 만드는 것이다. 풀·벌레·흙·공기·바람·눈·서리·천둥·햇빛과 볍씨와 사람의 정신 및 육체적인 모든 일이 협동해서 만들어 내는 것이 쌀이요 밥이다. 밥은 육체의 밥이요,

물질의 밥이며, 동시에 정신의 밥이요, 영의 밥이다. 그래서 밥을 우리는 '생명'이라고 부른다.[29] 밥은 공동체적으로 생산하고 수렴해서 나누는 것을 특징으로 한다. 밥은 밥상에서 나누어 먹게 되어 있다. 그래서 '밥상 공동체'라고 말한다. 밥이란 본래 공동체적으로 함께 놀고 다시금 공동체적으로 밥을 만든다. 밥이란 생산 활동과 또한 그 결과를 수렴하는 활동 전체에서 거대한 힘의 원천이다. 자기가 일해서 얻은 것을 남에게 흔쾌히 내어 주는 것, 내어 주기 위해서 피땀 흘려서 일을 하는 것, 근원적인 의미에서 서로 나누기 위해서 일하고 또 일해서 나누는 것, 이것이 한울님의 '일'이다.[30]

노동에 의해서 생산된 밥은 생명 활동의 결과이다. 이러한 생명운동의 결과인 밥이, 생명인 음식물이 쓰레기로 버려진다. 버려진 음식물이 연간 15조 원어치이고 처리 비용으로 수천 억 원이 낭비되고 있다. 이러한 상황에서 천도교여성회와 한살림의 실천 운동을 살펴보도록 하겠다.

1. 천도교여성회의 활동

2000년 천도교여성회에서는 여성회본부 조직부에 '한울타리'라는 이름으로 환경 단체를 만들어 비닐봉투 사용 안 하는 운동을 전개했다. 2001년부터는 '환경보호실천 한울타리'를 결성하여 폐형광등 분리수거, 음식물 쓰레기 줄이기, 친환경 가정 식단 개발에 참여하고, 농산물 직거래 사업도 진행했다.

2002년 3월에는 여성회 창립 78주년을 맞이하여 '건강한 먹거리로 우리와 한울님을 서로 살리자'는 선언을 하고 해월의 이천식천을 성찰하며 궁극적으로 경천(敬天), 경인(敬人), 경물(敬物)의 새 문화가 주류 문화가 되는 세상을 구축해 나가기로 다짐하고 건강한 음식 소비 운동을 전개했다.[31] 2003년에는 생활환경 여성단체연합이 주최한 '매월 첫째 수요일 음식물 쓰레기 없는 날' 캠페인에 적극적으로 참여하여 천도교 내에서 운동을 전개했다.[32]

'천도교 수련과 영성에 바탕을 둔 생명평화 실천'을 목적으로 시천주의 가르침을 생활 속에서 실천하기 위해 결성된 한울연대가 음식과 관련해서 전개한 운동이 2011년부터 시작된 '시천주 빈 그릇 운동'이다. 이 운동은 "물 한 방울, 밥 한 숟갈도 천지부모 젖인 양 고맙게 받아 공손하게 씹어 감사히 삼키겠습니다. 내 안의 한울님 모시는 마음으로 다음과 같이 '시천주 빈 그릇 운동'에 참여합니다."라는 다짐을 하고 아래의 일곱 가지 규칙을 지킨다.

1) 먹을 만큼만 담고 음식을 남기지 않는다.

2) 음식 앞에서 식고를 하고 꼭꼭 오래 씹어 먹는다.

3) 음식점에서는 안 먹을 반찬은 반납하고 밥이 많으면 미리 덜어 낸다.

4) 남은 반찬이 있는 이상 빈 반찬 그릇을 추가시키지 않는다.

5) 육식보다는 채식을, 천천히 먹고 소식을 한다.

6) 튀기거나 굽기보다 자연식과 전체식을 즐긴다.

7) 냅킨을 함부로 쓰지 않고 주머니 손수건을 꺼내 쓴다.[33]

한울연대에서는 더욱 근본적으로 소박한 밥상이야말로 나를 공경하고 생명을 공경하고 한울을 공경하는 첫걸음이라는 차원에서 접근하고 있

다.[34]

2. 한살림운동

한울연대운동이 천도교 내에서 전개된 것인 반면에 '한살림운동'은 천도교 밖에서 일어난 운동이다.

> 천지는 부모와 마찬가지로 곡식을 키워서 우리가 먹을 수 있게 하므로 그 은덕에 감사하고 부모처럼 공경해야 하며, 밥이 나에게 오기까지 수고한 모든 사람들의 노고를 알고 감사해야 하며, 생명의 순환 이치를 알고 그에 순응하는 삶을 살아야 한다는 뜻이 담겨 있는 '萬事知는 食一碗'이라는 해월 선생의 말씀은 무릇 사람의 도리를 말씀하고 있는 것이겠지만, 아이들은 정성껏 차려진 밥을 매일같이 먹으면서 한 그릇의 밥 속에 담겨 있는 이치를, 굳이 그것을 말로 가르치지 않아도 저절로 몸이 익히고 마음이 알아가는 것임을, 그 밥 속의 기운이 무너진 몸과 마음의 균형을 잡아 줄 수 있다는 믿음을 갖게 되었습니다.[35]

위의 글은 한살림운동을 하는 세 아이를 키우는 어머니의 고백이다.

한살림운동은 밥상 살림으로 세상을 바꾸려는 뜻을 담고 있다. "밥 한 그릇을 통해 몸과 마음을 살리고, 농민과 땅을 살리고, 밥을 생산하는 가운데 협동적 생산 공동체를 되살리고, 밥을 짓고 차리는 가운데 밥상 공동체를 되살리고자 했으며, 밥 한 그릇을 모시는 태도에서부터 이웃과 자연, 온 생명에 대한 '모심'으로 나아가고자 하는 뜻을 담고 있다. 즉 밥 한 그릇을 바꾸어 몸과 마음을 바꾸고 생활을 바꾸어 생산양식과 노동양식의 변화, 나아가 세상을 바꾸고자 한 '밥 운동'이다."[36]

또한 2008년에 정리한 〈한살림 생활문화운동〉 가운데 식사와 관련된 아래 내용에는 '밥'을 대하는 태도가 어떠해야 하는지가 구체적인 표현으로 나타나 있다.

> 밥을 먹을 때
> 밥을 먹기 전에 잠시 동안 모시는 마음으로 묵상합니다.
> 한 그릇 밥에 담긴 천지만물의 크신 은혜를 생각합니다.
> 이 밥이 나에게 오기까지 애쓴 수많은 이의 정성에 깊이 감사드립니다.
> 밥을 정성껏 받아 모시면서 꼭꼭 씹어 먹습니다.
> 밥에 담긴 생명과 배고픈 이를 생각하며 남기지 않고 먹습니다.
> 생명의 밥을 받아먹음으로써 다른 생명을 살리는 일에 힘쓸 것을 다짐합니다.[37]

건강한 밥상을 차리기 위해서는 우리가 발 딛고 사는 땅과 물, 우리를 둘러싼 환경을 건강하게 하는 것이 선행되어야 한다는 문제의식은 한살림운동의 밑바탕에 늘 존재해 왔다.[38]

한편 밥상의 안전은 농촌과 지역사회, 자연 생태계 전체가 건강할 때 가능한 일이기도 하다. 한살림은 소비자 조합원 밥상의 안전을 책임지는 노력은 물론 사회 전체의 먹을거리 안전을 위해 함께 고민하고 해결하기 위해 활동해 왔다. 그 예로 1990년 후반에 한살림은 〈유전자조작식품반대 생명운동연대〉를 결성해 의식하지 못하는 사이 우리 집 밥상을 순식

간에 점령해 버릴 수도 있는 유전자조작 식품의 위험성을 알리는 교육 자료와 홍보물을 제작하여 매장에서 조합원 및 그 이웃들과 공유해 왔다.[39] 2008년에는 미국산 광우병 소 수입 반대 활동, 후쿠시마 사고 이후에는 밥상을 근본적으로 위협하는 방사능에 의한 먹을거리 오염 문제에도 관심을 가지고 대응하고 있다.[40]

지금까지 천도교여성회와 한살림 활동을 통해 미약하지만 수운 선생과 해월 선생의 가르침이 삶의 현장에서 어떻게 살아서 가시화되고 있는지 살펴보았다.

IV. 나오는 말

이 글에서 필자는 자본주의 포식 문화에 대한 대안으로 절제된 동학 및 천도교의 음식문화와 그것의 바탕을 이루는 사상들을 살펴보았다.

요즈음 TV나 인터넷방송에서는 음식에 관한 프로그램이 범람한다. 이러한 현상은 다양하게 분석되고 있다. 여러 가지요인 중에 하나는 독신 가구의 증가로 식탁 공동체가 깨어지면서 혼자 먹을 때 덜 외롭기 위해서 음식에 관한 프로그램을 찾는다는 것이다. 또한 가족들이 뿔뿔이 흩어져 혼자 식사하는 어린이들이 많다고 한다. 심한 경우에는 아침에 일어나면 부모는 출근해서 없고, 차려진 밥상에서 혼자 먹고, 학교에 갔다 돌아와서는 짜인 스케줄대로 학원에 가고, 가족이 모두 모여 저녁 식사를 하는 경우조차 드물다고 한다. OECD 국가 중에서 한국이 자살률 1위다. 여러 가지 원인이 있겠지만 밥상 공동체가 깨어진 이유가 크다고 생각한다. 사람이 밥을 먹기 위해서는 입이 필요하지만, 입은 밥을 먹는 데에만 필요한 것이 아니다. 말을 하기 위해서도 입이 필요하다. 먹기 위해 둘러앉은 식탁은 서로 다른 이해관계를 갖고 충돌하는 타인들의 식탁이 아니라, 평등하게 나누어 먹고 평등하게 말하는 가족이나 형제들의 식탁이다. 그런 식탁이 바로 밥상 공동체이다. 우리는 식사하는 가운데 서로를 알아 간다. 서로 사랑을 나누고 소통할 수 있는 말하는 입이 없고 먹는 입만 있는 혼자만의 식탁에서는 아이도 어른도 병들어 간다.

따뜻한 음식문화 가치가 사라져 가고 상품화된 음식문화가 범람하는 오늘날, 동학 및 천도교의 음식문화에 담긴 사상, 그리고 천도교여성회 운동과 한살림의 실천 운동은 우리에게 많은 반성과 성찰을 하게 한다. 동학 및 천도교의 음식문화는 환경과 대립하기보다 조화하여 환경을 보존하면서 후손에게 물려준다는 미래 의식에 연관되어 있다. 환경을 파괴하면서 포만을 추구하는 것이 아니라, 전체의 생명을 긍정하는 관점에서 자연을 보존하고, 문화의 역사적 연속성을 추구한다는 것이다. 후천개벽이라는 것은 바로 과학기술 문명을 수용하면서도, 생태계에 대한 이러한 역사적 관점을 기본적 인생관으로 유지하는 것이라고 생각한다.

자기 안에는 신령하고 무궁한 우주생명이 살아 있다는 것을 인식하고, 그 우주생명을 공경하여, 거기에 자신을 일치시키는 것이 바로 자기실현이다. 자기 안에 우주생명이 살아 있다면 이웃 안에도 살아 있음을 인정할 수 있고, 이웃을 공경함으로써 새로운 공동체를 창조할 수도 있다. 나아가 동식물과 무기물 안에도, 기계에까지도 우주생명이 살아 있음을 인정하고 공경함으로써 생태계의 균형을 새롭게 회복할 수 있다.[41]

이규성은, 세계와 함께하는 정신이 동학을 단순한 주관적 해탈주의에 빠지지 않게 함으로써 영성주의적 부패를 방지하게 할 수 있었다고 본다. '타인의 존재 의미를 평등하게 공경하는 동학의 원리는 사물 내부의 보이지 않는 심층적 실재를 향해 우리의 의식이 자신의 표층을 깨고 나와 확장해 가는 활동'이라는 것이다. 서로 다른 개체들의 평등한 연대를 인정하고 타자에게 공감하고 그 존재를 긍정하는 것은 추상적인 법칙에 따르는 데서 이루어지는 일이 아니라, 타자의 심층과 교류하는 사랑의 능력에서 비롯되는 일이다.[42]

이성적 의지에 의해 구성되는 냉정한 주체성은 잔인한 공격성과 연계하여 발전되어 왔다고 할 것이다. 그러나 논문에서 말한 감응의 주체성은 그와 달리 신체성이 긍정되지만 이기적 쾌락주의로 전락하는 것이 아니며, 이성이 과학을 수용한다 하더라도 이를 생태적 관점에 조화시키는 통찰의 주체성이기도 하다. 자연과의 화해는 생명과 감응하는 감성과 전체를 통찰하는 이성과 우주로 나타난 신을 섬기는 종교성을 겸비한다. 이 종교성에 생명 본능이라 할 수 있는 감응적 감정이 결부되어 있고, 미래 후손의 생태적 삶의 공간을 인정하는 역사의식이 결합되어 있다. 과학적 세계관을 선호하는 마르크스조차도 자연과 인간의 모순을 무조건 확대하는 것이 아니라 그 모순의 통일을 통해 인간의 자연적 본성과 우주 자연에 대한 긍정적 이해를 말했다. 감응의 주체성은 대립적 관계가 아니라 화해의 관계를 확장해 나아가는 확충(擴充)의 주체성이기도 하다.

동학 및 천도교의 음식문화는 일종의 유기체적 세계상을 전제하고, 개인과 개인의 화해적 관계를 진정한 사회성으로, 먹고 먹히는 권력관계를 극복하는 도덕으로 삼는 것이다. 음식을 통한 공동체적 관계는 그 밖의 사회적 관계를 화평의 관계로 전환하는 출발점이자 종착점이 될 것이다.

끝으로 "무궁한 이 울 속에 무궁한 내 아닌가?" 하는 수운의 말의 의미에서, 타인의 얼굴과 몸짓을 통해 생명의 자기 긍정으로 나타나는 신의 생성 과정을 통찰할 수 있을 것이다.

식탁에서 평화까지

— 식맹(食盲)을 넘어 식안(食眼)을 열다

이찬수

I. 들어가는 말

인간은 먹어야 한다. 먹지 않고 살 길은 없다. '먹는 행위'와 '먹히는 음식'이 생명의 원리를 구성한다. 하지만 이들이 너무나 일상적이고 반복적인 탓인지, 음식의 원리, 음식을 먹는 행위의 의미에 대해 성찰하지 못하고 살 때가 많다. 현대인 상당수에게 음식은 그저 생활 습관이거나 건강을 위한 상품이거나 '웰빙'의 수단일 경우가 많다. 어떤 이에게 음식은 소비재일 뿐이고, 어떤 이에게는 이윤을 추구하는 수단이며, 어떤 이에게는 심지어 무기도 된다. 어떤 이는 음식 때문에 행복해하고 어떤 이는 음식 때문에 불행해한다. 한쪽에서는 음식물이 남아돌아 쓰레기가 되기도 하지만, 다른 한쪽에서는 음식이 없어 굶어 죽기도 한다. 폭력적일 만큼 불평등한 현실이 지속된다.

한반도에서도 그런 일은 전형적으로 드러나고 있다. 한반도 북쪽에서는 굶는 이들이 부지기수이고, 남쪽에는 남은 음식물 처리 비용으로 연 1조 원 가까운 돈을 쓴다. '음식물 쓰레기'라는 모순된 언어가 일상화되다시피 한 와중에도 가난에 시달리는 이들이 있다. 음식의 불평등은 지속되며, 많은 이들이 음식의 원리에서부터 소외되어 가고 있다.

이 글에서는 음식이 어디서 어떻게 오는지와, 음식이 식탁 위에 오르기까지의 과정 및 먹는 행위의 의미에 대해 자연철학적 차원에서 반성적으로 살펴보고자 한다. 음식의 지구화 과정에 담긴 정치적이고 경제적인 의미, 거대 자본이 지배하면서 농업과 먹거리가 이윤을 창출하기 위한 수단이 되어 버린 현실을 비판적으로 성찰하고자 한다. 이러한 현실은 음식의 생산 과정과 의미를 외면한 채 공장식 음식을 소비하는 데 머무는 '식맹'(食盲)의 결과이니, 음식의 자연철학적 원리와 사회적 의미에 대한 눈뜸, 즉 '식안'(食眼)을 열어 가야 한다는 제언을 담고자 한다.

평화 자체를 깊게 다루지는 않겠지만, 음식의 원리를 외면하거나 망각하고서는 진정한 평화를 이룰 수 없다는 사실과, 먹는 행위에서 드러나는 생명의 법칙에 부합하는 실천을 할 때에만 종교도 종교가 된다는 사실을 우회적이고 함축적으로 담아 보도록 하겠다. 이 글은 문장의 형식과 낱말 선택의 차원에서는 에세이에 가까운 글이기도 하지만, 식맹과 식안이라는 새로운 개념을 제안하고 소개하기 위한 논문이기도 하다. 현대인이 자신의 생명의 근원인 음식에서부터 얼마나 소외되어 있는지 염두에 두고 글을 전개해 나가도록 하겠다.

II. 밥 한 그릇에서 만사를 안다

동학의 2대 교조인 해월 최시형(海月 崔時亨, 1827-1898)의 법설 중에 "밥 한 그릇에서 만사를 안다[萬事知食一碗]."라는 구절이 있다.[1] 「해월신사 법설」에는 '食'이라는 글자가 51회나 등장할 정도로 해월은 먹는 문제에 관심을 많이 기울였다. 인간의 먹는 행위에서 생활의 법칙, 우주의 이치를 발견했다는 뜻이다. 밥 한 그릇에 어떤 이치가 담겨 있다는 말일까? 단순한 자연의 이치부터 하나씩 따져 보자.

밥 한 공기가 식탁에 오르려면, 볍씨가 있어야 하고, 하늘의 태양, 내리는 빗물, 부는 바람, 대지의 양분이 필요하며, 농부의 땀, 밥 짓는 이의 정성이 깃들어 있어야 한다. 더 자세히 하나하나 따지고 분석하려면, '하늘을 두루마리로 삼고 바다를 먹물로 삼아도' 다 기록할 수 없을 만치 무수한 원인과 힘이 필요하다. 단순하게 정리하면, 사람의 노력은 물론이거니와 자연 전체, 전 우주가 모여 밥 한 공기가 이루어지는 것이라는 사실이 분명해진다. 밥 한 공기는 한마디로 전 우주의 합작품이다.

밥 한 공기까지 갈 것도 없다. 쌀 한 톨도 그렇다. 근대 한국의 대표적 생명운동가라 할 수 있을 장일순(1928-1994)이 『나락 한 알 속의 우주』라는 글에서 밝혔듯이, 나락(벼) 한 알 속에 이미 우주가 들어 있다.[2] 사람의 눈에 따른 크기의 차이가 있을 뿐, 생명과 인간과 우주는 동일한 원리 속에 있다는 것이다. 동양 사상에 회통한 목사 이현주가 "콩알 하나에 무엇이 들었을까?" 하고 묻고, "하늘과 땅과 사람이 들어 있다."라고 답했듯이,[3] 쌀 한 톨, 콩알 하나에도 태양과 물과 바람과 땀, 그리고 수천, 수만 년 한결같이 버텨 온 대지가 들어 있다. 콩알 하나에 들어 있는 씨눈 하나도 미시적 세계로 들어가 보면 헤아릴 수 없을 에너지의 합작품이다. 그래서 콩알 하나, 나락 하나는 이미 우주적이다. 김지하의 다음과 같은 말에 담긴 의미도 똑같다.

밥은 하늘과 땅과 사람이 서로 함께 협동해서 만드는 것입니다. 풀·벌레·흙·공기·바람·눈·서리·천둥·햇빛과 볍씨와 사람의 정신 및

육체적인 모든 일이 다 같이 협동해서 만들어 내는 것이 쌀이요 밥입니다.[4]

이런 맥락에서 해월이 남긴 "밥 한 그릇에서 만사를 안다[萬事知食一碗]."라는 법설의 의미가 깊게 와닿는다. "하늘로 하늘을 먹는다." 혹은 "하늘이 하늘을 먹는다"(以天食天)라는, 즉 밥이라는 우주를 먹고 인간이라는 우주가 산다는 그의 다른 법설도 마땅하고 옳다.

III. 볍씨도 인간을 먹는다

인간은 약 백조 개 가까운 세포들의 집적체이다. 이 세포들은 끝없이 소멸하고 생성된다. 십 년 안에 인간의 모든 세포는 거의 새로운 세포로 바뀐다. 이때 세포들의 순환에 필수적인 것은 에너지의 공급이다. 물, 산소, 음식 등이 필요하다는 것이다. 은유성과 상징성을 담아 한마디로 표현하면 '밥'이 필요하다는 말이다. 밥이 몸으로 들어오면 세포 내 미토콘드리아가 그것을 열에너지로 바꾸어 생명을 유지하도록 온몸 곳곳으로 보낸다. 밥이 인간을 살게 하는 것이다.

인간이 밥을 먹고 산다는 것은 밥이 인간을 만든다는 뜻이기도 하다. 물론 밥이 인간 안에 받아들여지려면 세포들이 그것을 요구해야 한다. 세포들의 요구에 응하면서 들어온 밥이 '나'를 구성하는 것이다. 그래서 허남혁이 서양의 속담("I am what I eat.")을 인용해 지은 책 제목처럼 '내가 먹는 것이 바로 나'[5]이다. 철학자 메를로-퐁티(M. Merleau-Ponty)의 말처럼, 나는 몸의 선행적 주체가 아니라, 이미 세계 안에 던져져 그 원리에 따라 지각하고 경험하는 몸 안에 있다. 그래서 '나는 나의 몸'이다.[6] 이 몸은 생물학적으로 음식에 의존한다. 나는 이미 몸 안에 있으되, 그 몸을 결정하는 것은 음식이다. 나는 내가 먹는 것에 의해 결정된다. 그래서 '내가 먹는 것이 바로 나'이다.

물론 이것은 철학자들만의 독창적인 사유나 언어는 아니다. 김지하도 진작에 문학적으로 이렇게 말한 바 있다. "어머니의 젖은 우주의 곡식이요, 곡식은 우주의 젖입니다. 우주의 젖과 우주의 곡식을 먹고 사는 사람은 그래서 곧 우주인 것입니다. 우주를 먹고 사는 우주가 곧 사람입니다. 사람은 바로 그가 먹는 음식물입니다."[7]

인간의 생명 현상에 먹는 행위만큼 근본적인 것은 없다. 먹는 행위를 의미하는 '식'(食)은 뚜껑[亼]과 그릇[皀] 모양이 합쳐진 상형문자에서 비롯되었지만,[8] 점차 '사람[人]을 좋게 함[良]' 또는 '사람[人]이 좋아짐[良]'의 의미로 사용되었다. 밥을 먹는 행위만큼 사람을 좋게 하는 일은 또 없다. 먹음으로써 몸이 좋아지고 몸이 좋아지니 마음이 좋아진다. 이런 식으로 '먹는 일', 즉 '식사'(食事)는 나를 나로 살아가게 하는 원초적인 일이다.

이때 밥을 먹는 주체는 인간이다. 인간이 밥을 먹는다는 말은 밥이 인간에 의해 먹힌다는 뜻이다. 그런데 과연 밥은 인간에 의해 먹히기만 하는 것일까? 쌀 한 톨은 인간에 의해 먹히는 수단일 뿐일까? 그렇지 않다. 관점을 바꾸어 쌀의 입장에서 보면 쌀이 인간을 먹는 것이기도 하다. 쌀이 우주를 먹는 것이기도 하다.

가령 사람은 죽어 한 줌 흙이 된다. 심장이 멎으면 혈액순환이 중지되고 산소 공급이 끊어지면서 몸의 유기적 순환이 느슨해진다. 단단하게 얽혀 있던 세포들의 관계가 해체되어 간다. 몸에서 수분이 빠져나가고 분해되어 결국은 땅의 일부가 된다. 분해된 몸의 일부는 민들레 뿌리에 흡수되어 꽃잎으로 피어날 수도 있다. 볍씨와 뿌리 안에 스며들어 낱알의 일부가 될 수도 있다. 볍씨가 받아들이는 에너지 안에는 인간의 몸이 들어 있을 수도 있다. 땅이 되고 대기가 되고 물이 된 인간을 쌀이 다시 먹는 셈이다. 인간 편에서 보면 인간이 밥을 먹고 사는 것 같지만, 쌀의 입장에서 보면 쌀이 인간을 먹고 사는 셈이다. 쌀은 인간에게 자신을 내어 주는 방식으로 다시 인간을 에너지로 받아들여 스스로의 생명을 유지해 나간다. 인간의 몸이 쌀 한 톨이 되고, 여러 손길을 거쳐 밥도 될 수 있는 것이다. 그래서 쌀도 인간을 먹는다.

어디 쌀뿐이던가. 대지의 일부가 된 몸의 일부는 들풀의 에너지가 되고 벼의 뿌리로 들어가고, 볏짚은 다시 소가 먹는다. 들풀이든 볏짚이든 인간이 만든 사료든, 소도 무언가 먹고 물을 마시고 숨을 쉬면서 생명을 유지해 나간다. 사람 속으로 들어가는 밥 한 공기가 그렇듯이, 그 유기적인 관계성에서 보면 소 역시 사람의 몸을 생존의 에너지로 삼는 셈이다. 쌀한 톨 속에 죽은 조상의 몸이 들어가 있을 수도 있고, 내가 죽어 볍씨의 일부가 될 수도 있고, 소의 일부도 될 수 있는 것이다. 이런 식으로 직접적으로 먹는 방식은 다를 수 있지만, 결국 소도 사람을 먹는다. 생명은 무한한 순환 고리로 엮여 있다. 이것이 자연법칙이다.

IV. 이미 주어져 있다

얼핏 생각하면 밥은 사람이 만든 것 같다. 과자는 공장에서 만든 것 같기도 하고, 피자 가게에서 피자를 만든 것 같기도 하다. 하지만 한 번 더 생각해 보면 상황은 달라진다. 볍씨 없이, 태양 없이, 빗물 없이, 대지 없이 농부가 밥을 만들 수 있을까? 하늘의 태양을 받고 빗물을 머금어 나온 밀 없이 과자가 생겨날 수 있을까? 우유를 발효시켜 만든 치즈 없이 맛있는 피자를 만들어 낼 수 있을까?

인간이 먹는 음식은 모두 '주어져 있던 것들'로 만들어졌다. 인간이 편안하고 맛있게 먹을 수 있도록 모양을 바꾸는 등 가공을 좀 했을 뿐이다. 씨를 많이 심고 잘 가꿔서 좀 더 많이 생산할 수는 있지만, 쌀 자체를 만들어 낼 수는 없다. 쌀 비슷한 인공 식품을 만든다 해도, 만들기 위한 재료 자체는 어딘가에 어떤 형식으로든 주어져 있는 것들이다. 인간이 음식 재료 자체를 창조해 낸 것이 아니라, 그냥 그렇게 자라고 얻어진 것을 외형만 살짝 가공했을 뿐이다. 다소 종교적인 용어를 쓰자면, 음식은 모두 주어진 '선물'이다.

기독교『성서』에서는 신이 에덴동산을 만들고는 "보기에 아름답고 먹기에 좋은 모든 나무를 자라게 하셨다(창세기 2:9)."라고 했다. 신이 먹기 좋은 열매를 만들었다는 말은 인간이 태어나기도 전에, 인간이 만들기도 전에, 먹을 음식이 먼저 주어져 있었다는 경험적 사실에 대한 신화적 혹은 신앙적 상상의 표현이다.

어찌 음식만 선물이겠는가. 제아무리 산해진미가 내 앞에 쌓여 있어도 그것을 먹고 소화할 수 있을 능력이 없다면 소용없는 일이다. 음식이라는 것도 내가 먹을 수 있을 때에야 음식이다. 다시 말해 음식을 먹고 소화시킬 수 있는 능력조차 주어졌다는 뜻이다. 음식을 소화시키는 능력도 인간이 창조해 낸 것이 아니다. 내가 위장을 만들고 심장을 뛰게 하고 대장을 움직이는 것도 아니다. 인간은 그렇게 움직이면서 영양분을 소화 흡수하도록 태어난 것이다. 그렇게 살아가도록 하는 원리 안에 '던져진' 것이다.

하이데거(M. Heidegger)가 인간을 '세계-내-존재'(In-der-Welt-Sein)로 규정한 것도 세계 '안'에 던져진 인간의 실상을 통찰했기 때문이다. 이때 세계는 인간을 둘러싼 배경이거나 인간에 의해 관찰되는 한 객체가 아니다. 인간을 인간 되게 해 주는 근원적 구조이다. 인간은 언제나 세계 '내존재'(內存在)로 현존한다.[9] 세계는 인간에 선행하며, 이미 그렇게 주어져 있다. 이 '내존재성'(內存在性)이 인간 본연의 모습이다.

이와 비슷한 논리로 인간은 음식 안에 던져졌고, 음식 속으로 태어난 것이다. 그런 점에서 음식은 생명의 출발이자 수단이고, 모든 이의 생명의 근원이다. 음식을 생산하기 위해 인간이 땀을 흘리기는 해도, 음식은 땀 흘리기 이전부터 주어져 있던 것들이다. 누군가에 의해 독점될 수 없는 원초적 선물이라는 뜻이기도 하다. 그래서 예수는 음식을 주어진 선물이 아니라 지상 목적처럼 간주하는 자세를 경계하며 이렇게 말했다: "인간이 떡으로만 살 것이 아니라, 하느님의 입에서 나오는 말씀으로 살 것이다(마태복음 4:4, 누가복음 4:4 신명기 8:3)." 이러한 본연의 모습을 통찰하고서 음식의 선행적 원리에 어울리도록 겸손하게 살 수 있다면, 그곳이 종교적인 언어로 정토(淨土)이고 불국토(佛國土)이며 극락(極樂)이자 신국(神國)이다.

V. 음식이 마을을 만든다

음식의 원리, 먹는 행위는 마을을 형성하고 사회를 구성하는 근간이기도 하다. 여행 작가 권삼윤에 의하면, 유목민들이 음식(고기, 우유, 빵 등)을 얻고자 목초지를 찾아 이동 생활을 하다 보니 '길'이 만들어진 데 비해, 물이 많은 지역에서 쌀을 먹으며 살던 밥 문화권에서는 정주 생활을 하다 보니 '마을'이 형성되었다고 한다.[10] 음식이 사회적 형태의 기초를 구성해 왔다는 것이다.

마하트마 간디도 이러한 원리를 분명하게 의식한 사람 중의 하나였다. 그저 이론으로 남겨 두지 않고 음식의 원리를 구체화시키려 했다. 그는 마을 회의를 통해 경제와 정치의 권력을 분산하고 자치를 통해 자족적인 마을 공동체를 구성하기 위한 운동을 벌였다. 농사로 마을을 살리고, 가난해서 먹지 못하는 이들이 없도록 음식과 옷과 일자리를 나누어야 한다고 강조했다. 미래 세계의 희망은 자발적, 자치적, 자족적 평화적 마을 공동체 만들기에 달려 있다고 보았다.[11] 이러한 공동체의 핵심에 있는 것이 음식이다. 음식을 함께 생산해 나누어 먹는 것이 건강한 사회, 공동체의 핵심이라는 것이다. 다음과 같은 김지하의 알려진 말도 결국 같은 차원이다.

> 밥이란, 본래 공동체적으로 만들고 공동체적으로 거두고 공동체적으로 나누어 먹고 공동체적으로 굿판을 벌이고 공동체적으로 함께 놀고 다시금 공동체적으로 더욱 신나게 밥을 만드는, 그러한 생명의 집단적이고 통일적인 순환 활동 · 전환 활동 · 확장 활동의 상징이다.[12]

음식이 어찌 길과 마을만 만들 뿐이겠는가. 사회와 공동체의 핵심이기만 하겠는가. 전술한 표현을 다시 가져오면, 음식은 생명의 근원이고 힘이며, 음식의 원리는 생명의 원리이다. 그러나 음식이 하나의 상품이 되는 순간 상황은 달라질 수 있다. 농경학자 프레이저(Evan D. G. Fraser)는 음식의 문명사 차원에서 이렇게 규정했다. "식품은 부(富)이다. 식품은 예술이고 종교이며 정부이고 전쟁이다. 그리고 영향력을 갖는 모든 것이다."[13]

생명의 원리인 음식이 생명을 죽이는 수단이 될 수도 있다는 뜻이다. 음식이 돈벌이의 수단이 되는 순간, 음식의 생산과 유통 과정 등에 욕망과 재물의 논리가 개입되는 순간, 음식은 독이 될 수 있다. 음식이 인간을 죽일 수도 있는 것이다.

특히 음식과 인간의 사회정치적 관계가 왜곡될 때, 이 모든 질서는 어그러진다. 인간이 더 비참해지기도 한다. 실제로 지구상에는 그 불행한 상황이 계속되고 있다. 최소한의 수단조차 없어서 삶이 위협받는 빈곤한 이들이 많다. 그들에게는 음식이 그 자체로 목적일 수밖에 없다. 그것도 실현하기 간단하지 않은 목적이다. 그럴 때 그런 목적을 어느 정도 실현하며 사는 이라면, 굶주리는 이가 음식을 지상 과제로 하지 않고도 살 수 있도록 도와주어야 한다. 개인적으로는 물론, 사회적 혹은 정치적 차원에서도 정책적으로 도와야 한다. 이른바 복지가 제도화되어야 하는 것이다. 그것이 본래 음식을 먹고 살도록 태어난 인간의 본성에 대한 최소한의 예의이다. 이와 관련하여 간디는 이렇게 말했다.

인도와 세계의 경제구조가 누구도 음식과 의복이 없어 고생하는 일이 없도록 되어야 한다. 다시 말해서 모든 사람이 생활을 해 나갈 수 있을 만큼 충분한 일거리를 얻을 수 있어야 한다. 그런데 이러한 이상은 오직 생활의 기본적인 필수품 생산수단이 대중의 통제하에 있을 때에만 보편적으로 실현될 수 있다. 이런 것들은 신이 주신 공기와 물이 그렇듯이, 또 그러해야 하듯이 모두가 자유롭게 쓸 수 있어야 한다. 그것들은 다른 사람을 착취하기 위한 거래 수단이 되어서는 안 된다. 어떤 나라나 민족 또는 집단이 그것을 독점하는 것은 옳지 않다. 이 단순한 원칙의 무시가 우리가 오늘날 이 불행한 땅뿐만 아니라 세계 다른 곳들에서도 보게 되는 빈곤의 원인이다.[14]

VI. 생명을 조작하다

그런데 불행하게도 현실은 반대로 흘러간다. 그 근본적인 이유는 우리가 음식을 먹으면서도 정작 그 음식의 원리에 대해 잘 모르기 때문이다. 현대인들 상당수는 음식이 우리 식탁에 오르기까지의 과정을 모른 채 그저 소비하기만 한다. 자연법칙 또는 생명 원리는 성찰하지 못한 채 음식을 그저 돈으로 바꿀 수 있는 물질로 생각한다. 음식 소비자는 적은 돈으로 많은 음식을 사려 하고, 음식 생산자는 적은 돈으로 많은 음식을 팔려 한다.

이런 두 가지 욕망이 만나서 음식의 대량생산 체제가 이루어진다. 음식을 공장에서 대량 생산하려면 음식을 표준화해야 하고, 그러기 위해 원료가 되는 농축산물도 균일해져야 한다. 식물 종자의 다양성도 급격히 사라져 간다. 생산성이 높은 감자·큰 옥수수·달콤한 토마토를 생산하는 종자만 살아남고, 지역에 따라 다양하게 진화해 온 토종 종자들은 사라진다. 생산하는 데 돈이 많이 들거나 판매해도 이윤이 적기 때문이다. 전 세계인이 비슷한 음식을 먹을 수밖에 없는 음식의 지구화 현상이 벌어지면서, 음식이 무기화될 가능성도 커졌다. 음식을 돈으로 치환하기 위해 논밭에서, 목장에서, 공장에서 적은 돈으로 많이 생산하기 위해 각종 '조작'이 가해진다.

겉보기에 파릇파릇한 채소도 실상은 유해하게 키워지는 경우가 많다. 속성·대량 재배를 위해 인체에 치명적인 화학비료와 농약이 사용된다. 식물의 종자 자체를 유전적으로 조작하기도 한다. GMO(Genetically Modified Organism, 유전자조작생물체)가 식탁을 점령한 지 오래되었다. 가령 한국에서는 2002년에 GM 옥수수(NK603)가 식용으로 승인되었고, 2011년 기준으로 한국에서 소비되는 식용 GM 옥수수의 비율이 49%에 이르렀다. 게다가 사료용으로 도입된 GM 옥수수의 종자가 운송 과정에 유출되어 한반도 곳곳에서 자라면서 자연산 옥수수로 둔갑되는 경우도 이미 여러 군데이다. 2009년도에는 GMO(주로 옥수수, 그리고 면화, 유채 등)가 전국 26곳에서 자라고 있다는 사실이 밝혀지기도 했다.[15]

큰 문제는 GM 식품이 생명체에 끼치는 유해성이다. 이에 대해서는 이미 다각도로 연구되어 있으니, 이 글에서 더 소개하거나 논할 일은 아닐 것이다.[16] 물론 GM 옥수수가 인체에 무해하다는 연구 결과도 있다. 문제는 이것이 대체로 권력과 이해관계에 얽힌 연구자들의 연구 결과라는 사실이다. 실제로 당장은 무해할 수도 있을 것이다. 그렇더라도 수억 년 이상 진화해 온 유전적 질서를 강력한 제초제를 견디면서 대량으로 생산될 수 있도록 단박에 조작해 낸 식물이 과연 얼마나 유기적 생명성을 담보할 수 있을지는 의심스럽다.

물론 대량 생산된 GM 식품이 가난한 국가와 사람의 배고픔을 해결해주고 부족한 영양분을 비교적 간단하게 공급하는 데 도움을 줄 수 있지 않겠느냐는 주장도 만만찮다. 하지만 그것은 생산된 GM 식품이 가난하고 굶주리는 자에게 고루 공급될 수 있다는 전제하에 가능한 주장이다. 윤리학자 피터 싱어(Peter Singer)는 이러한 주장을 완전히 부정하지는 않으면서도 다음과 같이 반문했다.

> 제약업계가 말라리아 치료보다 대머리 치료에 더 관심이 있듯(왜냐하면 말라리아에 걸리는 사람들은 대부분 가난하며 백신을 살 형편이 못 되기 때문이다), GM 식품을 개발하는 업계 역시 자기네 제품을 구입할 능력이 되는 선진국 국민들에게 더 관심을 갖는다. 예를 들어 제초제 내성 곡물은 제초제를 살포할 능력이 되는 농민에게나 의미가 있다. …… GM 곡물은 개발도상국에서 그만큼 성공하지 못했다. 이상할 것 없다. 그 GM 곡물들이 개발도상국 농민들의 수요에 부응하지 못했기 때문이다.[17]

기업의 이익이 되지 않으면 GM 곡물의 긍정적 가능성도 현실화될 수 없다. '공정무역'도 전문 기술자의 영역으로 들어가 플랜테이션(농산기업)이 되는 순간 풀뿌리 개혁적 운동이라는 본래적 의미는 퇴색된다.[18] 농업에 미치는 거대 자본의 영향력을 축소시키고 농민과 소비자 사이의 상호 이해력을 증진시키기 위한 대안 운동인 '로컬푸드' 운동도 거대 유통업이 개입하면 그저 거리만 가까운 데서 생산된 음식에 머물고 만다.

이러한 구조는 음식이 자본화하는 곳에서는 비슷한 양상으로 활성화된다. 곡물이나 채소에게 적용되는 방식이 동물에게도 거의 그대로 적용된다. 가령 초식동물인 소에게 항생제, 근육강화제는 물론 동물 사체가 섞인 사료를 먹이는 일도 다반사이다.[19] 속성으로 체중을 키워 더 많이 팔기 위해서이다. 소는 자연 상태에서 5년여 성장한 뒤 25년 정도를 살지만, 실제로는 각종 성장촉진제로 인해 1년 안에 '성장되고' 3년 이내에, 짧게는 14개월 이내에 상품 가치가 되면 '도축당한다'. 수유 기간이 긴 젖소는 거의 평생을 우리에 갇혀 강제 임신과 출산을 반복당하면서 오로지 젖을 생산하다가 임신이 불가능한 시기가 오면 도축된다.

자연 수명이 14~15년 정도인 돼지는 5~6개월 정도면 삶을 마감하고, 자연 수명이 20년을 넘는 닭의 실제 수명은 3개월 미만이다. 오로지 인간이 만든 사료를 먹고 알을 생산하고 고기로 키워지기 위해 A4 종이 한 장보다 좁은 공간 안에 갇혀 산다.

어디선가 조류인플루엔자(Avian Influenza virus)가 발병했다 싶으면, 주변에 있는 멀쩡한 수백만 마리의 닭과 오리 등이 하다못해 '아파볼 권리'조차 가지지 못한 채 생매장 형식으로 살처분된다. 한국에서는 2003년 528만 5,000마리, 2008년 1,020만 4,000마리, 2010년 647만 7,000마리가 발병하지도 않았는데 살처분당했다. 2014년 2월 6일 당시 실제로 AI에 감염된 가금류는 121마리뿐인데도, AI의 확산을 예방한다며 3월 24일까지 모두 1,157만 4천마리의 멀쩡한 닭과 오리가 산 채로 땅속에 매장되었다. 그 뒤 통계를 확인하기 힘들 정도로 이유 없이 죽어 간 가축의 숫자는 헤아릴 수 없다.

짐승을 도축하는 도축 과정의 반생명적 폭력은 더 말해 무엇하랴. 이 모든 일들은 생산자나 소비자나 저비용 고효율의 경제 논리에만 따르다 보니 벌어지는 반생명적 조작의 사례들이다. 음식을 이윤의 수단으로 생각하고 생명 현상을 돈으로 치환하려는 폭력적 욕망에서 반생명적 조작이 가해지는 것이다. 이것은 음식 속에 얼마나 많은 정치적 권력과 경제적 이해관계가 얽혀 있는지를 적나라하게 보여준다. 역으로 음식의 사회적 생명성을 회복해 내야 하는 개인적 행동과 국가적 정책이 얼마나 중요한 일인지도 돌아보게 해 준다.

VII. 현대인은 '식맹'이다

그뿐이던가. 먹거리는 생명과 생존의 핵심이지만, 정작 인간은 자신의 먹거리를 직접 만들어 먹을 새도 없이 지내거나, 만들어 먹을 줄도 모른다. 겨우 라면이나 끓여 먹을 뿐, 밥을 직접 해 먹지 못하는 경우도 많다. 표준화된 거대 식품 기업의 상품을 그저 구입해서 먹는다. 간장, 고추장, 된장을 사다 먹은 지 오래되었다. 쑥, 개망초, 냉이, 돌나물, 미나리, 고사리를 알지 못하고, 상추와 고추, 피망, 토마토를 심어 키워 본 적도 없다. 가공된 햄을 사다 프라이팬에 튀기는 일이 요리의 모든 것이라 생각하기도 한다. 문명의 모순, 현대인의 불행이 여기에 있다.

나아가 음식의 유통 과정, 즉 자신이 먹고 있는 음식이 어디서 온 것인지도 생각해야 한다. 가까운 데서 온 먹거리는 유통 과정에서 이산화탄소 배출을 적게 한다. 그만큼 지구온난화를 방지하는 데 일조한다. 반대로 먼 데서 온 먹거리는 이산화탄소 배출량이 많다. 그만큼 지구온난화를 촉진한다. 그렇다면 친환경적 농법에 기반을 둔 지역의 먹거리를 생산하고 소비해야 한다는 것도 분명하다. 이것이 당연한데도 거의 전 세계에서 온 먹거리가 현대인의 식탁을 채우게 되는 이유는 사실상 '돈' 때문이다. 적은 돈으로 많이 생산하려는 생산자와 적은 돈으로 많이 소비하려는 소비자의 욕구가 딱 맞아떨어지기 때문이다.

'푸드마일리지'(Food Mileage)도 더 진지하게 생각할 때이다. 1994년 영국의 환경운동가 팀 랭(Tim Lang)이 처음 제안했다는 푸드마일리지는 '식품이 농장에서 소비자까지 이동해 온 거리와 그 중량을 곱한 값'을 의미한다. "중량이 많이 나가는 식품을 장거리 수송하면 그 값이 높아지게 된다. 비슷한 중량일 경우 수송 거리가 멀면 푸드마일리지가 커진다. 예를 들어 비슷한 크기의 캘리포니아 오렌지와 제주도의 감귤을 비교해 보면 오렌지의 푸드마일리지가 상당히 크다. 푸드마일리지를 알게 되면 수송 과정에서 소비되는 에너지의 양을 쉽게 계산할 수 있고, 배출하는 온실가스 양도 비교적 쉽게 파악해 볼 수 있다."[20] 나아가 운송 거리가 긴 식품일수록 신선도를 유지하기 위해 살충제나 방부제를 사용하는 경우가 많아 음식의 안정성도 급격히 떨어진다.

한국의 일인당 푸드마일리지는 2010년 기준으로 7,085톤킬로미터라고 한다.[21] 이것은 당시 조사 대상국들인 한국 · 일본 · 영국 · 프랑스 중에 가장 높은 수치이며, 문제는 다른 나라는 줄어들고 있는데 한국은 각종 FTA 체결 이후 더 급격히 늘어나는 추세라는 것이다.[22] 한국인의 식탁을 수입 식품이 점령했고, 그만큼 한국인이 지구의 이산화탄소 발생량을 늘리고 지구온난화에 기여하고 있다는 뜻이다.

유엔환경계획(UNEP)의 최근 보고서에 따르면, 향후 지구가 감당할 수 있는 이산화탄소 배출량은 1,000GT 정도라고 한다. 19세기 말 이래로 이산화탄소 1,900GT와 여타의 온실가스 1,000GT가 이미 배출되었고, 2070년까지 이산화탄소 배출량을 0으로 만들지 않으면 지구에 재앙이 닥칠 것이라고 예견했다.[23] 가능한 한 푸드마일리지가 적은 음식을 먹어야 하는 중요한 이유를 잘 보여주는 수치이다.

하지만 현실은 이러한 요청에서 아직 거리가 한참 멀다. 먹거리를 돈으로 환산하는 것이 더 익숙하다. 먹거리를 자본으로 치환하는 것이 자연스러워지고 이른바 '싸고 좋은' 먹거리를 찾으려는 모순된 욕망이 지배하는 사이, 인간은 점점 더 음식의 진정성에서부터 소외된다. 음식의 우주성·은총성·생명성·독점불능성과 같은, 전술했던 음식의 원리를 의식하지 못하는 사이에 현대인은 '식맹'(食盲) 속으로 더욱더 빠져들어 간다. 슬로우푸드 운동가인 김종덕이, 음식을 둘러싸고 벌어지는 상황의 심각성을 인식하지 못하고, 알려고 하지도 않으며, 음식에 대해 감사할 줄도 모르며 사는 사람들을 '음식 문맹자'라고 말한 적이 있는데,[24] 이 글에서는 그것을 줄여 '식맹'(食盲)이라 명명하고자 한다.

현대인의 상당수는 식맹(食盲)이다. '문맹'이나 '컴맹'만 있는 것이 아니다. 자신이 평생 먹고 사는 음식물 하나 제대로 생산해 보지도 못하고, 요리조차 제대로 못한다. 음식이 어떻게 해서 내 앞에 오게 되었는지 잘 모르고, 음식의 정체에 대해서도 눈감는다. 식탁 위 먹거리에 담긴 수많은 폭력과 폭력적 구조에 대해 무지할뿐더러 의식적으로 외면한다. 감사해하는 마음은 별로 없이, 남이 해 놓은 것, 공장에서 만들어진 것을 그저 먹기만 한다. 그것이 식맹의 전형적인 자세이다.

VIII. "행복은 자전거를 타고 온다."

지금은 태엽시계가 거의 사라졌다. 모든 이가 태엽시계를 만들지는 못하더라도, 태엽시계가 돌아가는 원리는 조금만 상상해 보면 알 수 있는 자연적인 것이었다. 태양이 움직이는 정도를 톱니바퀴로 잘게 쪼개 표현한 것이 태엽시계였으니 말이다. 모든 사람이 자전거를 만들지는 못하지만 자전거가 움직이는 원리를 알 수 있고 자전거를 직접 탈 수도 있다.

하지만 문명이 고도로 기계화하고 산업 기반이 디지털 세계로 진입하면서 인간이 만든 문명은 인간의 상식을 떠났다. 현대인은 디지털 세계의 원리를 잘 모르면서 스마트폰을 그저 신기해하며 주어진 방법대로 사용하기만 한다. 돌아가는 원리는 잘 모르는 채 첨단 비행기와 자동차를 소비하고 누리기만 한다. 에너지의 절반 가까이를 자동차와 같은 운송 수단에 사용하며 '속도의 사회'로 치닫는다.

이러한 상황에서 이반 일리히(Ivan Illich, 1926-2002)는 문명을 유지하기 위한 척도로 '자전거'라는 상징성을 제시했다. 자전거는 보통의 인간이라면 이해할 수 있는 원리와 구조로 되어 있다. 정교한 자동차나 비행기는 인간 이해의 수준을 넘어섰지만, 자전거는 인간이 육체를 이용한 만큼만 움직인다. 인간에 의한 제어가 가능하다는 뜻이다. 인간이 편의를 위해 만든 문명이면서 인간이 통제할 수 있는 상징적 발명품이다. 인간의 행복은 속도와 소비의 대명사인 자동차를 타고 오는 것이 아니라, 원제(Energy and Equity, 1974)와 다르게 한국어 번역판에 붙은 제목이기는 하지만, "행복은 자전거를 타고 온다."는 것이다.[25] 문명은 인간이 통제할 수 있는 범위 안에서 자연에 어울리도록 절제할 수 있을 정도에서 움직여야 한다는 것이다.

현대 문명은 인간의 창작품이라면서도 인간은 정작 자신의 창작품을 제어할 능력이 거의 없다. 문명은 문명의 법칙에 인간이 종속될 때에만 효용성을 드러낸다. 게다가 현대 문명은 특정 분야의 전문가만이 해당 부분만 겨우 손볼 수 있는 정도로 전문화되어 있다. 각 분야로 세분화하고 전문화된 지식은 말 그대로 전문인의 것이지 모든 이의 것이 아니다. 인간은 자신이 쓰는 세련된 물건이 어떻게 해서 자신 앞에 왔는지 잘 모른다. 인간이 문명의 창조자인 것 같지만, 실상은 문명이 자기의식을 가지고 인간을 종속시켜 가는 거대한 힘으로 확대되는 중이라고 해도 과언이 아니다.

음식도 마찬가지이다. 음식은 문명의 근간이다. "모든 도시는 잉여 식량의 생산과 교환이라는 토대 위에 존재해 왔다."[26] 하지만 인간은 자신들이 음식을 교환하며 형성해 온 문명에 대해 사실상 주인이 아니다. 도리어 인간은 '식량의 노예'로 전락했다.[27] 인간은 자신이 먹는 무수한 완성품 먹거리들이 어떻게 식탁에 오르게 되었는지, 대형 마트에 진열되어 있는 고기 상품이 어떻게 우리 앞에 오게 되었는지 잘 모르거나 외면한다. '값싸고 질 좋은 음식'을 얻으려는 모순적이고 폭력적인 욕망이 벼, 채소, 고기, 우유 등 음식의 재료를 '조작'하게 만든다. 대형 마트에 진열되어 있는 '값싸고 질 좋은 쇠고기'를 생산하기 위해 얼마나 많은 소가 공장식 축사에서 반생명적으로 키워지고 소비되는가. 공장식 축사에서 음식 공장에서 생산된 것 중에 '값싸고 좋은 것'이란 있을 수 없다. 그것은 모순된 욕망의 조합이자, 폭력적 인식이다. 가령 대형 마트에서 좋은 물건을 싸게 공급하려면 공급자에게 싸게 납품할 것을 요구하는 수밖에 없다. 그러면 공급자는 단가를 맞추기 위해 다시 더 싼 원료와 생산 방법을 찾게 되고, 그러는 사이에 물건은 반생명적 생산과 유통 체제를 강화시켜 나간다. 피터 싱어는 미국 월마트의 사례를 들어가며 이렇게 비판했다. "그러한 싼 가격 뒤에 납세자들, 지역사회민들, 동물들, 그리고 환경에 대한 부담이 숨어 있다. 그것은 월마트의 낮은 가격이 지니는 명백한 장점에도 불구하고 월마트에서 음식을 사 먹는 일이 상당한 윤리적 문제를 지니게 되는 이유다."[28] 이런 식으로 '싸고 좋은' 물건에 대한 욕망 속에는 누군가를 직간접적으로 희생시킨 폭력이 들어 있다. 이제 "생명체를 싼값에 얻겠다는 생각이 스스로를 해치는 일이라는 것을 이해할 때가 되었다."[29]

IX. '식맹'(食盲)을 넘어선다

인류가 '문맹'의 정도는 상당 부분 넘어서고 있지만, 자본 중심의 논리에 휩싸일수록 생명의 근간인 음식에 대해서는 '식맹'이 되어 가고 있다. 현대인은 음식물의 생산 과정은 모르는 채 소비하기만 한다. 먹거리에 대해 성찰할 기회를 얻지 못한다. 먹거리는 생명과 생존의 핵심이지만, 정작 인간은 자신이 먹는 음식을 직접 만들어 먹을 새도 없이 지낸다. 자신에게 음식을 선택할 수 있는 주체성이 있는 양 착각하지만, 실제로는 음식의 진정성에서부터 인간은 소외되어 있다.

물론 개인들이 의도적으로 식맹의 길로 들어선 것은 아니다. 현대 문명 자체가 빈곤의 해결, 식생활 수준의 향상을 추구하는 과정에 형성되어 온 것이라는 점에서 '식맹'의 상황은 사실상 인류 문명의 발전과 동전의 양면

관계에 있다. '식맹'의 상태를 개인들의 도덕적 성찰과 결단으로만 해결할 수 없는 이유도 여기에 있다. 근본적으로는 음식마저 자본으로 치환시키는 자본주의의 문제이기도 하고, 법칙화된 문명 자체에 내장된 문제이기도 하다. 먹거리 관련 정책의 혁명적 전환도 요청되지만, 정책적 요청 주체가 독재적·독자적으로 정책을 시도한다고 이루어질 수 있는 것도 아니다. 몇 가지 정책들만으로는 해결할 수 없을 만큼 복잡하게 얽힌 구조적 문제이기도 하다.

그럼에도 불구하고 음식과 그 음식을 먹는 행위에 대해 인간의 윤리적이고 도덕적이고 성찰적인 실천이 없이는 식맹 상황이 극복되지 않는다. 이반 일리히의 표현을 빌려 오면, 그가 한결같이 주장하듯이, 인간이 사회에 의해 '타율적으로 관리되고 있는' 현실에서부터 '자율적으로 공생할 수 있는' 사회로 바꾸어 나갈 때 '식맹'은 극복되어 갈 수 있다. 대다수 인간이 현대 문명에 휘둘리고, 문명을 제작하고 좌우하는 소수에게 다수가 종속되어 살아가는 현실을 전복시켜, 근본적 독점 구조를 깨고 다수가 자율적으로 공생할 수 있는 사회를 만들어 가야 하는 것이다.

식맹에 처한 상황을 비판적으로 성찰하고 인식하는 데서 세상은 바뀌기 시작한다. 울리히 벡(Ulrich Beck)이 '소비자' 의식만이 전능하다시피 한 기업을 바꿀 수 있다고 말한 바 있듯이,[30] 자본화한 음식의 권력도 그 음식 소비자들이 생산자 의식을 지니고서 음식의 원리에 어울리도록 조절할 수 있을 때 약해져 간다.

음식을 먹는다는 것은 단순히 음식물을 섭취해 소화시키는 기능만을 의미하지 않는다. 자연의 원리 차원에서는 쌀 한 톨도 내 몸도 모두 우주의 합작품이자 유기적인 생명 고리로 얽혀 있음을 반성하고서, 먹는 이와 먹히는 것의 건강하고 유기적인 관계를 유지해 나가는 것이다. 그리고 정치경제적 차원에서는 음식을 자본으로 치환시키고 무기로 삼는 자본주의의 속도를 늦추고 구조를 전환시키려 시도하는 것이다. 이러한 실천을 통해서 식맹은 극복되기 시작하는 것이다.

그러려면 식량 생산 체계를 알아야 하고 식량과 자신의 관계를 성찰할 수 있어야 한다. 음식의 단순한 소비자가 아니라 공동 생산자가 되어야 한다. 소비자와 생산자가, 인간과 자연이 서로를 살리는 구조를 지속적으로 만들어 가야 한다. 박재일(1938-2010)이 '한살림운동'을 시작해 오늘날과 같은 도농(都農) 간 상생적이고 생태적인 '밥상운동'을 선도할 수 있었던 것도 생산자와 소비자 간 공생을 위한 고민 때문이었다. 박재일의 다음과 같은 말은 음식의 원리에 대해 고민하는 우리의 주제와 관련해 현실성을 부여해 준다.

> 시장에서는 농산물뿐만 아니라 다른 공산품도 마찬가지로 인간관계는 모두 팔고 사는 관계뿐입니다. 이렇게 했을 때는 경제적인 관계밖에 없기 때문에 서로 이해가 상반됩니다. 소비자는 보다 싸게 사려 하고 생산자는 보다 비싸게 팔려고 합니다. 결국 둘 중 하나는 손해를 보게 되는 거죠. 이런 대립 관계가 한참 가면 어떻게 하든 상대의 약점을 이용해서 내 이익을 취하려고 합니다. 그러나 이렇게 돼서는 안 되는 겁니다. 인간의 생명을 지키는 밥상을 살리는 일이 이렇게 대립적인 관계로는 불가능합니다. 소비자의 밥상살림과 농업살림은 둘로 나눠진 대립 관계가 아니라 하나입니다. 즉, '생산과 소비는 하나'라는 관점에서 출발했을 때 필요한 것을 서로 협력해서 만들어 낸다는 거죠. 그래서 저희는 농산물 직거래 운동, 도농

간 삶의 연대, 공동체운동 등으로 표현하고자 하는 것입니다. 그렇게 해서 생산하는 사람과 소비하는 사람이 같이 모여서 생산자는 밥상을 살리고 생태계를 살리고 땅도 살리는 생명의 농업, 즉 유기농업 운동을 해 나가고, 소비자는 그 운동이 지속되고 확장될 수 있도록 소비를 책임짐으로써 농업도 지키고 건강한 밥상도 지키게 됩니다. 이 모든 것을 지키기 위해서 바로 밥상살림과 농업살림을 하나로 보아야 한다는 것입니다.[31]

농부로 하여금 생태적 음식을 생산하게 하는 상대자는 음식 소비자이다. 음식 소비자는 그저 소비자이기만 하지 않고 사실상 간접적 생산자이기도 하다. 농업의 대가로 음식 소비자가 생명을 유지하게 되는 것은 물론이다. "생산자는 소비자의 생명을 책임지고 소비자는 생산자의 생활을 보장한다."[32]라는 박재일의 표어는 현실적 울림이 있다. 이런 맥락에서 김종덕이 윈델 베리(Wendell Berry)의 말을 인용해 요약했듯이, 소비자의 "식사는 농업 행위다."[33]

나아가 생태적 원리에 어울리게 생산된 음식은 마찬가지로 생태적 원리에 맞게 소비되어야 한다. 특히 음식은 생산자와 소비자 사이의 거리가 짧을수록 좋다. 공장 음식을 돈으로 바꾸어 소비하는 형태에 머물지 말고 소비자가 직접 조리해 먹을 줄 알 때 음식의 생명성은 확보된다. 그렇게 하는 것이 생명의 원리에 부합하는 최소한의 원칙을 구체화시키는 길이다. 그리고 배고픈 이에게는 나눌 수 있어야 한다. 그럴 때 음식의 사회성이 확보되며, 그럴 때 '식맹'을 극복하는 것이다.

X. '식안'(食眼)을 열어 간다

식량을 경제 논리로만 접근하고 심지어 무기화하는 흐름은 우려스럽다. 누군가 물이나 산소를 무기화한다면 얼마나 끔찍한 일이겠는가. 음식은 무기가 아니다. 생명의 원리이다. 설령 다른 물질문명은 놓치더라도, 생명의 원리를 느껴 가며 음식을 직접 생산할 줄 알고 요리할 줄도 알아야 한다. 건강한 생산자와 교류해야 건강한 먹거리가 나오고, 건강한 먹거리를 직접 조리해 먹을 줄 알 때 생명의 근원을 성찰하고 그 원리대로 사는 최소한의 원칙을 구현할 수 있는 것이다.

'식안'(食眼)을 열어 가야 한다. 산업혁명 이후 유럽 사회의 수직적 구조를 수평적으로 바꾸어 간 주체 세력을 '시민(부르주아)'이라고 한다면, 식사의 원리에 관한 한 현대인은 '시민'이 아니다. 공장식 대량생산의 원리에 종속된 '노예'이다. 스스로 노예에서 벗어나 '음식시민'이 되어야 한다.[34] 가족이 집에서 더 많이 식사해야 하고, 가능한 한 모든 이가 조리법을 배우고, 가정과 학교에서는 체계적인 음식 교육이 이루어져야 한다. '값싸고 질 좋은 음식'을 대량 생산한다는 모순된 욕망을 줄이고, 인간의 몸이 그렇듯이, 생명의 고귀함과 유기적 연결성에 어울리는 음식의 원리를 성찰할 수 있는 교육이 이루어져야 한다.

이 시대의 종교 혹은 신앙은 교회당에서 종교 의례를 하는 데에만 핵심이 있지 않다. 친환경 농법에 애쓰는 이, 힘들게 일부러 '슬로우푸드'를 만들어 먹는 이, 일부러 '채식'하고 나아가 '소식'하는 이 모두 요즘 시대에 어울리는 일종의 '종교적' 실천을 하는 것이다. 식맹 시대의 성스러움은 일종의 '음식 의례'를 통해 구체화된다. 푸드마일리지, 슬로우푸드, 채식과 소식 등은 음식을 먹는 일에 '종교적' 의미를 부여하는 콘텐츠이다. 식맹의 시대에는 종교도 생명의 근원에 대해 성찰하고, 먹거리의 정치·경제성을 의식하며, 먹음의 행위론적 의미를 구체화시킬 수 있어야 한다. 그리고 좀 더 느리게 가면서 먹거리를 나누며 사는 곳에서 종교는 생명력을 얻는다. '식안'(食眼)을 열어 가는 것은 단순히 개인적으로 평화롭고 풍요롭게 음식을 먹는 데 머물지 않는다. 음식을 먹고 살되, 문명과 문제의 핵심인 음식의 원리에 대한 통찰 위에서 그 원리에 어울리게 사는 것이다. 음식의 생물학적·정치적·경제적·자연적 원리에 대한 통찰, 다시 말해 먹는 행위와 먹히는 음식의 관계와 의미에 대한 눈뜸이 '식안'이다.

음식이 무기가 되고, 이윤을 추구하는 수단이 되며, 한쪽에서는 음식물 쓰레기가 넘쳐 나는데 다른 한쪽에서는 음식이 없어 굶어 죽는 상황에서 평화라는 말은 공허하다. 먹는 행위에서 공평과 조화, 즉 평화를 이루지 못하고서 어떻게 인간다워질 수 있을 것인가. 정책으로 평화를 이루려 시도한다면, 무엇보다 음식의 원리에 충실해야 하며, 먹음의 불평등을 해소해야 한다. 개인적인 차원에서는 물론 정책적인 차원에서도 식안을 열어 가야 하는 것이다.

'식안'을 열어 가는 일은 종교적 눈이 열리는 과정과 다른 것이 아니다. 깨달았느냐 아니냐는 식안이 열렸느냐 아니냐와 다르지 않다. 음식에 대한 인식, 먹는 행위를 보면 인간성도 보이고, 종교성도 보이고, 정치적이고 경제적인 상황도 보인다. 아무리 번듯해 보이는 종교적 사제라도 먹음의 불평등에 둔감하다면 덜 깨달았다는 증거일 수 있다.

식안은 그저 개인의 만족과 행복에 머물지 않는다. 개인의 식안이 열리면 사회적으로도 정책적으로도 모든 식사가 인간적인 것이 될 수 있도록,

나아가 일체 생명체가 생명의 원리에 부합하며 살 수 있도록 하는 운동에도 나서게 될 것이다. 그렇게 해서 음식으로 인간을 억압하고 생명을 경시하는 폭력도 줄어들거나 사라져 갈 것이다. 음식이 없어서 굶주리는 일이 발생할 리 만무할 것이다. 가난하더라도 나눌 줄 아는 자세에서 행복을 느낄 수 있게 될 것이다. 이렇게 식사는 인간이 어떻게 평화를 이루어야 하는지를 보여주는 가장 근본적이고 자연적이고 인간적이고 우주적인 행위이다.

종교와 음식문화 / 정진홍

1) 필자는 '문화'란 공유된 관념과 의미로 구성된 것이라는 견해에 동의하고 있다. 따라서 문화는 우리가 관찰하고 측정하는 사물이나 사건으로 구성된 것 이상의 것이라는 사실을 유념하고자 한다. 로저 키징, 전경수 역, 『현대문화인류학』, 1984, 현음사, 94쪽 이하.

2) 종교를 상성체계(symbol system)으로 이해하는데 공감하면서도 그 내용은 여러 다른 개념들로 나타나고 있다. 예를 들면 그 의미가 보상(reward.compensation)으로 서술되기도 하고(cf. R. Stark et al., *The Future of Religion*, Berkley: University of California Press. 1985), 자기 현촌의 궁극적인 의미에 도달하는 오리엔테이션으로 설명되기도 하며(C. Long, *Signification*. Philadelphia: Fmtress Press, 1986), 구조간의 변화(transformation Between structures)로 이 해 되 기 도 한다(M. Izard et al., *Benveen Belief and Transgression,* Chicago: The University of Chicago PresS, 1979).

3) 이 시술은 J. Wacl1의 *The Comparative Study of Religions*, Columbia University Press, 1958. 김종서 역, 『비교종교학』, 민음사, 1988에 근거하여 이를 필자가 이해한 바에 따라 재기술한 것이다.

4) 이곳에서 사용한 '초월적 현존'에 대한 언급은 신학적이거나 형이상학적인 전제의 논리적 수용을 뜻하는 것은 아니다. 오히려 인지적 관점에서 그렇게 전제할 수밖에 없는 서술적 개념이다. cf. T. Lawson et al., *Rethinking Religion*. Cambridge: Cambridge Univerrsity Press, 1990.

5) R, Otto는 신성을 numinose로 이해하고 있다(길회성 역, 성스러움의 의미, 분도출판사, 1987), 이 신성은 하나의 '실재'로 상정된다. 그러나 M Eliade는 성(sacred)을 '경험을 통한 실재'로 설명한다(이동하 역, 『성과 속』, 1986), 필자는 후자의 입장을 선호한다.

6) P. Tillich는 궁극성을 완성의 개념으로 설명하지는 않는다. 이곳에서 필자가 주장하는 완성으로써의 궁극성은 locating, relating, validating의 구조에서 이해하는 것이다. cf. P.Sherry, *Religion. Truth and Language-Games* London: The Macmilian Press, 1977.

7) 예를들어 인도네시아의 Ceram섬에 사는 주민들은 그들의 주식인 식물(植物)이 신적인 존재인 어린 소녀의 몸이라고 말한다. 그 소녀가 살해당한 뒤 매장한 자리에서 솟아난 것아 바로 그 식물이기 때문이다. 북아메리카의 Ojibwa 인디언들은 하늘에 계신

위대한 영이 땅에 보낸 신이 굶주림에 지친 인간과 싸워 살해당한 뒤에 그 신의 주검이 묻힌 자리에서 돋은 식물이 그들의 주식인 옥수수라고 말한다. 폴리네시아의 Tongan 족은 처녀를 수태하게 한 뱀장어를 잡아 긴 머리를 베어 묻은 곳에서 솟아난 나무가 코 코넛이라고 말한다. 그 나무는 그들의 주식이면서 동시에 생업의 근간이다. 기근을 호 소한 응답으로 신이 보낸 낯선 처녀를 잡아먹고 버린 찌꺼기가 땅에 묻혔다가 새로운 식물로 자라 그 줄기와 뿌리를 먹고 인간이 살게 되었다는 Hainuwelle 신화는 그 전형 적인 것이다. cf. J. Campbell, *The Masks of God*, New York, 1959; M. Eliade, *Patterns in Comparative Religion*, New York, 1958.

8) 가장 전형적인 예는 유대교 전통에서 찾아볼 수 있다. 유대교 경전인 창세기, 출애급 기. 레위기, 신명기에는 이러한 음식규례에 대한 자세한 서술이 나타나고 있다. 특별 히 음식규례는 기원전 1세기 로마에 의해서 팔레스틴이 위기에 처하게 되었을 때 더욱 강조되고 있다. 짐승의 의례적인 살해(ritual slaughter)가 강조되었고 코쉐로(Kosher, 율법에 맞는 음식)가 엄격히 준행되었다. 음식 금기에 대한 설명은 언제나 "야웨가 그 렇게 하라고 하셨다"라는 정언(定言)으로 대신되었다. 19세기 초에 이르러 개혁유대교 는 신앙과 윤리가 음식규례의 형식성보다 더 중요한 것이라고 주장하였지만 근원적인 음식규례를 폐기하지는 않았다. 이슬람은 다음과 같은 음식을 금기로 삼고 있다. 타 인의 소유, 죽은 동물, 피, 돼지고기, 다른 신의 이름으로 도살된 것, 우상에게 바쳐진 것, 집에서 기른 나귀, 사자, 호랑이, 곰, 표범, 코끼리. 늑대, 족제비, 다람쥐. 부엉이, 개 등. 제의적 도살을 Zhakah. 도살의 절차를 Zhabh, 단번에 살해하는 일을 Nahr라고 한다. 이러한 것은 엄격하게 지켜지지 않으면 안 된다; 힌두교의 경우에는 음식규례가 카스트 제도를 유지하는 기본적인 질서를 보존하는 방편으로 사용되고 있다. 오염된 음식과 깨끗한 음식은 대상이 아니라 어떻게 생산했는가, 어떻게 요리했는가, 어떻게 먹는가 하는 것과 관련되어 있다. cf. F. Simoons, *Eat Not This Flesh: Food Avoidances in the Old World*, Madison, 1961; R Tannahill, *Food in History*, New York, 1973.

9) 이러한 사실은 음식과 희생제의(sacriifice)에 대한 근원적인 관계를 시사하는 것이기도 하다.

10) 예를 들면 샤만이 비전을 보기 위하여 수행하는 금식. 힌두교에서 육식을 거부하는 정 도가 몸 수행의 정도를 드러내는 것이라고 이해하는 일, 이슬람에서 라마단을 준수하 는 것들이 그것이다. 기도원에서의 금식도 이 범주에 넣을 수 있다.

11) 이와 같은 사실은 모든 종교의 경전에서 나타나고 있는 보편적인 현상이다.

12) A. M. Radcliff-Brown이나 B. Malinowski는 기능론적인 접근을 통하여 음식 금기 를 포함한 음식문화가 사회적 기능을 가진다고 주장한다. A, Crawley는 음식 관습 과 성(sex)을 연결시키고 있으며, C. Levi-Strauss는 사회구조와 연계시키고 있다. M.

Douglas는 오염과 깨끗함의 경계에 관한 서술을 통하여 음식규례의 영적인 의미를 설명하고 있다 cf, M. Douglas, *Purity and Danger*, New York: Frederick A Prager, 1966: C. Levi-Strauss, *The Raw and Cooked*, New York, 1969.

13) M. Douglas의 "betwixt and between"의 개념은 매우 시사적이다. cf. M, Douglas, 1969.

14) 유감스럽게도 필자는 본 논제를 서술하기 위한 충분한 준비를 갖추지 못하고 있다. 이 글은 우리의 경험을 포함한 더 완성된 내용으로 재집필되어야 할 것이다. 그럼에도 불구하고 이 글을 발표하는 것은 한국식생활문화학회의 1995년도 추계학술발표회가 주관한 "종교와 식생활문화"라는 주제에 대한 기조발제를 부탁받은 일 때문이기도 하고" 동시에 종교학의 관심영역이 확장되기를 바라는 의도 때문이기도 하다.

유대교의 희생제의와 음식—동물의 정결과 피의 금기를 중심으로 / 안연희

1) 『아트라하시스이야기』 세 번째 토판. v. 34-35. "(아트라하시스는 소와 양을 잡아 태워서, 신들에게 제물로 바쳤다.) 신들은 냄새를 맡고 제물 주변으로 파리 떼처럼 모여들었다." 안성림 · 조철수 공저, 『사람이 없었다 신도 없었다』, 서운관, 1995, 195쪽.

2) Henri Hubert and Marcel Mauss, *Sacrifice: Its Nature and Function*, tr. W. D. Halls, Chicago and London: The University of Chicago Press, 1964, p. 97.

3) 노먼 솔로몬, 『유대교란 무엇인가』, 최창모 옮김, 동문선, 1999. 128-131쪽; 칼 에를리히, 『유랑민족의 지팡이 유대교』, 최창모 옮김, 유토피아, 2007, 76-79쪽. 역사적으로 음식법의 의미에 대한 다양한 해석이 존재해 왔고, 현대 다양한 교파에 따라 식사법을 토라의 핵심요소로 인정하지 않는 개혁주의부터 엄격한 준수를 주장하는 정통파까지 다양한 스펙트럼이 있으며, 상당수 유대인들은 선택적으로 코셔 준수의 기준을 가지고 살아간다.

4) 예수는 사람을 더럽게 하는 것은 사람 안에서 나오는 것, 나쁜 마음에서 나오는 나쁜 생각, 즉 음행, 도둑질, 살인, 간음, 탐욕, 악의, 사기와 방탕과 악한 시선, 모독, 교만, 어리석음이라고 하여, 정결과 부정이 갈리는 자리를 내면화시켰다. 「마가복음」 7: 18-23.

5) 김종도 · 최영길, 「신앙과 음식: 이슬람 음식법에 대한 연구」, 『한국중동학회논총』 34(4), 2014, 191쪽.

6) 류성민, 「고대 이스라엘 희생제의의 사회윤리적 의미」, 『종교학연구』 9, 서울대학교 종교학연구회, 2006, 186쪽.

7) 「이사야서」 1: 10-13. "무엇하러 제물을 바치느냐? 나는 이제 숫양의 번제물과 살진 짐

승의 기름기가 지겹고, 나는 이제 수송아지와 어린 양과 숫염소의 피도 싫다. 너희가 나의 앞에 보이러 오지만, 누가 너희에게 그것을 요구하였느냐? 나의 뜰만 밟을 뿐이다. 다시는 헛된 제물을 가져오지 말아라. 다 쓸모없는 것들이다. 분향하는 것도 나에게 역겹고, 초하루와 안식일과 대회로 모이는 것도 참을 수 없으며, 거룩한 집회를 열어 놓고 못된 짓도 함께 하는 것을 내가 더 이상 견딜 수가 없다."

8) 류성민, 위의 글, 187쪽.

9) 김호관, 『희생의 마을로 가라: 사함의 책, 레위기 주석』, 엘도론, 2016, 43쪽.

10) 「출애굽기」 10: 24-25.

11) 「레위기」 1-5장과 『라이프성경사전』 제사 항목을 볼 것. 속죄제와 속건제는 의무적인 제사로서, 속죄제가 이스라엘과 야훼의 계약조건인 율법(특히 금지한 것)을 어긴 죄에 해당된다면, 속건죄의 경우는 그보다 경중이 약한 성물관리의 실수나 사회적 범죄를 저질렀을 때이다. 속죄제는 제사장이나 족장, 왕, 이스라엘 백성이 율법(신의 금한 것들)을 범했을 때 그 죄를 속하고 관계를 회복하기 위한 제사로서 제물은 위계적으로 제사장·회중(수송아지), 족장·왕(숫염소), 개인(암염소)이며 형편에 따른 예외를 인정하고 있다. 속건제는 성물 또는 금령을 범한 자나 이웃에 대해 범죄한 자의 회복을 위한 제사로 공통적으로 흠 없는 숫양을 바치고 속죄제와 달리 실수나 손해를 끼친 것에 대해 일정한 배상을 하도록 되어 있는 게 특징이다.

12) 1세기 예루살렘 성전 파괴 이후 모세의 율법을 새로운 시대의 변화에 알맞게 해석하거나 적용하기 위해 구전으로 내려오던 위대한 랍비(현자)들의 가르침을 수집하고 기록하기 시작했는데, 2세기 말경 가장 먼저 편집된 책이 『미쉬나』이다. '미쉬나'(Mishnah)의 히브리어 어원인 '샤나'는 '반복하다' 또는 (반복해서) '연구하다' 또는 (반복을 통해) '가르치다'라는 뜻이다. 『미쉬나』는 6개의 세데르(seder)와 63개의 마세켓으로 구성되어 있는 법전으로, 매우 다양한 규례를 다루고 있으며 상호 대조되는 자료들이 함께 편집되어 있다.(최창모, 『이스라엘사』, 2007. 9. 12. 미래엔.)

13) Jacob Neusner, "Map without Territory: Mishnah's System of Sacrifice and Sanctuary," History of Religions, vol. 19, no. 2, 1979, pp. 103-127.

14) 류성민, 「고대 이스라엘 희생제의의 사회윤리적 의미」, 『종교학연구』 9, 서울대학교 종교학연구회, 2006, 186쪽.

15) 「히브리서」 13: 10-16. 유대교의 동물희생제와 음식규정이 그리스도에 의한 대속의 피의 제단과 그 은혜로 극복되었다는 신학을 드러낸 「히브리서」나 이레나이우스, 위 클레멘티우스와 같은 그리스도교 저자들은 희생제의의 세부보다는 희생제의의 전체 현상과 그것의 의미에 대해 말하는 경향이 있다.

16) 조너선 클로원스는 유대교의 음식법이나 정결법이 희생제의와 함께 일련의 상징체

계나 세계관을 보여주는 데 주목한 연구는 상대적으로 부족하다는 것을 지적한 바 있다. Jonathan Klawans, "Pure Violence: Sacrifice and Defilement in Ancient Israel," *The Harvard Theological Review*, vol. 94, no. 2, Cambridge University Press, 2001, pp. 135-136; "Rethinking Leviticus and Rereading "Purity and Danger,"" *ATS Review*, vol. 27, no. 1, Cambridge University Press, 2003, p. 90. 그 점에서 Mary Douglas, *Leviticus as Literature*, New York: Oxford University Press, 2000의 4장에서 시도한 유대교 희생제의와 정결법, 음식법의 관계에 대한 통합적 설명은 주목할 만하다.

17) Henri Hubert and Marcel Mauss, *Sacrifice: Its Nature and Function*, tr. W. D. Halls, Chicago and London: The University of Chicago Press, 1964; 지그문트 프로이트, 『토템과 타부』, 김종엽 옮김, 문예마당, 1995; 르네 지라르, 『폭력과 성스러움』, 김진식 · 박무호 옮김, 민음사, 1993; Maria-Zoe Petropoulou, *Animal Sacrifice in Ancient Greek Religion, Judaism, and Christianity, 100 BC TO AD 200*, Oxford: Oxford University Press, 2008.

18) Edward B. Tylor, *Primitive Culture: Researches into the Development of Mythology, Philology, Religion, Language, Art, and Custom*, London, 1903. 타일러는 신이 제물을 받는 방식에 따라 신이 제물을 그 자체로 받는 경우, 제물의 본질(essence)을 받는 경우, 제물의 영혼(soul)을 받는 유형으로 나누고, 제의의 동기에 따라 선물, 공경의 제물, 예배자의 자기부정의 제물로 구분하고 각각을 발전 단계로 보았다. Maria-Zoe Petropoulou, *Animal Sacrifice in Ancient Greek Religion, Judaism, and Christianity, BC 100 to AD 200*, p. 2.

19) William Robertson Smith, *Lectures on the Religion of the Semites*, 3rd edition, London, 1927.

20) 르네 지라르, 『폭력과 성스러움』, 김진식 옮김, 민음사, 1997, 189-191쪽. 류성민은 지라르의 이론과 성서적 계약사상을 접목시켜 이스라엘의 원초적 희생제의를 야훼 신과의 계약의 제의로 보았다. 고대 이스라엘은 신과의 계약개념과 희생제의를 통해 한 공동체로서의 정체감을 가지고 사회적 실체로 존립할 수 있었는데(Norman K. Gottwald, *The Hebrew Bible*, 『히부리 성서』, 김상기 옮김, 한국신학연구소, 1985, 251쪽(재인용)), 부족간 갈등과 주변국의 위협이라는 내외적 공동체의 위기상황에 직면해 있던 부족연맹시대에 신과 공동체의 계약을 선포한 희생제의는 희생물에 대한 대체폭력으로 폭력충동과 갈등을 해소하고 제물을 함께 먹음으로서 내적 결속과 유대를 강화하며 야훼신과의 계약과 부족연맹이라는 약속을 보장하는 메커니즘으로 작용했다는 것이다.

21) Henri Hubert and Marcel Mauss, *Sacrifice: Its Nature and Function*, tr. W. D. Halls,

Chicago and London: The University of Chicago Press, 1964.

22) Jonathan Z. Smith, "Domestication of Sacrifice", *Relating Religion: Essays in the Study of Religion*, Chicago and London: The University of Chicago Press, 2004, pp. 145-159.

23) Maria-Zoe Petropoulou, *op. cit.*, p. 18.

24) Jonathan Z. Smith, *op. cit.*, pp. 140-150.

25) *Ibid*, p. 150.

26) 사냥의례와 뼈의 보존에 대해서는 조너선 Z. 스미스, 『종교상상하기』, 장석만 옮김, 청년사, 2013의 4장 154-155쪽을 볼 것.

27) Jacob Neusner, *op. cit.*, p. 120.

28) 한동구, 「음식규정에 나타나 있는 평화사상」, 『기독교사상』 38(4), 대한기독교서회, 1994, 130-132쪽.

29) 성서에 등장하는 최초의 제사는 카인과 아벨의 제사이다. 「창세기」 4장 3-5절에 따르면, 카인은 곡식제물을 드리고 아벨은 양떼 가운데 맏배의 기름기를 바쳤는데, 주님께서 아벨의 제물을 반기셨으나, 가인의 제물은 반기지 않았다고 한다.

30) 「출애굽기」 12: 5-11, 23: 「신명기」 16: 1-17. 뼈는 하나라도 꺾어서는 안 된다는 규정과 새끼 염소를 그 어미의 젖으로 삶아서는 안 된다는 규정도 단편적으로 제시되고 있다.

31) 강성렬, 「성서의 음식규례와 오늘의 먹을거리」, 『Canon&Culture』 2(2), 한국신학정보원, 2008, 18-23쪽을 참고로 정리.

32) Jacob Milgrom, "Levictus 1~16," *The Anchor Bible Dictionary*, vol. 3, New York: Doubleday, 1991; "The Biblical Dietary Laws as an Ethical System," *Interpretation*, vol. 17, 1963, pp. 288-301; Jacob Neusner, *The Idea of Purity in Ancient Judaism*, Leiden: Brill, 2004; 마빈 해리스, 『문화의 수수께끼』, 박종열 옮김, 한길사, 1990; J. G. Frazer, *Folklore in the Old Testament: Studies in Comparative Religion, Legend and Law*, 3 vols, London: Macmillan, 1918, 이양구 옮김, 『구약 성서의 민속』, 강천, 1996; Mary Douglas, *Purity and Danger: An Analysis of Concepts of Pollution and Taboo*, London: Routledge & Kegan Paul, 1966; Mary Douglas, "The Forbidden Animals in Leviticus," *Journal for the Study of the Old Testament*, vol. 59, 1993, pp. 3-23.

33) 최창모, 앞의 책, 72-79쪽.

34) 마빈 해리스, 『음식문화의 수수께끼』, 서진영 옮김, 한길사, 1998, 77-101쪽.

35) Mary Douglas, *Purity and Danger: An Analysis of Concepts of Pollution and Taboo*, London: Routledge & Kegan Paul, 1979; 메리 더글라스, 『순수와 오염』, 유제분·이훈상 옮김, 90-91쪽.

36) 위의 책, 89쪽.

37) Jordan D. Rosenblum, "Why do you refuse to eat Pork? Jews, Food, and Identity in Roman Palestine," *The Jewish Quarterly Review*, vol. 100, no. 1, 2000, pp. 95-100. 돼지고기를 먹는 로마사회에서, 디아스포라 유대인들은 돼지고기 섭취를 로마라는 타자의 상징으로, 돼지고기를 먹지 않는 것을 자아 정체성의 상징으로 인식하곤 했다.

38) 강성열, 앞의 글, 18쪽.

39) 최창모, 앞의 책, 66쪽.

40) 「창세기」 9:4; 「레위기」 17:11.

41) 그러므로 이스라엘 집안에 속한 사람이나 그들과 함께 살고 있는 외국 사람이 사냥을 하여, 먹어도 좋은 어떤 짐승이란 새를 잡았을 때에는, 그 피를 땅에 쏟고 흙으로 덮어야 한다.(레위기 17: 10-13.)

42) 김득중, 「음식규례와 거룩-레위기 음식법의 신학과 해석」, 47쪽. 솔로몬이 왕이 된 후 번제를 천 마리나 드린 것(「열왕기상」 3: 4)을 언급하지 않더라도, 성서에서 유추되는 유대교의 성전 희생제의는 너무 빈번하고 그만큼 많은 동물을 죽여 제물로 바쳤던 것으로 보인다.

43) Henri Hubert and Marcel Mauss, *op. cit.*, p. 95.

중세 여자 성인들의 음식, 몸, 물질의 종교
―캐롤라인 워커 바이넘의 저작을 중심으로 / 최화선

1) Raymond of Capua, *Life of Catherine*, pt. 1. ch. 5.

2) 시에나의 가타리나(Catherine of Siena, 1347~1380)의 삶에 대한 가장 기본적인 자료는 카푸아의 라이문도가 쓴 『전기』(*Legenda Maior*)이다.(이하 『전기』라고 표시.) *Acta Sanctorum*, April, Vol. 3, pp. 863-959에 실린 라틴어본이 대부분의 『전기』 연구에 사용된 판본이며, 2004년에 Jörg Jungmayr가 Nuremberg, Stadtbibliothek MS Cent. IV, 75 코덱스를 새로 소개하며 이의 독일어 번역본을 출판했다. Jörg jungmayr, *Die Legenda maior (Vita Catharinae Senensis) des Raimund von Capua: Edition nach der Nürnberger Handschrift Cent IV 75: Übersetzung und Kommentar*, Weidler Buchverlag Berlin, 2004. 또 2013년 Silvia Nocentini는 이를 참고해 『전기』의 새로운 라틴어 비평편집본을 출판했다. Silvia Nocentini, *Legenda maior: sive Legenda admirabilis virginis Catherine de Senis*, Firenze: Edizioni del Galluzo, 2013. 참고로 이 글에서 사용한 『전기』는 영어번역본 *Life of St. Catharine of Sienna by her confessor the blessed*

Raymond of Capua, Philadelphia: P. F. Cunningham, 1859(이 번역본은 성심수녀회에서 불어본으로부터 영어로 번역한 것이다)이며, *Acta Sanctorum*의 라틴어 원문을 부분 참조했다. 이 성인의 이름은 국내에서 "카타리나" 혹은 "가타리나"로 표기되는데, 이 글에서는 한국 가톨릭 교회에서 사용하는 "가타리나"로 쓰겠으며, 이후 등장하는 성인들의 이름도 한국 가톨릭 교회의 표기를 따르겠다.

3) Raymond of Capua, Life of Catherine, Pt. 1. Ch.5; Rudolf B. Bell, *Holy Anorexia*, Chicago: The University of Chicago Press, 1985, p.25; Caroline Walker Bynum, *Holy Feast and Holy Fast: The Religious Significance of Food to Medieval Women*, Berkeley: University California Press, 1987, p. 169.

4) Donald Weinstein and Rudolf M. Bell, *Saints and Society: The Two Worlds of Western Christendom*, 1000-1700, Chicago: University of Chicago Press, 1982, p. 234; Caroline Walker Bynum, *Holy Feast and Holy Fast*, p. 76.

5) Caroline Walker Bynum, "Feast, Fast, and Flesh: The Religious Significance of Food to Medieval Women," *Representations*, no. 11, Berkeley: University of California Press, 1985, p. 3.

6) Rudolf M. Bell, *Holy Anorexia*, esp. pp. 13-21.

7) Caroline Walker Bynum, *Holy Feast and Holy Fast*, pp. 189-218, esp. p. 207.

8) 그러한 점에서 중세 그리스도교 성인들의 금식, 고행에 관한 논의 속에서 바이넘의 연구가 가장 대표적인 것으로 흔히 거론되면서도 간혹 이러한 연구들에서 바이넘이 이 행위 등을 단지 남성들이 만들어낸 여성, 육체, 섹슈얼리티에 대한 혐오 담론의 내면화로 해석하지 않는다는 점이 명확히 부각되지 않거나, 바이넘이 육체의 여성성에 대한 중세 그리스도교 담론에서 단순히 부정과 혐오만이 아니라 다른 적극적, 긍정적 상징들을 찾아내려 한다는 점이 분명히 드러나지 않는 것은 안타깝다. 이충범, 「금식하는 성인과 거식증 소녀: 성 카타리나와 현대거식증을 중심으로」, 『가톨릭철학』 13, 2009, 201-229쪽과 같은 연구가 그러한 경우라 할 수 있다. 반면 이민지, 「중세 그리스도교 여성금욕수행자들의 자기 부정과 지위 획득」, 『종교와 문화』 16, 2009, 105-128쪽; 「서유럽 중세여성 금욕수행 연구: 성스러움을 구현하는 몸」, 서울대학교 종교학과 석사학위 논문, 2010 같은 경우에는, 몸을 통해 신 예수와 하나 되려 한 여성들의 적극적인 종교적 실천의 일환으로 여성들의 금식, 육체 고행을 파악하는 바이넘의 기본 관점이 잘 반영되어 있다.

9) 「거룩한 만찬, 거룩한 금식」 이후 바이넘은 중세 그리스도교의 몸, 그리고 몸의 변화에 대한 문제를 다룬 *Fragmentation and Redemption: Essays on Gender and the Human Body in Medieval Religions*, New York: Zone Books, 1991; *The Resurrection of the*

Body in Western Christianity, 200-1336, New York: Columbia University Press, 1995; *Metamorphoses and Identity*, New York: Zone Books, 2001 등의 책을 저술했으며, 이후 *Wonderful Blood: Theology and Practice in Late Medieval Northen Germany and Beyond*, Philadelphia: University of Pennsylvania Press, 2007을 통해 중세의 성혈 기적 문제를 검토한 후 중세 후기 그리스도교의 물질성에 대한 연구서 *Christian Materiality: an Essay on Religion in Late Medieval Europe*, New York: Zone Books, 2011을 저술했다. 최근의 논문들에서도 바이넘은 계속 상(像), 의복 등 물질적 신심의 대상들에 대한 연구를 통해 중세 후기 근대 초기 그리스도교사에 대한 이해를 재검토해 보는 작업을 진행시키고 있다. ""Crowned with Many Crowns" Nuns and Their Statues in Late Medieval Wienhausen," *The Catholic Historical Review*, Vol. 101, Washington, D.C.: Catholic University of America Press, 2015, pp. 18-40; "Are Things 'Indifferent'? How Objects Change Our Understanding of Religious History," *German History*, Vol 34. no. 1. Oxford: Oxford University Press, 2016, pp. 88-112.

10) 근래 소위 종교연구의 '물질적 전환'을 이야기하는 이들이 'expression', 'representation' 이 아닌 'performance', 'embodiment', 'materiality', 'relationality' 등의 용어를 선호하는 것은, 우리 삶의 구체적 행위와 물질들 위 저 너머에 존재하는 종교라는 독립적 실체를 상정하고, 그것의 '표현'이나 '재현'으로서 종교를 이해하는 구도에 반대하기 때문이라고 할 수 있다. Graham Harvey, "Respectfully Eating or Not Eating: Putting Food at the Center of Religious Studies," *Scripta Instituti Donneriani Aboensis*, Vol. 26, Abo: The Donner Institute for Research in Religious and Cultural History, pp. 34-35.

11) Raymond of Capua, *Life of Catherine*, pt. 2. ch. 2.

12) Raymond of Capua, *Life of Catherine*, pt. 2. ch. 11.

13) 시에나의 가타리나, 『대화』, 성찬성 옮김, 바오로딸, 1997.

14) 바이넘의 책 제목에 들어가 있는 '거룩한 만찬'(holy feast)의 가장 직접적 의미는 성체성사이다. 고대 그리스도교로부터 성체성사는 다른 공동체 구성원들과 함께 천상의 빵을 나누는 거룩한 만찬이라고 생각되었다. 또한 이들 여자 성인들이 이웃에게 음식을 나눠주는 이야기는 대부분 음식 증식 기적이야기를 포함하기 때문에 이 역시 일종의 '천상의 만찬'의 한 형태라고 볼 수 있다. Bynum, *Holy Feast and Holy Fast*, pp. 31-72.

15) Bynum, Holy Feast and Holy Fast, p. 208. "나는 위에서 여성들이 광범위한 방식으로 음식을 사용했음을 제시했다. 왜냐하면 음식은 그들이 가장 많이 통제할 수 있는 기본 자원이었기 때문이다." 바이넘은 또한 위의 책 3장 'Food as a Female Concern: The Complexity of the Evidence'에서 이 부분에 대해 자세히 설명한다.

16) 이하의 내용은 Bynum, *Holy Feast and Holy Fast*, pp.189-244; "Feast, Fast, and Flesh,"

pp, 10-13에 자세히 나온다. 따라서 이 부분은 바이넘의 분석과 주장을 요약한 것임을 밝힌다.

17) 여성을 육체, 육욕, 나약함, 비이성과 연결시키고 남성을 반대로 영혼, 이성, 강인함과 연결시키는 사고방식은 분명 존재했고 또 지금도 존재한다. 바이넘은 이 자체를 부정하는 것이 아니다. 그러나 중세 후기의 여성과 음식, 육체에 대한 개념은 흔히 우리가 생각하는 이 대립적 구도 안에서만 설명되지 않는 많은 점들을 보여준다는 것, 그렇기 때문에 이 부분에 대해 좀더 면밀히 들여다보고 그 복잡한 관계를 살펴봐야 한다는 것이 바이넘의 입장이다.

18) 실제로 극단적 금식과 음식 기적을 보여준 여성들은 교회의 사제들로부터 이것이 하느님으로부터 온 기적인지 아니면 악마로부터 온 것인지 검증받는 절차를 거쳐야만 했다.

19) Bynum, *Fragmentation and Redemption*, p. 181; *Acta Sanctorum*에 나오는 코르비의 콜레타 이야기는 March, vol. 1, p. 558. 바이넘은 *Holy Feast and Holy Fast*, p. 67에서도 같은 일화를 인용했다.

20) Bynum, *Holy Feast and Holy Fast*, p. 67.

21) *Ibid.*, pp. 269-276; "Fast, Feast and Flesh," p. 15.

22) Bynum, *Fragmentation and Redemption*, pp. 214-215.

23) Raymond of Capua, *Life of Catherine*, pt. 2. ch. 4.

24) Jan Gossaert, *Madonna and Child, The National Gallery, London; Fragmentation and Redemption*, 1527, p. 213.

25) Bynum, *Fragmentation and Redemption*, p. 210. 예수는 온전한 신이면서 동시에 온전한 인간이어야 하는데, 예수가 인간으로서 존재하게 되는 과정에 남성의 물질적 개입이 없었다는 점은 논란의 여지가 될 수 있는 것이었다. 그러나 인성의 물질성이 오로지 여성에게만 있다고 주장하게 되면, 예수의 탄생 과정에 남성의 물질적 개입이 없었다는 것이 예수의 온전한 인성에 영향을 미치지 않게 된다.

26) Bynum, *Fragmentation and Redemption*, p. 215.

27) 이 때 강조되는 예수의 몸은 고통받는 예수의 몸이기도 하다. 중세 후기의 도상 및 구원론은 예수의 부활의 영광보다, 십자가 위에서의 처절한 고통에 더 집중하는 경향을 보여준다. 따라서 중세 여성들의 음식 관련 실천이 항상 고행과 고통에 대한 묵상과 같이 가는 것은, 이처럼 예수의 몸이 여성의 몸이면서 동시에 고통받는 몸이라는 생각 때문이다.

28) 이러한 생각은 Bynum, *Holy Feast and Holy Fast*, 서론 및 3장과 4장의 여러 곳에서 등장하며, 좀더 직접적으로는 Catherine M. Mooney가 편집한 중세 여자 성인들과 그 해

석에 관한 책 *Gendered Voices*의 머리말에 명확히 나타난다. 바이넘은 '성인'이 "사회적으로 구축된(socially constructed)" 것임을 시작부터 밝히며, 성인에 대한 자료들 속에서 "어떻게 개인의 목소리를 구분해 내어야 하나? 이 목소리들은 어떻게 젠더화되어 있는가? 우리에게 남아있는 성인 관련 기록들이 얼마만큼 장르, 사회적 혹은 종교적 스테레오타입, 혹은 개인의 경험에 의해 결정된 것들인가?" 이러한 질문들의 중요성을 강조한다. Bynum, "Foreword," in Catherine M. Mooney ed., *Gendered Vocies: Medieval Saints and their Interpreters*, Philadelphia: University of Pennsylvania Press, 1999, p. viii- x.

29) Amy Hollywood, "Feminist Studies in Christian Spirituality," *Acute Melancholia and Other Essays: Mysticism, History, and the Study of Religion*, New York: Columbia University Press, 2016, pp. 93-116. esp. p. 102. 이 논문은 원래 The Blackwell Companion to Christian Spirituality, ed. by Arthur Holder, 2005에 실린 글을 개정한 것이다. 에이미 헐리우드는 자신의 박사학위 논문을 개정 출판한 책, *The Soul as Virgin Wife: Mechthild of Magdeburg, Marguerite Porete and Meister Eckhart*, Notre Dame: University of Notre Dame Press, 1995에서부터 여성저자들의 글 속에서 육체적 고행이나 육체적 신비현상보다는 사도적 삶의 의미, 그리스도의 사도적 삶의 적극적 모방을 통한 신과의 합일 등이 더 두드러진다고 주장해왔다.

30) Bynum, *Holy Feast and Holy Fast*, p. 195. 여기서 바이넘은 육체의 변화와 관련된 새로운 기적 이야기들이 늘어나고 사제들이 이를 강조하는 것은 카타리파의 이원론적 세계관에 대항하기 위한 교회의 활동 시기와 일치한다는 것을 지적하며, 교회와 남성 사제들이 자신들의 특정 목적에 합당한 여성의 영성을 만들어내고 이를 옹호했을 수도 있다고 말한다.

31) Jo Ann McNamara, "The Need to Give: Suffering and Female Sanctity in the Middle Ages," *Images of Sainthood*, ed. Renate Bluemnfeld-Kosinski and Timea Szell, Ithaca: Cornell University Press, 1991, pp. 199-221.

32) David Aers and Lynn Staley, *The Powers of the Holy: Religion, Politics and Gender in Late Medieval English Culture*, University Park: Penn State University Press, 1996, pp. 34-35.

33) Amy Hollywood, "Feminist Studies in Christian Spirituality," p. 104; Katheleen Biddick, "Genders, Bodies, Borders: Technologies of the Visible," *Speculum*, 1993, Vol. 68(2), Cambridge, MA. : Mediaeval Academy of America, pp. 389-418.

34) Richard Rambuss, *Closet Devotion*, Durham: Duke University Press, 1998; Amy Hollywood, "Female Studies in Christian Spirituality," p. 105-106, esp. n. 58.

35) Amy Hollywood, "Feminist Studies in Christian Spirituality," p. 105.

36) Margery Kempe, *The Book of Margery Kempe*, ed. by Sandford Brown Meech, Oxford: Oxford University Press, 1940; 마저리 켐프, 『마저리 켐프 서』, 정덕애 옮김, 황소자리, 2010, 388쪽, 392쪽.

37) Bynum, *Christian Materiality*, pp. 37-215.

38) Bynum, *Christian Materiality*, pp. 230-239.

39) *Ibid.*, pp. 31-33, esp. p. 32.

40) 미술사가이자 미학자인 디디-위베르만은 프라 안젤리코(1395~1455)의 그림을 분석하면서, 그리스도의 육화는 프라 안젤리코의 그림 속에서 인간의 형상을 통해 구현되는 것이 아니라, 닮지 않은 유사성, 즉 물질적인 것, 상대적 비형상화를 통해 구현된다고 지적하며, 흩뿌린 붉은 자국, 인조 대리석 무늬, 성모의 푸른 옷 주름, 우리의 눈을 강하게 타격하는 듯한 흰 벽의 공간 등 속에 구현된 육화의 신비를 이야기한다. Georges Didi-Huberman, *Fra Angelico: Dissemblance & Figuration*, trans. by Jane Marie Todd, Chicago: The University of Chicago Press. 디디-위베르만이 여기서 강조하는 '닮지 않은 유사성'은 위 디오니시우스(Pseudo-Dionysius the Areopagite)의 "dissimilis similitudo" 개념에서 취한 것인데, 흥미롭게도 바이넘 역시 종교 연구에 있어서의 비교와 형태론에 대한 논문에서 위 디오시우스의 이 개념을 중요하게 지적하고 있다. Bynum, "Avoiding the Tyranny of Morphology: or Why Compare?" *History of Religions*, Vol. 53(4), 2014, Chicago: University of Chicago Press, pp. 341-368. esp. 368.

41) 예를 들어 비록 중세만이 아니라 그리스도교 전반을 다룬 책이기는 하지만, Cristina Mazzoni, *The Women in God's Kitchen: Cooking, Eating, and Spiritual Writing*, New York: Continuum, 2005와 같은 책을 들 수 있다.(한국종교문화연구소 2017년 상반기 정기심포지엄에서 본 논문과 관련된 발표를 듣고 이 책에 대해 언급해주신 우혜란 선생님에게 감사를 표한다.) 아울러 음식과 몸 감각과 관련된 중세 여자 성인들의 글의 다양성 및 시대에 따른 변화를 세심히 고려할 필요가 있을 것이다.

42) Bynum, "Why Paradox? The Contradictions of My Life as a Scholar," *The Catholic Historical Review*, Vol. 98, no. 3, Washington, D.C.: Catholic University of America Press, 2012, pp. 448-449.

마늘에 담긴 불교사―음식의 내재적 본질에서 바르나(Varna)적 함의까지 / 공만식

1) 인도학자인 까네(P.V. Kane)는 다음과 같이 다르마 수트라의 성립 연대를 추정하고 있

다.

1. 『가우타마 다르마 수트라』(Gautama Dharma sūtra, 600-400 BCE.)

2. 『바우다야나 다르마 수트라』(Baudhāyana Dharma sūtra, 500-200 BCE.)

3. 『아빠스땀바 다르마 수트라』(Āpastamba Dharma sūtra, 450-350 BCE.)

4. 『바시슈타 다르마 수트라』(Vāsiṣṭha Dharma sūtra, 300-100 BCE.)

P. V. Kane, *History of Dharma Śāstra*, vol. I, part 1. Poona: Bhandarkar Oriental Research Institute, 1974, pp. 22-112.

그러나 올리벨(Patrick Olivelle)은 각각의 다르마 수트라 문헌에 대한 연대를 특정하지 않고 이들 네 가지 다르마 수트라의 성립 순서만을 제시하고 있다(Olivelle, 1999, xxxi).

1. The Āpastamba

2. The Gautama

3. The Baudhāyana

4. The Vāsiṣṭha

아빠스땀바 다르마 수트라와 가우따마 다르마 수트라 중 어떤 것이 더 오래 되었는지에 대하여, 뷜러(G. Bühler), 까네(P.V. Kane), 링가트(R. Lingat), 바네르지(S. C. Banerjee) 등의 학자들은 가우따마 다르마 수트라가 아빠스땀바 다르마 수뜨라보다 먼저 성립되었다고 주장한다. 그러나 올리벨(P. Olivelle), 고스(B. K. Ghose), 메이어(J. J. Meyer), 캉글(R. P. Kangle) 등의 학자들은 아빠스땀바 다르마 수트라가 가우따마 다르마 수트라보다 먼저 성립되었다고 주장한다(Olivelle, 1999, xxviii).

2) ADh. 17. 26.

3) GDh. 17. 32.

4) VDh. 14. 33.

5) Patrick Olivelle, "Abhaksya and abhojya: An exploration in Dietary Language." *Journal of American Oriental Society*. Vol. 122, No. 2, 2002, pp. 345-354.

6) *Ibid.*, p. 346.

7) *Ibid.*, 1999, p. 109.

8) *Ibid.*, 2002, p. 346.

9) Olivelle, 1999, pp. 108-109. 다른 세 종류의 다르마 수트라도 금지된 음식(abhakṣya)과 부적당한 음식(abhojya)에 대한 목록을 가지고 있다.

  1. Āpastamba: A: abhakṣya(1.17.14-39); B: abhojya(1.16.16-32).

  2. Baudhāyana: A: abhakṣya(1.12.1-15); B: abhojya(1.9.8).

  3. Vasiṣṭha: A: abhakṣya(14.33-48); B: abhojya(14.1-32).

10) MS. 5. 4.

11) *Ibid.*

12) YDh. 1. 176.

13) MS. 11. 228.

14) *Ibid.*, 5. 19-20.

15) *Ibid.*, 3. 16.

16) *Ibid.*, 11. 213.

17) *Ibid.*, 11. 228.

18) Vin. v. p. 34.

19) I. B. Horner, *The Book of Discipline*, London: Pali Text Society, 1993, pp. 243-244.

20) *Ibid.*, p. 244.

21) Jā. 1. p. 474.

22) I. B. Horner, op, cit., p. 244.

23) 『大正藏』 24. p. 1005b.

24) 『大正藏』 22. p. 86c.

25) 위의 책.

26) Frederick J. Simoons, *Plants of Life, Plants of Death*, Madison: University of Wisconsin Press, 1998, p. 140.

27) *Ibid.*, p. 138.

28) *Ibid.*, p. 141.

29) *Ibid.*

30) 『大正藏』 23. p. 317b.

31) 위의 책. p. 275c.

32) 『大正藏』 24. p. 571a.

33) 『大正藏』 50. p. 145b.

34) 『大正藏』 22. p. 86c.

35) Vin. IV. p. 259.

36) 『大正藏』 22. pp. 736c-737a.

37) 위의 책. p. 483b.

38) 위의 책.

39) Vin. IV. p. 259.

40) 『大正藏』 22. p. 737b.

41) 위의 책. p. 530b.

42) 위의 책. p. 737b.

43) 위의 책. p. 737b.

44) 위의 책. p. 86c.

45) 『大正藏』 23. p. 317a-b.

46) 위의 책. p. 997a.

47) 『大正藏』 22. p. 176a.

48) 『大正藏』 23. p. 275b.

49) 『大正藏』 24. p. 230a.

50) 『大正藏』 23. 997a.

51) 위의 책. p. 317b.

52) 『大正藏』 22. p. 176a.

53) 『大正藏』 23. p. 275b-c.

54) 『大正藏』 24. p. 230b.

55) 『大正藏』 12. p. 626b.

56) 위의 책. p. 869a.

57) 위의 책.

58) 『大正藏』 12. p. 626b.

59) 위의 책. p. 386b.

60) 『능가경』은 세 가지 번역본이 있다. 1)『능가아발타라보경』(楞伽阿跋多羅寶經, Guṇabhadra, 求那跋陀羅, 443년), 2)『입능가경』(入楞伽經, Bodhiruci, 菩提流支, 513년), 3)『대승입능가경』(大乘入楞伽經, Śikṣānanda, 實叉難陀, 704년). 본 논문에서 사용된 문헌은 『입능가경』이다.

61) 『大正藏』 16. p. 564a.

62) Brian K. Smith, *Classifying the Universe: The Ancient Indian Varṇa System and the Origins of Caste*, Oxford: Oxford University Press. 1994, pp. 208-230.

63) 『大正藏』 16. p. 561c; p. 623b.

64) 『능엄경』의 온전한 이름은 『대불정여래밀인수증료의제보살만행수능엄경』(大佛頂如來密因修證了義 諸菩薩萬行首楞嚴經)이다. 『大正藏』 19. p. 106b.

65) 위의 책. p. 141b.

66) 위의 책.

67) 『大正藏』 19. p. 141c.

68) 『卍續藏』 11. p. 1057a.

69) 『大正藏』 39. p. 925b.

70) 『卍續藏』 15. p. 491b.

71) 『卍續藏』 11. p. 759c.

마쓰리(祭)와 신찬(神饌)—이세신궁과 천황의 제사를 중심으로 / 박규태

1) 조리하지 않고 날것 그대로 삼방(三方, 삼보. 신찬을 올려놓는 대)에 바치는 것을 '환물신찬'(丸物神饌) 또는 '삼방신찬'이라 한다. 고대 일본인들은 생선, 조류, 육류 등을 생식했을 것으로 추정된다. 지금도 어육을 사시미라 하여 생식하는 것은 그런 유풍과 관련이 있다고 보인다.

2) 메이지 이전에는 조리한 신찬 즉 숙찬이었다. 이는 '조리신찬' '특수신찬'(해당 신사 고유의 신찬) 또는 '고식(古式)신찬'이라 한다. 숙찬의 조리방법은 쌀을 쪄서 찰밥 또는 죽으로 만들고, 술은 백주와 흑주, 어패류는 말린 것, 해조류는 삶거나 국거리로 조리하고 과일류는 꼭지를 떼고 껍질을 벗긴다. 과자는 당과자를 바친다. 조미료는 소금과 초 등이 사용된다.

3) 이 밖에 일반적이지는 않지만 이케니에(生贄)라 하여 살아있는 생물을 그대로 바치는 신찬도 있다. 國學院大學日本文化研究所編, 『神道事典』, 弘文堂, 1999, 205쪽.

4) 神崎宣武, 『「まつり」の食文化』, 角川選書, 2005, 224-226쪽.

5) 위의 책, 228-229쪽.

6) 坪井洋文, 『イモと日本人』, 未來社, 1979 참조.

7) 本居宣長, 『續紀歷朝詔詞解』, 『本居宣長全集』 7, 386-387쪽.

8) 연회를 가리키는 말. 원래는 술 때문에 뺨이 붉어지는 것을 뜻하는 말.

9) 『續日本紀』 後編, 326쪽.

10) 아마테라스를 모신 이세신궁 내궁(황대신궁)의 각종 의식 및 행사를 기록한 문헌으로 804년에 성립.

11) 折口信夫, 『上世日本の文學』, 『折口信夫全集』 12, 390쪽.

12) 水島裕, 「食生活と宗教(その十): 神饌」, 『金城學院大學論集』 27, 1987, 91쪽.

13) 南里空海, 『神饌』, 世界文化社, 2011, 232-233쪽.

14) 『日本書紀』 上, 日本古典文學大系, 岩波書店, 1967, 90쪽.

15) 위의 책, 100-102쪽.

16) 이와 동일한 내용의 신화가 『고사기』에도 나온다. 거기서는 식물신 오게쓰히메(大氣都比賣神)가 자신의 코와 엉덩이 등에서 여러 식재를 꺼내어 음식을 만들어 스사노오를 대접했다. 그런데 그 조리 모습을 훔쳐본 스사노오가 불결하다고 분노하여 오게쓰

히메를 살해했을 때, 이 여신의 사체 중 머리에서 누에가, 눈에서 벼가, 귀에서 조가, 코에서 팥이, 음부에서 보리가, 엉덩이에서 콩이 생겨났다. 이에 생성의 모신 가미무스비노미오야(神産巢日御祖命)가 이것들을 취하여 각종 곡물의 씨앗으로 삼았다는 것이다. 『古事記』, 日本思想大系, 岩波書店, 1982, 55쪽.

17) 이세신궁에서 4월 상순에 행해지는 신전하종제(神田下種祭)는 신상제(神嘗祭)의 부속 마쓰리 중 최초의 중요한 행사인데, 이때 경작 책임을 맡은 네기(禰宜)가 기종(忌種)을 수여받는다. 여기서 기종이란 아마테라스가 고천원에서 처음 받은 종을 일본인의 주식으로 수여했다는 신화에서 비롯된 표현이다. 이런 신전하종제에 필적할 만한 마쓰리로, 9월 상순에 베어낸 벼를 하나하나 묶어 건조시켜 창고에 수납하면서 거행하는 발수제(拔穗祭)가 있다. 이때 정화(하라이)의식을 거행한 후 제장에서 곤네기(權禰宜)가 신찬과 신주를 바치고 네기가 노리토를 진상한다. 이 마쓰리 또한 아마테라스가 고천원의 신전에서 행했다고 전해지는 신화적 의식의 재현이라 할 수 있다. 矢野憲一,「神宮祭典·神嘗祭を解く」, 上山春平編, 『伊勢神宮』, 人文書院, 1993, 324쪽 및 327쪽.

18) 『延喜式』, 新訂增補國史大系, 吉川弘文館, 1965, 119쪽.

19) 『연희식』은 이세신궁 식년천궁(式年遷宮) 경비를 신세(神稅) 또는 정세(正稅)의 세금으로 충당한다고 규정한다. 『延喜式』(卷四, 神祇四, 伊勢太神宮), 83쪽. 이 세금과 관련하여 「양로령」(養老令, 757년 시행) 중 '창고령'(倉庫令)에 "호시이(糒)는 20년간 저장한다."는 말이 나온다. 여기서 '호시이'는 세금의 일종으로 쌀을 쪄서 한풍에 건조시킨 것으로 장기간 보존이 가능했다. 그것을 세금으로 받아 20년간 고상식(高床式) 창고에 저장했다. 『律令』, 日本思想大系, 岩波書店, 1976, 409쪽.

20) 가을에 논에 대량으로 발생하는 풀.

21) 일본불교의 공찬(供饌)에는 불공(佛供), 승공(僧供), 영공(靈供)의 세 종류가 있다. ① 불공: 술, 고기, 오신(五辛)을 배제한 청정음식을 금그릇이나 은그릇 등에 담아 불보살에게 바치는 정진공(精進供)을 가리킨다. 품목은 각종 야채라든가 다시마나 한천 등의 해조류, (얼린)두부, 녹두국수(春雨), 두부겁질(湯葉), 표고버섯, 말린 호박, 밀기울(麩), 공양미(佛餉米), 과일, 과자 등이다. ②승공: 불공에 올렸던 음식을 승려들을 위해 조리한 것을 가리킨다. ③영공: 정령들에게 바치는 공찬. 당초제사(唐招提寺)의 '백미어선'(百味御膳)과 묘심사(妙心寺)의 '백미음식'(百味飲食)이 유명하다. 대선(大膳) 품목은 밥(고배), 대즙(大汁. 무, 인삼, 표고버섯, 작은 토란, 데친 두부 액을 산처럼 쌓아 담은 것), 튀긴 다시마, 인삼, 기름으로 튀긴 당고 등을 육각형으로 쌓아 올린 것, 세 종류의 과자, 주악떡, 붉은 양갱, 감, 밀감, 원추형의 유평당(有平糖), 각문과(角紋菓), 백발다시마 등이다. 水島裕, 앞의 글, 90쪽.

22) 原田信男, 『歷史のなかの米と肉』, 平凡社, 1993, 108쪽. 그런데 실상 육식을 비롯하여 신찬에 바쳐서는 안 되는 음식에 관한 특별한 규정은 없다. 즉 일본의 신들에게는 음식과 관련된 터부는 거의 없다. 물론 일반적으로 신 앞에서 육식을 하는 것은 바람직하지 않다고 여겨진다. 하지만 이는 전술했듯이 중세의 신불습합 과정에서 불교의 영향을 받았기 때문이다. 원래 산촌의 마쓰리에서는 육식을 신에게 바치는 사례가 적지 않았다. 가령 현재에도 미야자키현의 히무카(日向) 산지에서는 멧돼지 고기가 중요한 신찬이 되어 있고, 나가노현 스와(諏訪)대사 상사(上社)의 온토마쓰리(御頭祭)에서는 사슴 머리를 신에게 바친다. 또한 지바현 가토리(香取)신궁의 다이쿄마쓰리(大饗祭)에서는 오리고기를 신에게 바친다. 神崎宣武, 앞의 책, 230쪽.

23) 岩井宏實・日和祐樹, 『神饌: 神と人との饗宴』, 法政大學出版局, 2007, 14쪽.

24) 김천호 외, 「日本神饌을 通한 韓國古代食의 推定硏究: 談山神社 嘉吉祭 百味御食(2)」, 『한국식생활문화학회지』 8(2), 한국식생활문화학회, 1993, 141쪽.

25) 矢野憲一, 「伊勢神宮の神饌」, 『日本調理科學會誌』 23(1), 1990, 49쪽.

26) 이는 1일 2식을 했던 고대 일본인들의 식문화를 반영한 것으로 보인다.

27) 예전에 이세신궁, 가스가대사, 가모신사, 가시마신궁, 가토리신궁, 히라노신사, 히라오카(枚岡)신사 등에서는 특히 '모노이미'라 불리는 1인 내지 수 명의 동녀(童女, 또는 드물게 童男)를 두고 엄중한 금기와 함께 신찬과 가구라를 바치게 했다. 이세신궁에서는 동남을 '모노이미노코'라 하고 동녀를 '고라'(子良)라 했으며, 이들을 케어하는 남성을 '모노이미노치치', 여성을 '모라'(母良)라 했다.

28) 水島裕, 앞의 글, 77-78쪽.

29) 신궁 외궁(풍수대신궁)과 관련된 마쓰리 및 그 유래 등을 기록한 문헌으로 804년에 성립.

30) 所功, 『伊勢神宮』, 講談社學術文庫, 1993, 87-88쪽.

31) 원형 및 사각형 단면을 가진 굵은 목재를 수평으로 조합하여 벽을 만드는 목조 건축법의 일종. 동대사 정창원처럼 삼각형 단면을 한 교목(校木)을 쌓는 일본의 교창조(校倉造, 아제쿠라즈쿠리)도 그 일종이다. 야요이시대의 고상식(高床式) 곡창 같은 창고 건축에서 이런 구조를 엿볼 수 있다.

32) 三橋健編, 『伊勢神宮と日本人』, 河出書房新社, 2013, 220-221쪽.

33) 상전(相殿)이란 복수의 신이 나란히 진좌한 사전(社殿)을 가리키는 말이다. 하나의 사전에 둘 이상의 신을 합사한 것인데, 이때 시간적으로 뒤에 모신 신을 상전신(아이도노가미)이라 칭한다.

34) 桜井勝之進, 『伊勢神宮』, 學生社, 1998, 38-40쪽.

35) 천황이나 귀인의 식사 또는 그 음식물을 가리키는 말.

36) 예전에는 이미비로 식물을 조리하는 곳을 오이야(大炊屋)라 했고 그 신찬을 그릇에 담는 사전을 모리덴(盛殿)이라 했지만 지금은 남아있지 않다.

37) 시즈오카현 시즈오카시(靜岡市) 스루가구(駿河區)에서 발굴된 야요이시대의 집락 및 수전 유적.

38) 水島裕, 앞의 글, 81쪽에서 재인용.

39) 日本テレビ放送網株式會社編,『皇室日記 特別編 伊勢神宮 式年遷宮』, 2013, 76쪽.

40) 이 양조술에 필요한 누룩은 모두 미에현 욧카이치시(四日市)시에서 조달한다. 한국에서 양조술이 전래되기 이전에 일본술은 원래 여성이 쌀을 입에 넣고 씹어서 발효시켰다. 그것이 신에게 바치는 술이었다. 岩井宏實,「海里山の神饌」,『愛知大學綜合鄉土研究所紀要』59. 2014, 125쪽. 신카이 마코토(新海誠) 감독의 애니메이션 〈너의 이름은〉(2016)에는 신사의 무녀가 쌀을 씹어 발효시켜 술을 만드는 장면이 나온다.

41) 矢野憲一,「伊勢神宮の神饌」, 53쪽.

42) 원형 도자기를 만들 때 쓰는 목제의 회전 원반대(물레).

43) 6촌토기(직경 약 19cm, 높이 2cm, 두께 7mm의 평평한 잔반형)에는 떡, 어류 등을, 4촌토기(직경 약 12cm, 높이 5mm, 두께 4mm)에는 밥, 떡, 건어물, 해초, 야채, 과일 등을, 그리고 3촌토기(직경 9cm, 높이 1cm, 두께 5mm)에는 밥, 소금, 술 등을 각각 담는다.

44) 그런데 메이지시대 이전의 일별조석대어찬제는 봉사자도 절차도 지금과는 좀 달랐다.『지유기궁의식장』에 의하면 밥, 소금, 물의 세 품목만 바쳤다고 나온다. 대물기부(大物忌父, 오모노이미노치치)가 신전의 벼를 탈곡하고, 어취물기(御炊物忌, 미카시기모노이미)가 매일 그걸로 밥을 짓고, 어염소물기(御塩燒物忌, 미사키모노이미)가 소금을 굽는 봉사자였다. 제기는 토사물기(土師物忌, 하지모노이미)가 만들었다. 시마(志摩)의 간베(神戶)가 바친 미니에(御贄)를 대내인(大內人)과 네기가 운반했으며, 아라키다씨 가문의 동녀가 대물기(大物忌)로서 어취물기와 함께 질그릇에 신찬을 담았으며, 네기는 노리토를 진상하는 역할만 했다. 신찬을 바치는 것은 대물기 동녀의 몫이었다. 여기서 물기(物忌, 모노이미)란 일반적으로 신도에서 일정 기간 취식이나 언행 등을 삼가고 목욕재계하여 심신을 정화하는 것 혹은 이세신궁, 가토리신궁, 가시마신궁, 가스가대사, 가모신사 등의 대사에서 신찬에 임하는 동남과 동녀 등의 각종 직책을 가리키는 말이다. 특히 조석의 신찬에 봉사한 신관을 대물기(大物忌, 오모노이미)라 했다. 矢野憲一,「伊勢神宮の神饌」, 50-51쪽 참조.

45) 矢野憲一,「神宮祭典・神嘗祭を解く」, 333쪽.

46) 矢野憲一,「伊勢神宮の神饌」, 52-53쪽; 矢野憲一,「神宮祭典・神嘗祭を解く」, 334-335쪽.

47)『中世神道論』, 日本思想大系, 岩波書店, 1977, 22-26쪽.

48) 『延喜式』, 82쪽.

49) 식년천궁은 식월식일(式月式日)이라 하여 그 실시 날짜까지 지정되어 있다. 원래 외궁은 9월 15일, 내궁은 9월 16일로 지정되었으나, 1889년의 제56회 식년천궁 때부터 내궁은 10월 2일, 외궁은 10월 5일로 바뀌었다. 박규태, 「이세신궁 식년천궁과 천황제 이데올로기」, 『일본사상』 59, 한국일본사상사학회, 2014, 30-33쪽 참조.

50) 三橋健編, 앞의 책, 139-140쪽; 所功, 앞의 책, 189-191쪽.

51) 그런데 『연희식』 등의 고문헌에는 신상제의 제신이 명기되어 나오지 않는다. 그래서 일각에서는 신상제 본래의 제신은 아마테라스가 아니라 생성의 신이자 천황의 수호신인 다카미무스비와 오곡의 신인 도요우케라고 보는 설도 있다. 三橋健, 『神道に秘められた日本史の謎』, 2015, 64쪽.

52) 折口信夫, 「大嘗祭の本義」, 『折口信夫全集』 3, 185쪽.

53) 『日本書紀』 下, 日本古典文學大系, 岩波書店, 1967, 243쪽.

54) 『延喜式』, 44쪽.

55) 神崎宣武, 앞의 책, 222쪽.

56) 치기(千木) 양식에 있어 유기전은 이세신궁 외궁, 주기전은 내궁 건축양식을 따르고 있다. 이는 대상제와 이세신궁의 밀접한 관계를 시사한다.

57) 『延喜式』, 150쪽.

58) 헤이안 후기에서 가마쿠라 초기 스에키 토기의 일종.

59) 성기게 담은 흰 광주리.

60) 쌀을 쪄서 손으로 늘려 만든 떡.

61) 한해의 풍년을 기원하는 마쓰리. 이때의 '年'은 '年穀' 즉 곡물을 뜻하는 말이다.

62) 다카모리는 밥이나 야채 등을 그릇 높이 위로 산처럼 쌓아 담는 것이고, 히라모리는 그릇 높이만큼만 담는 것을 가리킨다.

63) 山口光子他, 「日本料理における盛りつけの美學」, 『相愛女子短期大學研究論集』 46, 1999, 132쪽 및 137쪽.

64) 水島裕, 앞의 글, 93쪽.

65) 岩井宏實, 「海里山の神饌」, 120쪽. 한편 요시노 도오루는 이와 같은 신찬의 의미를 다음과 같은 마쓰리의 두 가지 사상성과 연관시켜 이해한다. 첫째, 마쓰리의 구조는 향연의 구조와 유사하다. 마쓰리는 신을 맞이하여 환대하는 향연의 사상을 내포하고 있다. 둘째, 마쓰리에는 마쓰리의 지속성과 관련된 사상 즉 오래된 형태를 유지하고 전승하려는 경향이 강하게 나타난다. 이 두 가지 사상성을 신찬에서 찾아볼 수 있다는 것이다. 吉野亨, 「祭祀儀禮にみる思想性: 神饌を例に」, 『宗教研究』 84(4), 2011, 445쪽.

66) 大野晉, 『一語の辭典 神』, 三省堂, 1997, 21쪽.

67) 水島裕, 앞의 글, 89쪽.

68) 所功, 앞의 책, 97쪽.

69) 신궁 식년천궁과 재생의 모티브에 관한 상세는 박규태, 「이세신궁과 식년천궁: 그 종교적 의미를 중심으로」, 『일본학보』 59, 한국일본학회, 2004 참조.

70) 南里空海, 앞의 책, 232쪽.

71) 神崎宣武, 앞의 책, 228-229쪽.

72) 大野晉, 앞의 책, 22쪽.

73) 천황이 대극전으로 나갈 때 머무는 내안전(內安殿, 휴게실).

74) 『延喜式』, 31쪽.

75) 折口信夫, 앞의 글, 184-185쪽.

76) 津田左右吉, 『日本古典の硏究』 上, 『津田左右吉全集』 1, 375-376쪽.

77) 原田信男, 앞의 책, 51쪽.

78) 折口信夫, 앞의 글, 177쪽.

79) 고대일본 사료에는 식국이라는 말이 빈번히 등장한다. 가령 『고사기』에는 야지식국(夜之食國)이라든가 식국지정(食國之政)이라는 표현이 나오며, 『영이기』(靈異記)에는 식국이라는 말을 천황 치세를 표현하는 데에 사용하고 있다. 또한 『속일본기』의 즉위선명(卽位宣命)에서는 천황이 지배하고 통치하는 영역을 나타내는 공적 표현으로서 식국이라는 말이 많이 등장한다. 이 밖에 『만엽집』(萬葉集)에도 10차례나 용례가 등장한다. 한편 어식국(御食国, 미케쓰쿠니)이라는 표현도 있다. 이는 일본 고대에서 헤이안시대까지 니에(贄)의 공진국(供進國) 즉 황실 및 조정에 해수산물을 중심으로 한 식재(곡류 이외의 부식)를 바쳤다고 추정되는 구니를 가리키는 말이다. 율령제 하에서 조용조(租庸調)의 세금이 각 구니에 부과되었는데, 『연희식』 제39권 궁내성(宮內省) 내선사(內膳司) 조항에서는 이것과 별도로 주요 신사의 마쓰리별로 니에의 납부를 매우 상세히 정해 놓고 있다. 여기서 내선사란 황실 및 조정의 식사를 관장하던 관청을 가리킨다. 『延喜式』, 864-881쪽 참조.

80) 본문에서 언급했듯이, 천황은 매년 추수기에 아마테라스가 볍씨를 일본민족에게 수여했다는 신화에 입각하여 그 은혜에 감사하면서 신곡을 신찬으로 바치고, 천황 자신이 현소(賢所)에서 그것을 먹는다. 이런 신상제(新嘗祭)의 배경에는 천황이 아마테라스의 후손이라는 신도신화적 발상이 깔려 있다. 이 점에서 궁중행사의 근본정신은 신도적 조상숭배에 있다고 말할 수 있다.

81) 水島裕, 앞의 글, 91쪽.

82) 가령 머리-말, 눈-누에, 배-벼, 보지-보리 등. 松前健, 『日本神話の謎』, 大和書房, 1985, 89쪽.

83) 한국의 당신신앙과 신사의 관계에 대해서는 岡谷公二, 『原始の神社をもとめて』, 平凡社新書, 2009. 특히 1장-3장을 참조할 것.

84) 교토와 오사카의 한반도계 사사(社寺)에 관해서는 박규태, 「교토와 도래인: 하타씨와 신사를 중심으로」, 『동아시아 문화연구』 45, 한양대학교 동아시아문화연구소, 2009; 박규태, 「고대 교토의 한반도계 신사와 사원 연구」, 『비교일본학』 23, 한양대학교 일본학 국제비교연구소, 2010; 박규태, 「고대 오사카의 백제계 신사와 사원연구」, 『종교문화비평』 20권, 한국종교문화연구소, 2011 참조.

85) "술을 빚을 줄 아는 니호(仁番) 혹은 별칭 수수코리(須須許理)라는 인물이 도래하여 주조한 술을 천황에게 바쳤다. 그러자 이 술을 마시고 만취한 천황이 '수수코리가 만든 술에/나는 완전히 취했네/재앙을 물리치는 술/웃음을 자아내게 하는 술에/나는 완전히 취해버렸네.'라는 노래를 불렀다." 『古事記』, 215쪽.

86) 술 및 가마의 일본 전래에 관한 상세는 鄭大聲, 『食文化の中の日本と朝鮮』, 講談社現代新書, 1992, 17-34쪽 및 51-74쪽 참조.

87) 岩井宏實, 「海里山の神饌」, 124쪽 및 127쪽.

88) 신이나 귀한 사람에 대한 존경의 뜻으로 굽다리그릇에 과일이나 떡 등을 담아 상을 차리는 궁중음식이나 잔치음식. 원통형의 고배차림으로 높이 쌓아올리며, 불교의 영향으로 가지가지 색깔로 물들이거나 색종이를 사용한다.

89) 김천호, 「日本神饌을 通한 韓國古代食의 推定硏究: 日本春日神社若宮祭」, 『한국식생활문화학회지』 6(3), 한국식생활문화학회, 1991, 284쪽 및 287-290쪽; 김천호 외, 「日本神饌을 通한 韓國古代食의 推定硏究: 談山神社 嘉吉祭 百味御食(2)」, 142쪽.

90) 하쿠산신사와 하쿠산신앙에 관해서는 박규태, 『일본 신사(神社)의 역사와 신앙』, 역락, 2017, 432-461쪽 참조.

91) 김천호 외, 앞의 글, 145쪽.

92) 이세신궁과 한국의 연관성을 시사하는 근거로 다음 몇 가지를 들 수 있다. ①『삼국사기』에 '신궁'이라는 호칭 및 미혼 왕녀가 아마테라스를 제사지내는 재궁(齋宮)제도의 원형이라 할 만한 제사제도가 등장한다. ②재궁제도가 확립된 것은 덴무(天武)천황조부터인데, 덴무천황은 그 출신이 신라 왕족이라는 설이 있을 만큼 신라와 가까운 천황이었다. ③20년에 한 번씩 본전 등을 허물고 새로 짓는 신궁식년천궁 때 한국계 자(尺)를 사용한다. ④아마테라스를 모신 이세신궁 내궁의 별궁인 쓰키요미노미야(月讀宮)는 교토 마쓰노오(松尾)대사 근방의 쓰키요미(月讀)신사의 경우와 마찬가지로 한국에서 건너온 도래신을 모신 신사일 가능성이 크다. ⑤내궁 뒤쪽의 이스즈강 상류에 있는 광대한 원생림은 예로부터 고라이비로(高麗広)라 불리고 있는데, 그곳은 이세신궁 관계자들과 한국계 도래인들이 모여 살던 곳이다. ⑥이세신궁의 신전

(神田) 옆에는 내궁 섭사 오쓰치미오야(大土御祖)신사와 구니쓰미오야(國津御祖)신사가 나란히 서있다. 조상신을 모시는 이 신사들은 원래의 이세신궁 본사 즉 원궁(元宮)일 가능성이 크다. 이곳에는 신궁 역대 네기(禰宜) 신직들의 묘지가 있는 산이 있는데, 그 산은 가라가미산(韓神山)이라 불린다. 그 산 위에는 지금도 작은 원분 위에 가라가미사(韓神社)라는 소사가 있다. 원궁이 있는 곳에 가라가미산 및 가라가미사라는 이름이 남아 있는 것은 이세지역이 원래 한국계 도래인들이 모여 살던 곳이라는 사실을 말해준다. ⑦『속일본기』 기사에 의하면 791년 이세국 등의 백성들이 소를 죽여 가라가미(漢神=韓神)에게 제사지내는 것을 금했다고 나온다. 이는 8세기 말에 한반도에서 유래한 가라가미신앙이 이세지역에 널리 분포하고 있었음을 말해준다. 박규태, "이세신궁과 한국", 한국종교문화연구소 〈뉴스레터: 종교문화 다시읽기〉 446호, 2016.11.29. 참조.

93) 고대일본에서는 머리에 이는 것을 '이타다쿠'라 했다. 지금도 교토 주변에서는 머리에 이는 것을 '이타다쿠'라 한다. 『원씨물어』(源氏物語), 『금석물어』(今昔物語), 『고금저문집』(古今著聞集), 『산가집』(山家集), 『사석집』(沙石集) 등의 고전에서도 이런 어법을 찾아볼 수 있다. 『선면고사경』(扇面古写経)에 의하면, 귀하고 신성한 것은 머리에 이고 운반하는 것이 본래의 모습이다. 「연중행사회권」(年中行事絵巻), 「분하사연기회권」(粉河寺縁起絵巻), 「선면고사경」(扇面古写経), 「북야천신연기회권」(北野天神縁起絵巻), 「조수희화」(鳥獣戯畫), 「일편성회」(一遍聖絵), 「춘일권현험기회권」(春日權現驗記絵巻) 및 가쓰시카 호쿠사이(葛飾北斎)의 우키요에「제국명교기람」(諸國名橋奇覽) 등을 보면 여자가 물건을 머리에 인 모습이 묘사되어 나온다. 이 밖에 도치기현 모오카시(眞岡市) 소재 니와코리즈카(鷄塚)고분, 이바라키현 다카하기시(高萩市) 및 사이타마현 교다시(行田市) 출토의 7세기경 하니와(埴輪)에도 항아리를 머리에 인 여인상이 나온다. 지금도 일본 오지의 어촌이나 산촌, 또는 어촌과 관계된 행상 지역에는 머리에 물건을 이는 관습이 남아 있다고 한다. 岩井宏實,「海里山の神饌」, 121쪽; 岩井宏實・日和祐樹, 『神饌: 神と人との饗宴』, 27-31쪽 참조.

한국 불교 의례에서 '먹임'과 '먹음'의 의미
―불공(佛供)・승재(僧齋)・시식(施食)의 3종 공양을 중심으로 / 민순의

1) 아침 예불을 올리기 전에 목탁을 치면서 도량을 도는 의식.
2) 영산회란 영취산(靈鷲山)[영산(靈山)]에서의 법회를 의미한다. 『법화경』에서 부처의 설법 장소로 설정된 곳이 바로 영취산이다.

3) 안계현, 「불교행사의 성행」, 『한국사』 6, 국사편찬위원회, 1975, 131쪽.

4) 15세기 후반 이후 크게 유행한 수륙의문(水陸儀文) 중 하나인 『천지명양수륙재의찬요』(天地冥陽水陸齋儀纂要)에서는 "처지로 말하면 나와 남의 차별이 있겠지만, 마음은 미워하고 친근히 여기는 차이가 끊어질 것이니, 원수와 천지가 모두 평등하고, 범부와 성인이 원만하게 융화하는 수륙무차법회라 이름 지어 말한다."라고 되어 있다.(한상길, 「조선전기 수륙재 설행의 사회적 의미」, 『한국선학』 23, 한국선학회, 2009, 684쪽.) 근대에 들어 1933~1935년 안진호에 의해 집필된 『석문의범』(釋門儀範)에서도 수륙재에 대하여 '수륙무차평등재의'(水陸無遮平等齋儀)라 명명하며, 모든 영혼을 평등하게 천도받게 한다는 뜻으로 풀이한다. 그러나 민순의는 수륙재와 무차대회를 개념적으로 구별하며, 고려 이후 한국의 불교문화에서 독특하게 나타나는 수륙재 설행 현상에 의거하여 수륙재를 재정의할 것을 주장한다.(민순의, 「조선전기 수륙재의 내용과 성격-망자 천도의례(薦度儀禮)의 성격 및 무차대회(無遮大會)와의 개념적 차별성을 중심으로-」, 『불교문예연구』 9, 동방문화대학원대학교 불교문화예술연구소, 2017.)

5) 각 재마다 조금씩 차이는 있지만, 대체로 모든 재의식에 공통적인 구조는 1)불보살과 신중단과 영가 등 초월적 존재를 청하여 모시고, 2)청하여 모신 존재들에게 음식 중심의 공양을 대접하며, 3)대접이 완료된 후 그 존재들을 각자의 곳으로 돌려보내 드린다는 3개의 단계이다. 이 중 두 번째 단계인 공양불공, 승재, 시식이 중심이 되고 있음은 두말할 나위가 없다. 이 공양 단계를 다시 세분하면, ①공양물에 종교적 상징성을 부여하는 변식(變食), ②음식을 섭취하는 식사 단계—불공 시의 각종 작법, 식당작법, 시식작법 등 재의식 자체—, ③(특히 영가가 공양의 대상일 때) 식사 중인 초월적 존재의 천도를 돕는 법어(法語)의 3단계로 또 구분된다.

6) 慈怡, 『佛光大辭典』, 北京圖書館出版社, 2004, 6548쪽下.

7) 불교에서 승려들에게 섭취를 금하는 파 · 마늘 · 달래 · 부추 · 홍거(미나리과의 무릇)의 다섯 가지 채소. 대부분 자극이 강하고 냄새가 많은 것이 특징이다. 날로 먹으면 성내는 마음을 일으키고 익혀 먹으면 음심(淫心)을 일으켜 수행에 방해가 된다고 한다. 한국정신문화연구원편찬부 편, 『한국민족문화대백과사전』, 한국정신문화연구원, 1986.

8) 불교에서는 육식을 금한다는 것이 일반적인 상식이지만, 사실상 초기불교에서는 육식을 전적으로 금하지만은 않았다. 다만 승려 자신이 직접 도살을 하거나 도살의 내용을 알고서 육식을 한 경우만을 금할 뿐이지, 그 과정에 대한 인지가 없는 상태에서의 육식은 허용되었다. 『맛지마니까야: 중간 길이로 설하신 경』 2, 대림스님 역, 초기불전연구원, 2012, 477-478쪽, "지와까여, 나는 세 가지 경우에는 고기를 먹어서는 안 된다고 설하나니 본 것과 들은 것과 의심스러운 것이다. 지와까여, 이 세 가지 경우에는 고기를

먹어서는 안 된다고 설한다. 지와까여, 세 가지 경우에는 고기를 먹어도 된다고 설하나니 보지 않았고 듣지 않았고 의심스럽지 않은 것이다. 지와까여, 이 세 가지 경우에는 고기를 먹어도 된다고 설한다." 「지와까 경」(Jīvaka Sutta)의 일부이다.

9) 초기불교의 비구계[바라제목차(pātimokkha, prātimokṣasūtra)]는 크게 4개 조항의 바라이법(波羅夷法), 13개 조항의 승잔법(僧殘法), 2개 조항의 부정법(不定法), 30개 조항의 사타법(捨墮法), 90여 개 조항의 바일제법(波逸提法), 4개 조항의 바일제제사니법(波逸提提舍尼法), 100여 개 조항의 중학법(衆學法), 7개 조항의 멸쟁법(滅諍法) 등 모두 8개 군으로 분류된다. 이 중 음식 또는 식사와 관련해서는 바일제법 31-40조와 바라제제사니 1-4조, 그리고 중학법 일부에 집중적으로 나타난다. 중요한 것은 여기에서 다루는 내용이 음식 자체에 대한 태도라기보다, 식사 중의 에티켓과 관련된 것들이라는 점이다. 가령 '공양처에서 2회 이상 음식을 받아서는 안 된다'(바일제 31조), '4인 이상의 비구가 파당을 만들어 공양을 받아서는 안 된다'(바일제 32조), '한 곳에서 공양을 받은 후 또 다른 곳에서 공양을 받아서는 안 된다'(바일제 33조), '원하는 만큼 가지라는 말을 들었을 때 2~3발우까지 받아도 되지만, 그것을 승가에서 분배해 먹어야 하며, 그날 공양 받은 집에 다른 비구가 다시 가서는 안 된다'(바일제 34조), '식사를 마쳤으면 그 날은 더 이상 먹어서는 안 된다'(바일제 35조), '식사를 마친 비구에게 또다시 음식을 권해서는 안 된다'(바일제 36조), '식사는 정오 전까지 마쳐야 한다'(바일제 37조), '다음날까지 음식을 보관해서는 안 된다'(바일제 38조), '병이 아닌데 미식(美食)을 구해서는 안 된다'(바일제 39조), '타인으로부터 받지 않은 음식을 먹어서는 안 된다'(바일제 40조)와 같은 것이 그것이다. 얼핏 보면 이 중 일부는 음식의 맛과 양에 탐착하는 것을 금하기 위한 것 같지만, 각 조항의 인연담들을 보면 모두가 공양하는 재가신도에게 승단이 구설수에 오르는 것을 방지하기 위하여 제정된 것들이다. 또한 중학법의 식사 관련 조항도 '음식 덩어리를 입에 넣기 알맞은 크기로 뭉쳐 먹는다', '음식을 탑처럼 쌓아서 먹어서는 안 된다' 등과 같이 식사 시의 에티켓과 관련한 것들 일색이다. 물론 중학법의 조항도 음식의 맛 혹은 양과 관련하여 해석할 수 있지만, 이 역시 재가신도로부터의 비난 또는 승단 내 비구(니)들 사이의 분쟁을 겪으며 하나씩 제정되었다는 특징을 지닌다. 이는 초기불교의 비구계가 승단의 원활한 유지 및 재가신도와의 원만한 관계 설정을 위해 제정되었기 때문인 것으로 파악된다. 그러나 상기 조항들에 덧붙여져 설명되는 인연담에도 불구하고, 그 안에 담긴 음식의 맛과 양에 관련된 초기불교의 이념적 의도를 발굴하고 분석하는 것이 아주 불가능한 것만은 아닐 것이다. 여기서는 다만 율장이 스스로 밝히고 있는 계율 제정의 유래에 근거하여, 그 처음의 목적에는 승단 유지 및 재가신도와의 우호적 관계를 지속하기 위한 에티켓 강조의 측면이 더 강했음을 부각하고자 한다. 이상 초기불교의 비구계에 대해서는 平川彰, 『二百五十戒

の研究』I~IV, SHUNJUSHA PUBLISHING COMPANY, 1993.; 平川彰, 『비구계의 연구』
I-IV, 석혜능 옮김, 민족사, 2002~2011 참조.

10) '음식의 맛과 양에 대한 탐착'이라는(혹은 그것을 둘러싼) 문제의식과 초기불교의 음식관, 그리고 이 절의 많은 인용문들은 공만식의 글(2008)과 아이디어(2016년 12월 17일 한국종교문화연구소 월례포럼 발표)에 크게 빚지고 있음을 밝힌다.

11) 『맛지마니까야: 중간 길이로 설하신 경』 2, 앞의 책, 422쪽.

12) 위의 책, 177-178쪽. 「삿짜까 긴 경」(Mahā-saccaka Sutta)의 일부이다.

13) 위의 책, 181쪽.

14) 위의 책, 182쪽.

15) 위의 책, 182쪽.

16) 공만식, 「초기불교의 음식과 수행의 관계에 대한 고찰」, 『선문화연구』 4, 한국불교선리연구원, 2008, 10-11쪽. 따옴표 안의 내용은 공만식의 글에서 직접 인용함.

17) 『맛지마니까야: 중간 길이로 설하신 경』 2, 앞의 책, 247쪽, "그대들은 다음과 같이 공부지어야 한다. '우리는 음식에 적당한 양을 아는 자가 되리라. 우리는 지혜롭게 숙고하면서 음식을 수용하리라. 그것은 즐기기 위해서도 아니고, 취하기 위해서도 아니며, 치장을 하기 위해서도 아니고, 장식을 하기 위해서도 아니며, 단지 이 몸을 지탱하고 존속하고 잔임함을 쉬고 청정범행을 잘 지키기 위해서이다. 그래서 우리는 오래된 느낌을 물리치고 새로운 느낌을 일어나게 하지 않을 것이다. 우리는 잘 부양될 것이고 비난받을 일이 없이 편안하게 머물 것이다.'라고." 「앗사뿌라 긴 경」(Mahā-assapura Sutta)의 일부이다.

18) 사타법 18조 '수축금은계'(受畜金銀戒), "금은을 취하거나 다른 사람에게 취하게 하거나, 혹은 놓여져 있는 것을 수용하면 안 된다."; 사타법 19조 '무역금은계'(貿易金銀戒), "여러 가지 금은의 거래를 하면 안 된다."; 사타법 20조 '종종판매계'(種種販賣戒), "여러 가지로 매매하면 안 된다." 平川彰, 『비구계의 연구』 II, 석혜능 옮김, 민족사, 2004, 350-409쪽 참조.

19) 바라제목차 40조 '불수식계'(不受食戒), "타인으로부터 받지 않은 음식은 먹어서는 안 된다." 平川彰, 『비구계의 연구』 III, 석혜능 옮김, 민족사, 2010, 486-494쪽 참조.

20) 바일제법 31조 '시일식처과수계'(施一食處過受戒); 바일제법 32조 '별중식계'(別衆食戒); 바일제법 33조 '전전식계'(展轉食戒). 이것들은 구체적인 규제 내용상의 차이는 있지만, 모두가 재가신도로부터 공양 받는 것을 전제한 규정들이다. 平川彰, 위의 책, 386-417쪽.

21) 바일제법 35조 '족식계'(足食戒), "식사를 마쳤으면 그 날은 더 이상 먹어서는 안 된다." 平川彰, 위의 책, 430-445쪽 참조.

22) 바일제법 37조 '비시식계'(非時食戒), "非時에 식사를 해서는 안 된다." 여기에서 '非時'란 정오(正午)를 넘긴 시간을 가리킨다. 平川彰, 위의 책, 455-467쪽 참조.

23) 공만식(2008)은 이른바 염식상(厭食想)의 과정과 그로부터 자각되는 음식의 혐오스러운 성질에 대해 상세히 설명하고 있다. 공만식, 앞의 글, 25-28쪽.

24) 『아비달마대비바사론』(阿毘達磨大毘婆沙論), 대정신수대장경 27권, No.1545, 840쪽 a19-25. "云何厭食想轉時四想隨轉. 謂修行者起厭食想時. 觀手中若缽中食從何而成. 知從穀等. 復觀穀等從何而來知從田中種子差別. 復觀種子由誰故生知種種泥土糞穢. 如是觀已便作是念. 此食展轉從不淨生. 復能展轉生諸不淨. 誰有智者於中貪著."

25) 이자랑, 「『선견율비바사(善見律毘婆沙)』에 보이는 4종 공양의 의미 분석」, 『불교학보』 75, 동국대학교 불교문화연구원, 2016, 94-95쪽.

26) 6바라밀은 대승불교 시대에 들어 정리된 실천수행법이므로, 초기불교에서 dāna의 위상은 사실상 오늘날의 체감과는 차이가 나는 것일 수 있다.

27) '상호 교환적인 가치 체계'의 성격에 대해서는 이자랑(2016)도 일찍이 주목한 바 있다. 이자랑, 앞의 글, 96-97쪽.

28) 『마하승기율대비구계본』(摩訶僧祇律大比丘戒本), 대정신수대장경 22권, No.1426, 552쪽c9, "若比丘, 施一食處, 不病比丘過一食波夜提."(밑줄은 필자.) 이 부분은 바일제법 31조 '시일식처과수계'(施一食處過受戒)에 해당하는 부분의 대중부(大衆部) 『마하승기율』의 한역 계본이다.

29) 이것을 불교적 표현을 빌려 말하자면 일종의 '불이론적(不二論的) 합일'의 입장이라고 할 수 있을 것이다.

30) 청식은 반승(飯僧)이라는 형태로 양상을 바꾸어 존속하였다. 이에 대해서는 다음 장에서 살펴보겠다.

31) 물론 불보살 뿐 아니라 신중과 영가들에 대한 헌물(獻物)도 넓은 의미의 공양에 포함되지만, 여기에서는 글자 그대로의 의미에 따라 오직 불보살에 대한 공양만을 불공으로 간주하기로 한다.

32) 불전공양(佛前供養)은 불보살단(佛菩薩壇) 일명 상단(上壇)에 올리는 공양이라는 점에서 이를 의례화한 차제를 상단권공(上壇勸供) 의식이라 하기도 한다. 예배, 찬탄, 공물 봉전(奉奠), 참회문 독송, 기도문 상주(上奏)의 순서로 구성된다.(홍윤식, 「불교의 공양」, 『종교・신학연구』 3, 서강대학교 종교신학연구소, 1990, 146-147쪽.) 한편 이성운은 불공 이외에도 권공(勸供), 진공(進供), 성공(聖供), 헌공(獻供) 등의 용례를 제시하며, 공양의례[불공]의 전반적인 구조를 봉청(奉請), 헌좌(獻座), 변식(變食), 헌공(獻供), 풍경(諷經), 축원(祝願)을 중심으로 보고 있는데, 이 중에서도 특히 변식과 헌공을 핵심으로 파악한다.(이성운, 「韓國佛敎 儀禮體系 硏究: 施食・供養 儀禮를 中

心으로」, 동국대학교 박사학위논문, 2012, 100-106쪽). 또한 서정매는 이 불공의 차제를 작법(나비춤)이 설행되는 중요한 절차로 보았다.(서정매, 「육법공양 절차의 시대적 변천 연구」, 『동아시아불교문화』 27, 동아시아불교문화학회, 2016, 447쪽.)

33) 6법공양 뿐 아니라 10법공양이 올려지는 경우도 있다. 공양물의 종류와 가짓수가 여하하든 간에, 공물봉전/헌공 전에 불보살에게 간단히 차를 올리는 과정이 다게(茶偈)와 함께 수행되고, 이후 공양게(供養偈)를 읊으며 공물봉전/헌공 과정이 진행된다. 이성운, 위의 글, 136-137쪽.

34) 서정매, 앞의 글 참조.

35) 한국의 천도의례에서 사용되는 탱화를 '감로도' 또는 '감로탱화'라고 지칭하는 데에서 한국 불교의례에서는 6종 공양물 중에서도 감로가 특히 중시되었음을 알 수 있다. 감로도에 대해서는 뒤에서 다시 서술할 것이다.

36) 변식은 변공진언(變供眞言)에 의하여 그 양적 변화를 상징적으로 구현한다. 이성운, 앞의 글, 140-143쪽.

37) 많은 학자들이 한국과 중국의 재례의 차이 중 하나로 설단의 배치를 꼽는바, 중국은 수륙재에서 2단을 설치하는 데 비해(홍기용, 「중국 원·명대 수륙법회도에 관한 고찰」, 『미술사학연구』 218, 한국미술사학회, 1998, 46-48쪽), 한국은 3단으로 구성하는 점이 한국 수륙재의 특징이라고 일컫는다. 조선 태조 대에 권근(權近, 1352~1409)에 의해 쓰여진 「진관사수륙사조성기」(津寬寺水陸社造成記)는 "3단이 집이 되었는데 모두 3칸이며 중·하의 두 단은 좌우 쪽에 각각 욕실(浴室) 3칸이 있고, 하단 좌우 쪽에는 따로 조종의 영실(靈室) 8칸씩을 설치하였다. 대문·행랑·부엌·곳간이 갖추어지고 시설되지 않은 것이 없으며 모두 59칸"이라고 기술하고 있어, 한국 수륙재의 일 특징을 이루는 3단의 설단 배치가 이미 조선 초에 완비되어 있었음을 알린다.

38) 각주 29) 참조.

39) 이자랑, 앞의 글, 88-89쪽 참조.

40) 『삼국사기』 권제11, 「신라본기」 제11, "皇龍寺齋僧, 設百高座講經, 王親幸聽之."

41) 『삼국유사』 권2, 「기이」(紀異) 제2, '경애왕' 조, "皇龍寺說百座說經. 兼飯禪僧三百. 大王親行香致供. 此百座通說禪敎之始."

42) 『삼국유사』 권5, 「감통」(感通) 제7, '진신수공'(眞身受供) 조.

43) 심상현은 현재의 식당작법은 명백히 과거 반승 행사의 의례적 흔적일 것으로 추정한다. 심상현, 「반승과 『식당작법』의 관계에 관한 연구」, 『불교학연구』 31, 불교학연구회, 2012 참조.

44) 홍윤식, 앞의 글, 148-149쪽. 따옴표 안의 내용은 홍윤식의 글을 직접 인용함.

45) 『범음산보집』(梵音刪補集) 「영산작법론」(靈山作法論), "사시(巳時)에 부처님께 공양

을 올리고 오시(午時)에 대중이 공양함은 불교 집안의 법도다."

46) 『범음산보집』「별식당작법」(別食堂作法).

47) 심상현, 앞의 글, 347-356쪽.

48) 본문에서 제시된 모든 사진은 2017년 6월 6일 서울 서대문구 봉원사(奉元寺)에서 설행된 영산재 의식을 필자가 직접 찍은 것이다. 봉원사는 현재 한국불교태고종(韓國佛敎太古宗)의 총본산으로서, 매년 현충일인 6월 6일에 영산재를 설행해오고 있다. 영산재는 한국불교에서만 그 사례가 보고되는 한국불교 특유의 재례로서, 1973년 11월 5일 중요무형문화재 제50호로 지정되었고, 2009년 9월 30일 유네스코 세계무형문화유산으로 등재되었다. 봉원사의 영산재는 비교적 원형을 잘 보존하여 온 것으로 평가된다.

49) 결계의식(結界儀式)은 공양을 위해 대열을 정비하고 각자의 발우를 갖추게 한다. 이하 사진과 관련하여 제시되는 소임(所任), 기물(器物), 행위의 명칭과 그에 대한 해설은 심상현, 앞의 글, 345-356쪽 참조.

50) 판수(判首)란 배식에 알맞도록 금판(禁版)으로 대중의 열을 고르는 일을 담당한 2인의 승려를 말한다. 금판으로 장군죽비(將軍竹篦)를 사용한다.

51) 타주(打柱)란 팔정도(八正道)의 가르침과 그 수행차제를 작법으로 나타내는 2인의 승려를 말한다. 가운데에 팔정도의 8가지 항목을 적어 넣은 8각형의 기둥이 보이는데, 이를 백추(白槌)라고 한다. 타주는 식당작법의 처음부터 끝까지 대중의 가운데에 자리하여, 승재의 각 절차마다 춤[타주무(打柱舞)]을 추며 백추를 친다. 이는 승려들로 하여금 식사를 하는 중에도 흐트러짐 없이 수행의 자세를 견지하도록 하는 의미라고 설명된다.

52) 진지의식(進旨儀式)이란 공양물을 대중 각자에게 분배하는 절차이다. 음식의 배분을 담당하는 승려들이 각자 맡은 음식의 그릇을 들고 정렬한 대중을 따라 질서 있게 돌며 음식을 배분한다.

53) 정수(淨水)란 깨끗한 물 자체이자 그 물의 공급을 담당한 승려를 말한다. 공양에 앞서 청정심의 회복을 의미하는 것으로 설명된다.

54) 운집한 대중 전원에게 모든 음식이 배분되고 난 후, 대열을 가다듬으며 다시 한번 타주무가 시행된다. 이후로도 식사를 마친 직후, 그리고 모든 식당작법이 끝나고 대중이 돌아 나갈 때에도 타주무가 반복된다.

55) 발우의 세척은 식사 전에 받아 둔 청수물이 남은 것으로 해결한다. 물론 그러기 위해서는 각자가 배분받은 음식물을 남김없이 먹어야 한다. 대중이 실제로 식사하는 동안에는 사진촬영이 허락되지 않아 자료가 없다.

56) 식사를 마친 대중 전원이 자리에서 일어나 합장한 뒤 열을 맞추어 돌아 나간다. 식당

작법의 절차는 본문에서 제시된 10개의 그림 외에도 수십 가지로 분류되지만, 본고에 서는 국외자의 눈으로 바라봤을 때 특징적으로 포착되는 주요한 장면을 중심으로 선 정하여 제시하였다.

57) 이성운은 '시식'이 "음식을 여타의 사람들에게 보시하는 것"이며, '시식의례'는 "시식하 는 예법과 절차"라고 규정하였다. 또한 dāna의 훈역어로 '보시'(布施)·'시'(施)를, 그 음역어로 '단나'(檀那)·'타나'(柁那)·'단'(檀) 등의 단어를 소개하면서, 대승불교에 들 어 6바라밀의 하나로 자리매김하게 된 보시에 대하여 "자비심으로써 다른 사람에게 복과 이익을 베푼다는 뜻"이라고 풀이하며, "타인에게 재물과 체력·지혜 등을 베풀 어 주는 것은, 타인을 위해 복을 짓고 지혜를 이루게 되고 공덕을 쌓게 되는 것을 구 할 수 있다. 이로써 해탈에 이르게 하는 수행의 한 방법이다."라고 하였다. 이는 필자 가 Ⅱ장에서 제시했던 공양/불공에서의 수행-공덕 간 이원론적 상호교환의 가치체계 와 크게 다르지 않게 하단의 시식을 도식화할 수 있는 시각의 가능성을 제시한다. 즉 체력과 지혜의 획득은 시식을 받는 망자의 입장에서 극락왕생을 원만히 이룰 수 있는 물질적―물론 상징적인 차원에서이다!―정신적 에너지라면, 시식을 베푸는 인간은 그로 인한 공덕으로 해탈에 이를 수 있다고 설명되는 것이다. 이성운, 앞의 글, 29쪽. 따옴표 안의 내용은 이성운의 글을 직접 인용함.

58) 물론 그럼에도 불구하고 이원주의(dualism)에 입각하면서도 불이론적으로 상호 교섭 하는 먹임 주체와 먹음 주체 사이의 관계를 추찰할 수 있다. 그렇지만 먹이는 재재가 신도의 재시(財施)와 그에 보답하여 먹는 재승단, 승례의 법시(法施) 사이에 놓인 등 가적인 호혜의 원칙[상호 교환적 가치]은 더 이상 힘을 발휘하지 못한다. 이는 시식의 대상인 영가가 비록 그 초자연성에도 불구하고 불보살과 같은 정도의 초월적 위신력 은 지니지 못한 것으로 간주되는 존재이기 때문이다.

59) 일례로 필자가 인연을 맺고 있는 충청북도 청주시 소재의 사찰에서는 입적하신 스님 들의 기일에 맞춰 매년 기신재를 올린다. 뿐만 아니라 필자의 어머니의 요청에 의해 타계하신 아버님을 위하여 기일이 아닌 날임에도 특별히 추천재를 올린 바 있다.

60) "재의식에는 시식의 절차가 들어있으며, 시식이 차지하는 비중은 시식의 종류와 의미 에 잘 나타나 있다. … 오늘날 사찰에서 행하는 재의식은 일반대중에게도 보편화되어 있으며, 진행과정에 영가를 청하는 대령과 음식을 대접하는 시식 부분에서 영가들을 위해 부처님의 말씀인 법어를 설하는 구절이 여러 번 등장한다." 곽성영, 「관음시식에 내재된 불성관 고찰」, 『불교문예연구』 6, 동방대학원대 불교문예연구소, 2015, 272- 273쪽. 따옴표 안의 내용은 곽성영의 글에서 직접 인용함.

61) 이성운, 앞의 글, 41쪽 참조.

62) 각주 57) 참조.

63) 홍윤식, 앞의 글, 148쪽 참조. 이성운은 관음시식의 구조 중 이 부분에 해당하는 절차를 변식·시식, 법시·서원, 정토업·봉송(奉送)으로 나누어, 각각 '음식을 변화시켜 소청한 이들에게 베푸는 과정', '법문을 들려주어 마음을 열어주고 사홍서원을 하는 과정', '소청한 이들에게 정토에 가서 날 수 있도록 선업을 닦는 과정'으로 설명하였다. 이성운, 앞의 글, 41쪽.

64) 『고려사』, 열전 권제6 「제신」(諸臣), '최승로전', "或設無遮水陸會於歸法寺, 每值佛齋日, 必供乞食僧, 或以內道場餠果, 出施丐者."; 최량(崔亮), 「갈양사혜거국사비문」(葛陽寺惠居國師碑), "開寶三年庚午春, 國師奏曰, 水州府葛陽寺. …明年辛未秋, 竣功因設水陸道場, 上命太子往而落之."

65) 심상현, 앞의 글, 356쪽.

66) 김승희, 「감로도에 보이는 공양물의 내용과 그 의미: 보석사감로도를 중심으로」, 『미술사학』 27, 한국미술사교육학회, 2013, 292-294쪽.

67) 흔히 한국 불교의례의 3단 구조에서 중단은 보통 신중단을 의미하지만, 본고에서는 이를 인간계의 대중공양으로 치환하였으며, 이로써 비로소 '천(天)-인(人)-지(地)'라는 동아시아의 중층적 위계적 세계관을 설명할 수 있게 되었다고 본다.

굿 의례음식—무속 설명 체계의 하나 / 이용범

1) 서울 무속에서 재수굿의 과정이 모든 굿의 기본 절차를 보여주는 점에 대해서는 졸고, 「한국무속에 나타난 신의 유형과 성격: 서울지역 무속을 중심으로」, 『민속학연구』 13, 국립민속박물관, 2003, 208-209쪽 참조.

2) 청계배웅, 제당맞이, 회정맞이와 관련된 진적굿 절차의 변화에 대해서는 이 글 II장 1절 및 각주 8번 참조.

3) 서울무속의 진적굿 일반에 대한 설명은 김헌선, 「서울굿의 다양성과 구조」, 『한국무속학』 12, 한국무속학회, 2006, 41-51쪽 참조.

4) 이 글에서 소개한 진적굿의 과정은 서울 새남굿 보유자인 이상순의 서울 은평구 구기동 자택에서 행한 2013년 진적굿(2013.03.30.)과 2016년 진적굿(2016.03.20.)을 기초로 한다.

5) 부정거리는 편의상 명칭이다. 부정거리로 통칭한 이 거리는 굿의 시작 부분이다. 부정을 물리고 신을 청하여 신에게 인사를 드리며, 아울러 서울 지역의 여러 당을 순례할 때 따라온 존재인 '청계'를 물리치기도 하고, 무당의 몸주신인 대신을 노는 등 복합적인 성격을 띠고 있다. 이러한 복합성을 적절하게 담아내는 거리 명칭을 찾기가 어려워

편의상 부정거리라 하였다. 따라서 부정거리란 명칭은 이 거리의 성격을 충분히 반영하지 못하는 한계를 안고 있다.

6) 이하 불사거리의 부속거리.

7) 이하 도당거리의 부속거리.

8) 서울 무속에서 진적굿을 할 경우 무당은 개성 덕물산을 중심으로 서울 지역의 주요 당(堂)을 순례하고 개성 덕물산에 가서 굿을 알리고 허락을 얻는다. 이렇게 서울 지역의 주요 당을 순례하는 것을 '사외삼당, 궁리제당을 돈다' 또는 '산을 돈다'고 말하며, 덕물산에 가서 굿을 알리고 허락을 얻는 것을 '물고 받는다'고 말한다. 이 과정을 마치고 집에서 진적굿을 할 때 (사외)삼당(三堂)을 매고, 청계배웅, 제당맞이, 회정맞이의 절차를 행한다. 요즘은 덕물산에 갈 수 없기 때문에 인왕산 국사당에 들러 물고를 받는 것으로 대체되었다. 이런 관행은 여염집 굿에서도 행해졌던 관행인데, 현재는 무당의 진적굿에만 남아있다. 이에 대해서는 졸고, 앞의 글, 2003, 222쪽, 각주 43번 참조. 한편 이른바 산을 도는 과정을 거치지 않으면 삼당을 매지도 않고, 청계배웅, 제당맞이, 회정맞이의 절차를 행하지 않는다.

9) 각주 5번을 참조.

10) 대신거리는 무당의 몸주신을 비롯해서 생전에 무업(巫業)에 종사했던 사람들을 모시는 절차이다. 진적굿이 여염집이 아닌 무당을 위한 굿이라는 점에서, 진적굿에서 대신은 중요한 위치를 차지한다. 그런데 대신은 부정거리와 천궁맞이는 물론 본향거리에서는 만신말명으로 나타나는 등 여러 거리에 걸쳐 등장한다.

11) 천궁맞이 상은 마당에 차리는 것이 일반적이나, 요즘은 편의상 또는 가옥구조상 마당에 차리지 않고 마루에 차린다. 이상순의 진적굿에서도 마루에 상을 차리고 천궁맞이를 진행했다. 이상순에게는 신을 모신 개인 신당인 '전(殿)안'이 있는데, 전안에 천궁맞이 상을 차리지는 않는다. 반드시 마루에 차린다. 이는 도당거리도 마찬가지이다.

12) 대상은 전안거향 과정을 위한 상이다. 관성제군, 최영장군, 별상, 신장 등을 위한 제상으로 알려져 있다. 그러나 진전굿 대상에 올라가는 편떡 3틀 가운데 2틀은 장군신을 위한 떡이고 나머지 하나는 조상을 위하는 떡이다. 이런 점에서, 대상은 조상을 위하는 의미도 내포하는 복합적 성격의 제상이다.

13) 대감시루의 경우, 다양한 대감신이 존재하기 때문에 여러 개를 준비한다. 대감시루 중 일부는 무당의 신당인 전안에 위치하나, 일부는 집안 곳곳의 해당 공간에 자리 잡는다. 수문장대감이나 업대감 등은 대문가나 장독대에 놓인다. 이외에도 화장실, 창고, 건물 옆, 나무 밑에도 팥떡 한 접시에 탁주 한 잔을 올린다. 이처럼 집안 곳곳에 의례음식을 차리는 것을 '팔방(八方) 돌린다'고 말한다. 이상순의 설명.(2017.04.09. 조사.)

14) 각주 13번에서 지적했듯이, 대상에 올라가는 3틀의 편떡 가운데 하나는 조상을 위한

것이라는 점에서 대상이 조상거리와도 연관된다고 말할 수 있다.

15) 뒷전에서 걸립을 제대로 놀거나 굿하는 집 가족을 위한 삼재를 풀 경우 걸립시루나 삼재시루가 준비되기도 한다.

16) 이와 관련 이상순은 창부신이 영험함을 갖추지 못했기 때문이라고 답을 하였다.(2017.06.04. 조사.) 이 역시 창부신의 낮은 위상 때문에 창부신을 위한 개별 제상을 차리지 않는다는 의미로 이해될 수 있다.

17) 요즘은 부정상을 안 차린 채로 진행하는 것이 보통이다.

18) 빈대떡을 말한다. 불사상 의례음식에 대해 설명할 때는 누름적이 올라간다는 말을 하지 않았는데, 실제 굿에서는 누름적이 올라왔다. 이는 안당제석상도 마찬가지이다. 불사상과 안당제석상에 올라가는 누름적은 고기가 들어가지 않은 소전(素煎)이다. 다른 상에 올라가는 누름적은 고기가 들어간다.

19) 생쌀에 수저를 꽂고 실타래를 두른 것은 가족의 복을 빌기 위한 것이다. 수저는 굿을 하는 집의 식구 수대로 꽂는다. 이상순 진적의 경우 수저를 6개 꽂았다. 이렇게 수저를 꽂아 실타래를 두른 생쌀 그릇은 나중에 성주 시루로 옮긴다. 이런 점에서 이는 가족의 복을 비는 의미를 갖는 것이 분명하고, 이것을 액(厄)막이를 위한 액그릇으로 설명하는 것은 적절치 않아 보인다. 액막이를 위한 액그릇으로 설명하는 것은 주영하·최진아,「김유감 진적굿」,『巫·굿과 음식 1: 김유감 진적굿·오수복 진적굿·서울새남굿』, 국립문화재연구소, 2005, 33쪽, 63쪽 참조.

20) 이전에는 차 3잔 즉 후추차, 계피차, 대추차를 올렸다고 한다. 이상순의 설명.(2017.04.02. 조사.)

21) 아홉 귀신이 먹는다고 해서 귀신을 풀어먹이기 위해 놓는다. 이상순의 설명.(2017.04.02. 조사.)

22) 이상순에 의하면, 옥춘은 젊어 죽은 조상이나 애기 조상을 위해 올린다고 한다.(2017.04.02. 조사.) 그러나 서울 새남굿 보유자였던 고 김유감에 의하면, 옥춘은 오색영롱하게 밝혀 달라는 의미가 있다고 한다.(1998.10.02. 조사.)

23) 도당시루의 경우 도당신이 소(素)산신이면 백설기, 육(肉)산신이면 팥떡을 받는다.

24) 도당상에는 까지 않은 밤을 올린다. 그러나 제상에는 깐 밤을 올렸다.

25) 약과는 약이 되라는 의미이다. 이상순의 설명.(2017.04.02. 조사.)

26) 이상순에 의하면, 조상에게 올리는 의례음식은 본향상과 대상에 올리는 음식으로 충족되며 따라서 별도의 조상상을 차리지 않는다고 한다. 그러나 이상순의 경우 친가 외에 자신을 길러준 양가(養家)가 있기 때문에 이를 위할 필요가 있어서 친가, 양가, 시댁의 조상을 위한 시루를 비롯해서 별도의 조상상을 차린다고 하였다.(2017.06.04. 조사.)

27) 이 편떡 2틀은 장군신(최영장군, 관성제군)을 위한 떡이다. 여기에 조상을 위한 편떡 1틀이 더 올라가므로, 진적굿 대상에는 편떡 3틀이 올라간다. 그러나 '사외삼당, 궁리 제당을 돈다', '산을 돈다'고 하는, 서울 지역 주요 당의 순례와 국사당에서 물고받는 과정을 거치지 않으면 대상에 편떡을 2틀만 올린다. 이런 이유에서 2016년 이상순 진 적굿에서는 대상에 편떡을 2틀만 올렸다.

28) 섭산적, 약산적 같은 '적'(炙)은 고기의 범주에 포함시켰다.

29) 이처럼 탕이나 국수가 무속의 일반적인 굿 의례음식의 하나로 나타나지 않는 이유는 아직 파악하지 못하고 있다. 추후 과제로 남기고자 한다.

30) 이런 점에서 아마도 "떡은 귀신에게는 밥에 해당하고, 밥은 죽에 해당한다."는 관념이 성립할 수도 있겠다. 김헌선, 「한국의 굿과 떡의 상관성 연구」, 『비교민속학』 31, 비 교민속학회, 2006, 75쪽.

31) 장구와 벙거지가 무당이 굿을 할 때 필수적인 악기와 무복이라는 점에서, 장구 떡과 (대감)벙거지떡은 무당과 무업을 상징하는 떡으로 이해된다. 이상순의 설 명.(2017.06.04. 조사.)

32) 이상순의 설명.(2017.06.04. 조사.)

33) 콩떡과 콩가루떡은 구분해야 한다. 이상순은 콩가루로 떡을 찌면 집안이 콩가 루가 된다고 해서 제사나 굿에서 떡을 찔 때 콩가루를 사용하지 않는다고 말한 다.(2017.04.02. 조사.)

34) 붉은 팥이 잡신을 물리치기 위해 사용된다는 것은 중국적 관념으로, 팥시루 떡은 신을 맞이하기 위한 것이며, 고대인들은 붉은 색을 신령이 좋아하는 색으로 여겼을 가능성 이 높다는 견해가 있다. 이 견해는, 자료를 통해 그 타당성을 검증할 필요가 있기 하 나, 흥미로운 주장이라 할 수 있다. 주영하, 「밤섬 부군당 도당굿의 제물과 음식」, 『마 포 부군당 도당굿 연구』, 문덕사, 1999, 142쪽.

35) 무가(巫歌) 사설에 나타나는 "소본향 소천왕 육본향 육천왕에 성 주신 본향 씨 준 본향 본 주신 본향"이라는 구절이나 '본향'(本鄕)이라는 말의 일반적 의미를 통해서 알 수 있듯이, '양산 본향'처럼 산의 이미지를 가지고 나타나는 본향은 '성과 씨와 본' 또는 '살을 주고 뼈'를 준 생명과 삶의 원천이라고 할 수 있다. 이런 점에서 조상과 같은 계 열의 신이라고 말할 수 있다. 졸고, 앞의 글, 2003, 214쪽.

36) 이상순의 설명.(2017.04.02. 조사.)

37) 이상순에 의하면, 서울굿에서 고기는 익힌 고기를 올리며 날고기를 올리지 않았다. 그러나 요즘은 무당에 따라 날고기를 올리기도 한다고 말한다.(2017.04.02, 04.07, 06.04. 조사.) 그런데 황해도 굿의 경우 소나 돼지, 닭 등의 날고기를 대상으로 하는 생타살굿(또는 타살 군웅굿) 절차가 있다. 이런 점에서 무속 굿에서는 고기를 처리하

는 방식은 무당 개인, 시기, 지역에 따른 유동성이 있고, 따라서 일관된 설명을 하기가 쉽지 않다. 이 점 고기 제물 즉 희생에 대해 상대적으로 분명한 입장이 정리된 유교와는 다른 양상을 보인다. 유교제사에서의 희생에 대해서는 이욱, 「조선시대 유교 제사의 확산과 희생의 변용」, 『종교문화비평』 31, 종교문화비평학회, 2017 참조.

38) 유교 제사에서도 동일한 관념이 확인된다. 본디 『예서』에는 기름에 지진 것은 제상에 올리지 못하게 되어 있다고 한다. 그러나 우리나라에서는 기름 냄새를 맡고 귀신이 내려온다고 할 정도로 지지는 음식이 제사 음식의 으뜸을 차지하였다고 한다. 윤성재, 「특별한 날, 특별한 음식」, 『자연과 정성의 산물, 우리음식』, 두산동아, 2006, 172쪽.

39) 이상순에 의하면 진오기굿에서는 조상상에 밥이 올라간다고 한다.(2017.04.09. 조사.)

40) 황해도 굿의 과정이 소(素)굿과 육(肉)굿으로 구분되는 것에 대한 설명의 하나로 양종승, 「황해도굿」, 『한국의 굿』, 민속원, 2002, 32-33쪽 참조.

41) 이에 대해서는 많은 연구성과가 있으나 그중 하나를 소개한다. 현용준, 「제주도 무속의 제물과 신」, 『백록어문』 1, 제주대학교 사범대학 국어교육과 국어교육연구회, 1986.

42) 이에 대해서는 〈표2: 서울 진적굿의 제상과 의례음식〉 대감시루 참조.

43) 졸고, 「故 김유감 새남굿」, 『큰무당을 위한 넋굿』, 국립문화재연구소, 2011, 266쪽.

44) 한국무속은 인간에게 여러 개의 영혼이 존재한다는 이른바 복수영혼설을 말한다. 뫼쌈의 수는 무속에서 말하는 남녀의 영혼 수와 일치한다. 이는 "광산 김씨 아홉 혼신 여망제님"이라는 김유감 새남굿의 사설이나 "남자는 12직성, 여자는 9직성"이라는 무가(巫歌) 사설을 통해서 확인된다.

45) 졸고, 앞의 글, 2011, 266쪽.

46) 졸고, 「굿, 소통을 통한 관계맺음의 의례」, 『한국무속학』 32, 한국무속학회, 2016, 85쪽.

천도교의 음식문화 – '만사지 식일완'(萬事知 食一碗), 밥의 의미를 중심으로 / 차옥숭

1) 찰스 버치. 존 캅, 『생명의 해방: 세포에서 공동체까지』, 양재섭·구미정 옮김, 나남, 2010, 227쪽.

2) 위의 책, 107쪽.

3) 위의 책, 63쪽.

4) Sallie McFague, 1993, *The Body of God*, Augsburg Fortress/ Minneapolis, p. xi.

5) *Ibid.*, pp. 132-133.

6) *Ibid.*, p. 161.

7) Graham Harvey, *Food, Sex, and Strangers: Understanding Religion as Everyday Life*, Acumen, 2013, 종교문화연구소에서 〈책 한 권 프로젝트〉로 2017년 4월 13일 장석만이 발표한 자료 참조.

8) Sallie McFague, *op. cit.*, pp. 219-220.

9) *Ibid.*, p. 222.

10) 천도교의 음식문화와 관련된 연구는 짧은 에세이 형식의 글로 김춘성, 「만사를 안다는 것은 밥 한 그릇을 먹는 이치를 아는 데 있다」, 『新人間』, 신인간사, 2007; 윤형근, 「이천식천의 현재와 미래, 그리고 세계사적 의미」, 『新人間』, 신인간사, 2007이 있다. 발표문으로 전희식, 「천도교와 음식문화」, 『평화포럼-종교와 음식문화』 67차, 한국종교연합, 2013; 김용휘, 「천도교의 밥과 영성」, 『평화포럼-종교와 음식문화』 68차, 한국종교연합, 2013 등이 있다. 본 논문은 천도교의 음식과 관련한 첫 논문으로써 의미가 있다고 생각한다.

11) 이규성, 『한국현대철학사론』, 이화여자대학교출판부, 2012, 114쪽.

12) 위의 책, 121쪽.

13) 宇宙는 一氣의 所使며 一神의 所爲라, 眼前에 百千萬像이 비록 其形이 各殊하나 其理는 一이니라. 一은 卽 天이니 天이 物의 組織에 依하여 表顯이 各殊하도다.
我의 屈伸動靜이 是 鬼神이며 造化며 理氣니, 故로 人은 天의 靈이며 精이요 天은 萬物의 精이니, 萬物을 順함은 是 天道이며 天道를 體用함은 是 人道니, 天道 人道 其間에 一髮을 不容할 者니라.
我의 一氣 天地宇宙의 元氣와 一脈相通이며, 我의 一心이 造化鬼神의 所使와 一家活用이니, 故로 天卽我이며 我卽天이라. 『해월신사법설』, 「其他」.

14) "내 恒常 말할 때에 物物天이요 事事天이라 하였나니, 萬若 이 理致를 是認한다면 物物이 다 以天食天 아님이 없을지니, 以天食天은 어찌 생각하면 理에 相合치 않음과 같으나, 그러나 이것은 人心의 偏見으로 보는 말이요, 萬一 한울 全體로 본다하면 한울이 한울 全體를 키우기 爲하여 同質이 된 者는 相互扶助로써 서로 氣化를 이루게 하고, 異質이 된 者는 以天食天으로써 서로 氣化를 通하게 하는 것이니, 그러므로 한울은 一面에서 同質的氣化로 種屬을 養케하고 一面에서 異質的氣化로써 種屬과 種屬의 連帶的 成長發展을 圖謀하는 것이니, 總히 말하면 以天食天은 곧 한울의 氣化作用으로 볼 수 있는데, 大神師께서 侍字를 解義할 때에 內有神靈이라 함은 한울을 이름이요, 外有氣化라 함은 以天食天을 말한 것이니 至妙한 天地의 妙法이 도무지 氣化에 있느니라." 『해월신사법설』(海月神師法說), 「이천식천」(以天食天).

15) 이돈화, 『水雲心法講義』, 천도교중앙총부, 1968, 130쪽.

16) 위의 책, 130-131쪽.

17) 이돈화, 『신인철학』, 천도교중앙총부, 1968, 180쪽.

18) 김지하, 『밥』, 솔 출판사, 1998, 68-69쪽.

19) 위의 책, 70쪽.

20) 김지하, 『동학 이야기』, 솔 출판사, 1994, 250-251쪽.

21) 我之父母 自始祖以至於幾萬代 繼承血氣而至我也 又父母之心靈 自天主幾萬代繼承而
　　至我也 父母之死後血氣 存遺於我也 心靈與精神 存遺於我也 故奉祀設位爲其子孫而
　　本位也 平時食事樣 設位以後 致極誠心告 父母生存時敎訓 遺業之情 思而誓之可也)
　　『해월신사법설』(海月神師法說), 「향아설위」(向我設位).

22) 김지하, 『밥』, 54-55쪽.

23) 전희식, 「천도교와 음식문화」, 『평화포럼-종교와 음식문화』 67차, 한국종교연합,
　　2013, 13쪽.

24) "天은 萬物을 造하시고 萬物의 內에 居하시나니, 故로 萬物의 精은 天이니라. 萬物中
　　最靈한 者 人이니, 故로 人은 萬物의 主니라. 人은 生함으로만 人이 되지 못하고 五穀
　　百果의 滋養을 受하여 活하는 것이라. 五穀은 天地의 腴니 人이 此天地의 腴를 食하
　　고 靈力을 發揮케 하는 것이라. 故로 天은 人에 依하고 人은 食에 依하니, 此 以天食天
　　의 下에 立한 吾人은 心告로써 天地萬物의 融和相通을 得함이 어찌 可치 아니하랴."
　　『해월신사법설』(海月神師法說), 「其他」.

25) 전희식, 14쪽.

26) "人是五行之秀氣也 穀是五行之元氣也 乳也者 人身之穀也 穀也者天地之乳也 父母之
　　胞胎 卽天地之胞胎 人之幼孩時 啖其母乳 卽天地之乳也 長而食五穀 亦是天地之乳也
　　幼而哺者非母之乳而何也 長而食者是非天地之穀而何也 乳與穀者是天地之祿也 人知天
　　地之祿則 必知食告之理也 知母之乳而長之則 必生孝養之心也 食告反哺之理也 報恩
　　之道也 對食必告于天地 不忘其恩爲本也" 『해월신사법설』(海月神師法說), 「천지부모
　　편」.

27) 윤석산 역주, 『초기 동학의 역사 道源記書』, 도서출판 신서원, 2000, 230쪽.

28) 萬般陣需 非爲精誠 但淸水一器 極誠致誠可也 祭需之時莫論價格之高廉 莫論物品之多
　　寡 臨致祭之期 勿見凶色 勿聽淫聲 勿發惡言 勿爲爭論爭奪 若然之則不致祭而亦可也
　　不要屈巾祭服 以常平服而至誠可也 『해월신사법설』(海月神師法說), 「향아설위」(向
　　我設位).

29) 김지하, 『밥』, 77-78쪽.

30) 위의 책, 79쪽.

31) 환경단체 환경정책실천협의회, 『환경, 더불어 살기 II 2010 천지부모(天地父母)』,

2010, 21-22쪽.

32) 위의 책, 24쪽.

33) 김용휘, 「천도교의 밥과 영성」, 『평화포럼-종교와 음식문화』 68차, 한국종교연합, 2013, 49-50쪽.

34) 위의 글, 51쪽.

35) 이은경, 「한살림의 음식문화」, 『평화포럼-종교와 음식문화』 67차, 한국종교연합, 2013, 25쪽.

36) 위의 글, 25쪽.

37) 위의 글, 26쪽.

38) 위의 글, 32쪽.

39) 위의 글, 32-33쪽.

40) 위의 글, 33쪽.

41) 김지하, 『틈』, 23-24쪽.

42) 이규성, 96-97쪽.

식탁에서 평화까지―식맹(食盲)을 넘어 식안(食眼)을 열다 / 이찬수

1) 천도교중앙총부, 『해월신사법설』 중 「천지부모」 편.
2) 장일순, 『나락 한 알 속의 우주』(개정판), 서울: 녹색평론사, 2009.
3) 이현주 외, 『콩알 하나에 무엇이 들었을까』, 서울: 봄나무, 2006, 10쪽.
4) 김지하, 『밥』, 왜관: 분도출판사, 1984, 61쪽.
5) 허남혁, 『내가 먹는 것이 바로 나』, 서울: 책세상, 2008.
6) 모리스 메를로-퐁티, 『지각의 현상학』, 류의근 옮김, 서울: 문학과지성사, 2002, 307쪽.
7) 김지하, 「콩나물 얘기 좀 합시다」, 『한살림의 협동을 말하다 I』, 서울: 모심과살림연구소, 2013(여름), 10쪽.
8) 하영삼, 『한자어원사전』, 서울: 도서출판3, 2014, 399쪽.
9) 마르틴 하이데거, 『존재와 시간』, 전양범 옮김, 서울: 시간과공간사, 1992, 88-89쪽.
10) 권삼윤, 『빵은 길을 만들고 밥은 마을을 만든다』, 서울: 이가서, 2007.
11) 마하트마 간디, 『마을이 세계를 구한다』, 김태언 옮김, 서울: 녹색평론사, 2011, 서문 참조.
12) 김지하, 『밥』, 왜관: 분도출판사, 1984, 60-61쪽.
13) 에번 D. G. 프레이저 외, 『음식의 제국』, 유영훈 옮김, 서울: RHK, 2012, 9쪽.

14) 마하트마 간디, 『마을이 세계를 구한다』, 18-19쪽.

15) 김훈기, 「GMO 논란, 드러난 것과 감춰진 것」, 『모심과 살림』 1, 서울: 모심과살림연구소, 2013(여름), 193-198쪽.

16) 대강의 흐름은 김훈기, 위의 글 참조.

17) 피터 싱어 · 짐 메이슨, 『죽음의 밥상』, 함규진 옮김, 서울: 산책자, 2008, 304쪽.

18) 에번 D. G. 프레이저 외, 『음식의 제국』, 366-368쪽 참조.

19) 피터 싱어 외, 『죽음의 밥상』, 96-97쪽 참조.

20) 에너지기후정책연구소 · 모심과살림연구소, 『밥상의 전환』, 서울: 한티재, 2013, 141-142쪽.

21) 2012년 국립환경과학원의 조사에 따른 수치이다.

22) 김정수, 〈한국인 밥상, 더 멀어진 '신토불이'〉, 《한겨레신문》, 2012.5.16.

23) 〈http://theguardian.com/environment/2014/nov/19/co2-emissions-zero-by-2070-prevent-climate-disaster-un〉

24) 김종덕, 『먹을거리 위기와 로컬 푸드』, 서울: 이후, 2010, 24쪽, 334쪽.

25) 이반 일리치, 『행복은 자전거를 타고 온다』, 박홍규 옮김, 서울: 미토, 2004.

26) 에번 D. G. 프레이저 외, 『음식의 제국』, 9쪽.

27) 에번 D. G. 프레이저 외, 위의 책, 11쪽.

28) 피터 싱어 외, 『죽음의 밥상』, 122쪽.

29) 고미송, 『채식주의를 넘어서』, 서울: 푸른사상, 2011, 20쪽.

30) 울리히 벡, 『세계화 시대의 권력과 대항권력』, 홍찬숙 옮김, 서울: 길, 2011, 33쪽.

31) 박재일, 「생산과 소비는 하나다」, 『한살림의 협동을 말하다 I』, 서울: 모심과살림연구소, 2013, 148쪽.

32) 박재일, 위의 글, 150쪽.

33) 김종덕, 『먹을거리 위기와 로컬 푸드』, 337쪽.

34) 김종덕, 위의 책, 334-335쪽.

참고문헌

유대교의 희생제의와 음식 — 동물의 정결과 피의 금기를 중심으로 / 안연희

강성렬, 2008, 「성서의 음식 규례와 오늘의 먹을거리」, 『Canon&Culture』 2(2), 한국신학
　　정보원.

김덕중, 2008, 「음식규례와 거룩-레위기 음식법의 신학과 해석」, 『Canon&Culture』 2(2),
　　한국신학정보원.

김호관, 2016, 『희생의 마을로 가라: 사함의 책, 레위기 주석』, 엘도론.

류성민, 2003, 『성스러움과 폭력』, 살림.

류성민, 2006, 「고대 이스라엘 희생제의의 사회윤리적 의미」, 『종교학연구』 9, 서울대학
　　교 종교학연구회.

마빈 해리스, 1998, 『음식문화의 수수께끼』, 서진영 옮김, 한길사.

정진홍, 1995, 「종교와 음식문화」, 『종교학연구』 14, 서울대학교 종교학연구회.

최창모, 2003, 『금기의 수수께끼: 성서 속의 금기와 인간의 지혜』, 한길사.

최창모 · 최영김 · 이원삼 · 김종도, 2008, 『유대교와 이슬람: 금기에서 법으로』, 한울.

플로랑 켈리에, 2011, 『(제7대 죄악) 탐식: 죄의 근원이냐 미식의 문명화냐』, 박나리 옮김,
　　예경.

한동구, 1994, 「음식규정에 나타나 있는 평화사상」, 『기독교사상』 38(4), 대한기독교서회.

Anne Vallely, 2016, "Food and Religion", *Religious Studies and Theology*, vol. 35, no. 2.

Bataille, Georges, 1973, *Théorie de la Religion*, Paris: Gallimard; 조르주 바타유, 1999,
　　『어떻게 인간적 상황을 벗어날 것인가: 인간과 종교, 제사, 축제, 전쟁에 대한
　　소묘』, 조한경 옮김, 문예출판사.

Brumberg-Kraus, Jonathan, 1999, "Meat-Eating and Jewish Identity: Ritualization of the
　　Priestly 'Torah of Beast and Fowl'(Lev 11:46) in Rabbinic Judaism and Medieval
　　Kabbalah," *AJS Review*, vol. 24, no. 2, Cambridge University Press.

Danby, Herbert tr., 1933, *The Mishnah: translated from the Hebrew with Introduction and
　　Brief Explanatory Notes*, Oxford and New York: Oxford University Press.

Douglas, Mary, 1979, *Purity and Danger: An Analysis of Concepts of Pollution and Taboo*,
　　London: Routledge & Kegan Paul; 메리 더글라스, 1997, 『순수와 위험』, 유제분 ·
　　이훈상 옮김, 현대미학사.

Evans-Fritchard, Edward E., 1954, "The Meaning of Sacrifice among the Nuer," *The Journal of the Royal Anthropological Institute of Great Britain and Ireland*, vol. 84, no. 1/2, Royal Anthropological Institute of Great Britain and Ireland.

Hubert, Henri and Marcel Mauss, 1964, *Sacrifice: Its Nature and Function*, tr. W. D. Halls, Chicago and London: The University of Chicago Press.

Kool, Richard, 2010, "What goes around comes around: Prohibition to Cruelty against Animals in Judaism," *Worldviews: Global Religions, Culture and Ecology*, vol. 14, Leiden: Brill.

Klawans, Jonathan, 2001, "Pure Violence: Sacrifice and Defilement in Ancient Israel," *The Harvard Theological Review*, vol.94, no.2, Cambridge University Press.

McCarthy, Dennis J., 1969, "The Symbolism of Blood and Sacrifice," *Journal of Biblical Literature*, vol. 88, no. 2, The Society of Biblical Society.

Neusner, Jacob, 1979, "Map without Territory: Mishnah's System of Sacrifice and Sanctuary," *History of Religions*, vol. 19, no. 2, The University of Chicago Press.

_____, 1975, "The Idea of Purity in Ancient Judaism," *Journal of the American Academy of Religion*, vol. 43. no.1, Oxford University Press.

Niditch, Susan, 2011, "Good Blood, Bad Blood: Multivocality, Metonymy, and Mediation in Zechariah 9," *Vetus Testamentum*, vol. 61, fasc. 4, Brill.

Petropoulou, Maria-Zoe, 2008, *Animal Sacrifice in Ancient Greek Religion, Judaism, and Christianity, 100 BC TO AD 200*, Oxford: Oxford University Press.

Rosenblum, Jordan D., 2000, "Why do you refuse to eat Pork? Jews, Food, and Identity in Roman Palestine," *The Jewish Quarterly Review*, vol. 100, no.1. University of Pennsylvania Press.

Smith, Brian K. and Wendy Doniger, 1989, "Sacrifice and Substitution: Ritual Mystification and Mystical Demystification," *Numen*, vol. 36, Fasc. 2, Brill.

Smith, Jonathan Z., 1978, *Map is not Territory: Studies in the History of Religions*, Leiden: Brill.

_____, 2004, "Domestication of Sacrifice," *Relating Religion: Essays in the Study of Religion*, Chicago and London: The University of Chicago Press.

Stroumsa, Guy G., 2009, *The End of Sacrifice: Religious Transformations in Late Antiquity*, tr. Susan Emmauel, Chicago and London: The University of Chicago Press.

중세 여자 성인들의 음식, 몸, 물질의 종교
—캐롤라인 워커 바이넘의 저작을 중심으로 / 최화선

이민지, 2009, 「중세 그리스도교 여성금욕수행자들의 자기 부정과 지위 획득」, 『종교와 문화』 16, 서울대학교 종교문제연구소.

_____, 2010, 「서유럽 중세여성 금욕수행 연구: 성스러움을 구현하는 몸」, 서울대학교 종교학과 석사학위논문.

이은기, 2013, 「시에나의 카타리나 이미지: 성인전과 실제 사이」, 『미술사연구』 27, 미술 사연구회.

이충범, 2009, 「금식하는 성인와 거식증 소녀: 성 카타리나와 현대거식증을 중심으로」, 『가톨릭철학』 13, 한국가톨릭철학회.

Aers, David and Lynn Staley, 1996, *The Powers of the Holy: Religion, Politics and Gender in Late Medieval English Culture*, University Park: Penn State University Press.

Bell, Rodolf, *Holy Anorexia*, 1985, Chicago: The University of Chicago Press.

Biddick, Kathleen 1993, "Genders, Bodies, Borders: Technologies of the Visible," *Speculum*, Vol. 68(2), Cambridge, MA.: Mediaeval Academy of America.

Bynum, Caroline Walker, 1982, *Jesus as Mother: Studies in the Spirituality of the High Middle Ages*, Berkeley: University of California Press.

--------------------, 1985, "Feast, Fast, and Flesh: The Religious Significance of Food to Medieval Women," *Representations*, no. 11. Berkeley: University of California Press.

--------------------, 1987, *Holy Feast and Holy Fast: The Religious Significance of Food to Medieval Women*, Berkeley: University of California Press.

--------------------, 1991, *Fragmentation and Redemption: Essays on Gender and the Human Body in Medieval Religion*, New York: Zone Books.

--------------------, 1995, *The Resurrection of the Body in Western Christianity, 200-1336*, New York: Columbia University Press.

--------------------, 2001, *Metamorphosis and Identity*, New York: Zone Books.

--------------------, 2003, "Curriculum Vitae: An Authorial Aside," *Common Knowledge*, Vol. 9(1), New York: Oxford University Press.

--------------------, 2007, *Wonderful Blood: Theology and Practice in Late Medieval Northern Germany and Beyond*, Philadelphia: University of Pennsylvania Press.

--------------------, 2011, *Christian Materiality: An Essay on Religion in Late Medieval Europe*, New York: Zone Books.

--------------, 2012, "Why Paradox? The Contradictions of My Life as a Scholar," *The Catholic Historical Review*, Vol. 98(3), Washington, D.C.: Catholic University of America Press.

--------------, 2014, "Avoiding the Tyranny of Morphology; or Why Compare?" *History of Religions*, Vol. 53(4), Chicago: University of Chicago Press.

--------------, 2015, "'Crowned with many crowns' Nuns and Their Statues in Late-Medieval Wienhausen," *The Catholic Historical Review*, Vol. 101(1), Washington, D.C.: Catholic University of America Press.

--------------, 2016, "Are Things 'Indifferent'? How Objects Change Our Understanding of Religious History," *German History*, Vol. 34. no.1, Oxford: Oxford University Press.

Catherine of Siena, Suzanne Noffke ed., 1980, *Catherine of Siena: The Dialogue*, New York: Paulist Press; 시에나의 가타리나, 1997, 『대화』, 성찬성 옮김, 바오로딸.

Didi-Huberman, Georges, 1995 (1990 in French), *Fra Angelico: Dissemblance & Figuration*, trans. by Jane Marie Todd, Chicago: The University of Chicago Press.

Kempe, Margery, 1940, *The Book of Margery Kempe*, ed. by Sandford Brown Meech, Oxford: Oxford University Press; 마저리 켐프, 2010, 『마저리 켐프 서』, 정덕애 옮김, 황소자리.

Hamburger, Jeffrey F., and Gabriela Signori eds., 2013, *Catherine of Siena: The Creation of Cult*, Turnhout: Brepols.

Harvey, Graham, 2015, "Respectfully Eating or Not Eating: Putting Food at the Center of Religious Studies," *Scripta Instituti Donneriani Aboensis*, Vol. 26, Abo: The Donner Institute for Research in Religious and Cultural History.

Hollywood, Amy, 1995, *The Soul as Virgin Wife: Mechthild of Magdeburg, Marguerite Porete and Meister Eckhart*, Notre Dame: University of Notre Dame Press.

-------------, 2016, "Feminist Studies in Christian Spirituality," *Acute Melancholia and Other Essays: Mysticism, History, and the Study of Religion*, New York: Columbia University Press.

McNamara, Jo Ann, 1991, "The Need to Give: Suffering and Female Sanctity in the Middle Ages," *Images of Sainthood*, ed. Renate Bluemnfeld-Kosinski and Timea Szell, Ithaca: Cornell University Press.

Mooney, Catherine M., 1999, *Gendered Voices: Medieval Saints and their Interpreters*, Philadelphia: University of Pennsylvania Press.

Muessig, Carolyn and George Ferzoco, 2012, *A Companion to Catherine of Siena*, Leiden:

Brill.

Nocentini, Silvia, 2013, *Legenda maior: sive Legenda admirabilis virginis Catherine de Senis*, Firenze: Edizioni del Galluzo.

Rambuss, Richard, 1998, *Closet Devotion*, Durham: Duke University Press.

Raymond of Capua, 1859, *Life of St. Catharine of Sienna by her confessor the blessed Raymond of Capua*, Philadelphia: P. F. Cunningham.

Weinstein, Donald and Rudolf M. Bell, 1982, *Saints and Society: The Two Worlds of Western Christendom, 1000-1700*, Chicago: University of Chicago Press.

마늘에 담긴 불교사―음식의 내재적 본질에서 바르나(Varna)적 함의까지 / 공만식

〈약어표〉

ADh: *Āpastamba Dharma Sūtra*
BDh: *Baudhāyana Dharma Sūtra*
VDh: *Vāsiṣṭha Dharma Sūtra*
GDh: *Gautama Dharma Sūtra*
Jā: *Jātaka*
MS: *Manusmṛti*
Vin: *Vinaya*
YDh: *Yajñavalkyasmṛti*
『大正藏』: 『大正新修大藏經』
『卍續藏』: 『卍字續藏經』

『大正新修大藏經』, (eds.) J. Takakush and K. Watanabe. Tokyo. 1924-1935.

Vol. 12
　　No. 374: 『大般涅槃經』(*Mahāparinirvāṇa Sūtra*), (tr.) 曇無讖(Dharmakṣema).
　　No. 376: 『佛說大般泥洹經』(*Mahāparinirvāṇa Sūtra*), (tr.) 法顯.
Vol. 14
　　No. 468: 『文殊師利問經』(*Mañjuśriparipṛccha Sūtra*), (tr.) 僧伽婆羅(Saṅghavarman).
Vol. 19
　　No. 945: 『首楞嚴經』(*Śūraṅgama Sūtra*), (tr.) 般剌蜜帝(Pramiti).

Vol. 22

    No. 1421:『五分律』(*Mahīśāsaka vinaya*), (tr.) 佛陀什(Buddhajīva)과 竺道生.

    No. 1425:『摩訶僧祇律』(*Mahāsāṃghika vinaya*), (tr.) 佛陀跋陀(Buddhabhadra)와 法顯.

    No. 1428:『四分律』(*Dharmaguptaka vinaya*), (tr.) 佛陀耶舍(Buddhayaśa)와 竺佛念.

Vol. 23

    No. 1435:『十誦律』(*Sarvāstivādin vinaya*), (tr.) 弗若多羅(Puṇyatara).

    No. 1442:『根本說一切有部毘奈耶』(*Mūlasarvāstivādin vinaya*), (tr.) 義淨.

Vol. 24

    No. 1458:『根本薩婆多部律攝』, (tr.) 義淨.

Vol. 50

    No. 2043:『阿育王經』, (tr.) 僧伽婆羅.

『卍字續藏經』, (ed.) Kyoto, 1905-1912.

Vol. 11

    No. 269:『首楞嚴經集解熏聞記』, 仁岳.

    No. 271:『楞嚴經箋』, 可度.

Vol. 15

    No. 303:『楞嚴經貫攝』, 劉道開.

Vol. 16

    No. 308:『楞嚴經指掌疏』, 通理.

Vol. 39

    No. 1799:『首楞嚴義疏注經』, (tr.) 子璿.

Dutt, M. N. (tr.), 2005, *Yājñavalkyasmṛti*, Delhi: Parimal Publications.

Heirman, A. and Rauw, T. De, 2006, "Offenders, sinners and criminals: The consumption of forbidden food," *Acta Orientalia Academiae Scientiarum Hung*, Budapest: Akademiai Kiado, Vol. 59, No. 1.

Horner, I. B. (tr.), 1938-2014, *The Book of the Discipline*, Oxford: The Pali Text Society.

Kane, P. V., 1974, *History of Dharma Śāstra*, vol. I, part 1, Poona: Bhandarkar Oriental Research Institute.

Kane, P. V., 1974, *History of Dharma Śāstra*, Vol. II, Part 2, Poona: Bhandarkar Oriental Research Institute.

Olivelle, Patrick (tr.), 1999, *The dharma Sūtras: the Law Codes of Āpastamba, Gautama, Baudhāyana and Vasiṣṭha*, Oxford: Oxford University Press.

Olivelle, patrick, 2002, "Abhaksya and abhojya: An exploration in Dietary Language," *Journal of American Oriental Society*, Vol. 122, No. 2.

Olivelle, Patrick (tr.), 2004, *The Law Code of Manu*, Oxford: Oxford University Press.

Simoons, F. J., 1998, *Plants of Life, Plants of Death*, Madison: University of Wisconsin Press.

Smith, B. K., 1994, *Classifying the Universe: The Ancient Indian Varṇa System and the origins of Caste*, Oxford: Oxford University Press.

쓰리(祭)와 신찬(神饌)—이세신궁과 천황의 제사를 중심으로 / 박규태

『古事記』, 1982, 日本思想大系, 岩波書店.

『日本書紀』上·下, 1967, 日本古典文學大系, 岩波書店.

『續日本紀』前·後編, 1965, 新訂增補國史大系, 吉川弘文館.

『延喜式』, 1965, 新訂增補國史大系, 吉川弘文館.

『律令』, 1976, 日本思想大系, 岩波書店.

『中世神道論』, 1977, 日本思想大系, 岩波書店.

『折口信夫全集』, 1972-1974, 中央公論社, 新訂再版.

『本居宣長全集』, 1968-1993, 筑摩書房.

『定本柳田國男集』, 1968-1971, 筑摩書房.

『津田左右吉全集』, 1937-1939, 岩波書店.

岩井宏實, 2014, 「海里山の神饌」, 『愛知大學綜合鄕土硏究所紀要』59.

岩井宏實·日和祐樹, 2007, 『神饌: 神と人との饗宴』, 法政大學出版局.

岡谷公二, 2009, 『原始の神社をもとめて』, 平凡社新書.

大野晉, 1997, 『一語の辭典 神』, 三省堂.

神崎宣武, 2005, 『「まつり」の食文化』, 角川選書.

鬼頭素郎, 1982, 「祭禮料理考」, 『日本の食文化大系3』, 東京書房.

國學院大學日本文化硏究所編, 1999, 『神道事典』, 弘文堂.

桜井勝之進, 1998, 『伊勢神宮』, 學生社.

田村圓澄, 2009, 『伊勢神宮の成立』, 吉川弘文館.

鄭大聲, 1992, 『食文化の中の日本と朝鮮』, 講談社現代新書.

坪井洋文, 1979, 『イモと日本人』, 未來社.

所功, 1993, 『伊勢神宮』, 講談社學術文庫.

南里空海, 2011, 『神饌』, 世界文化社.

日本テレビ放送網株式會社編, 2013, 『皇室日記 特別編 伊勢神宮 式年遷宮』.

原田信男, 1993, 『歷史のなかの米と肉』, 平凡社.

松前健, 1985, 『日本神話の謎』, 大和書房.

水島裕, 1987, 「食生活と宗教(その十): 神饌」, 『金城學院大學論集』 27.

三橋健編, 2013, 『伊勢神宮と日本人』, 河出書房新社.

矢野憲一, 1990, 「伊勢神宮の神饌」, 『日本調理科學會誌』 23(1).

_____, 1993, 「神宮祭典・神嘗祭を解く」, 上山春平編, 『伊勢神宮』, 人文書院.

山口光子他, 1999, 「日本料理における盛りつけの美學」, 『相愛女子短期大學研究論集』 46.

吉野亨, 2011, 「祭祀儀禮にみる思想性: 神饌を例に」, 『宗教研究』 84(4).

김천호, 1991, 「日本神饌을 通한 韓國古代食의 推定研究: 日本春日神社若宮祭」, 『한국식문화학회지』 6(3), 한국식생활문화학회.

김천호 외, 1993, 「日本神饌을 通한 韓國古代食의 推定研究: 談山神社 嘉吉祭 百味御食(2)」, 『한국식문화학회지』 8(2), 한국식생활문화학회.

박규태, 2004, 「이세신궁과 식년천궁: 그 종교적 의미를 중심으로」, 『일본학보』 59, 한국일본학회.

_____, 2009, 「교토와 도래인: 하타씨와 신사를 중심으로」, 한양대학교 한국학연구소, 『한국학논집』 45, 한양대학교 동아시아문화연구소.

_____, 2010, 「고대 교토의 한반도계 신사와 사원 연구: 잊혀진 한류의 원점」, 『비교일본학』 23, 한양대학교 일본학 국제비교연구소.

_____, 2014, 「이세신궁 식년천궁과 천황제 이데올로기」, 『일본사상』 26, 한국일본사상사학회.

_____, 2016, 「이세신궁과 한국」, 한국종교문화연구소 〈뉴스레터 : 종교문화 다시읽기〉 446호, 11.29.

_____, 2017, 『일본 신사(神社)의 역사와 신앙』, 역락.

한국 불교 의례에서 '먹임'과 '먹음'의 의미
—불공(佛供)·승재(僧齋)·시식(施食)의 3종 공양을 중심으로 / 민순의

권근(權近),「진관사수륙사조성기」(津寬寺水陸社造成記).

최량(崔亮),「갈양사혜거국사비문」(葛陽寺惠居國師碑).

안진호(安震湖),『석문의범』(釋門儀範).

『천지명양수륙재의찬요』(天地冥陽水陸齋儀纂要).

『아비달마대비바사론』(阿毘達磨大毘婆沙論), 대정신수대장경 27권, No. 1545.

『선견율비바사』(善見律毘婆沙), 대정신수대장경 24권, No. 1462.

『삼국사기』(三國史記).

『삼국유사』(三國遺事).

『고려사』(高麗史).

『범음산보집』(梵音刪補集).

공만식, 2008,「초기불교의 음식과 수행의 관계에 대한 고찰」,『선문화연구』 4, 한국불교
　　　선리연구원.

곽성영, 2015,「관음시식에 내재된 불성관 고찰」,『불교문예연구』 6, 동방대학원대
　　　불교문예연구소.

김승희, 2013,「감로도에 보이는 공양물의 내용과 그 의미: 보석사감로도를 중심으로」,
　　　『미술사학』 27, 한국미술사교육학회.

대림스님 역, 2012,『맛지마니까야: 중간 길이로 설하신 경』 2, 대림스님 역, 초기불전연
　　　구원.

목정배 역, 2015, 이원정 편,『범망경보살계본휘해』, 운주사.

민순의, 2017,「조선전기 수륙재의 내용과 성격-천도의례(薦度儀禮)의 성격 및 무차대회
　　　(無遮大會)와의 개념적 차별성을 중심으로-」,『불교문예연구』 9, 동방문화대학원
　　　대학교 불교문화예술연구소.

박지영, 2012,「붓다의 마지막 공양에 대한 재해석-이종시식의 평등과보를 중심으로-」,
　　　『동아시아불교문화』 12, 동아시아불교문화학회.

서정매, 2016,「육법공양 절차의 시대적 변천 연구」,『동아시아불교문화』 27, 동아시아불
　　　교문화학회.

심상현, 2012,「반승과『식당작법』의 관계에 관한 연구」,『불교학연구』 31, 불교학연구회.

안계현, 1975,「불교행사의 성행」,『한국사』 6, 국사편찬위원회.

이성운, 2012,「한국불교 의례체계 연구: 시식·공양 의례를 중심으로」, 동국대학교

박사학위논문.

이성운, 2013, 「현행 한국수륙재에 대한 검토」, 『한국선학』 36, 한국선학회.

이자랑, 2016, 「『선견율비바사』에 보이는 4종 공양의 의미 분석」, 『불교학보』 75, 동국대학교 불교문화연구원.

慈怡, 2004, 『佛光大辭典』, 北京圖書館出版社.

平川彰, 1993, 『二百五十戒の硏究』 I, SHUNJUSHA PUBLISHING COMPANY; 平川彰, 2002, 『비구계의 연구』 I, 석혜능 옮김, 민족사.

平川彰, 1993, 『二百五十戒の硏究』 II, SHUNJUSHA PUBLISHING COMPANY; 平川彰, 2004, 『비구계의 연구』 II, 석혜능 옮김, 민족사.

平川彰, 1993, 『二百五十戒の硏究』 III, SHUNJUSHA PUBLISHING COMPANY; 平川彰, 2010, 『비구계의 연구』 III, 석혜능 옮김, 민족사.

平川彰, 1993, 『二百五十戒の硏究』 IV, SHUNJUSHA PUBLISHING COMPANY; 平川彰, 2011, 『비구계의 연구』 IV, 석혜능 옮김, 민족사.

한국정신문화연구원편찬부 편, 1986, 『한국민족문화대백과사전』, 한국정신문화연구원.

한상길, 2009, 「조선전기 수륙재 설행의 사회적 의미」, 『한국선학』 23, 한국선학회.

홍기용, 1998, 「중국 원·명대 수륙법회도에 관한 고찰」, 『미술사학연구』 218, 한국미술사학회.

홍윤식, 1990, 「불교의 공양」, 『종교·신학연구』 3, 서강대학교 종교신학연구소.

굿 의례음식—무속 설명 체계의 하나 / 이용범

김헌선, 2006, 「서울굿의 다양성과 구조」, 『한국무속학』 12, 한국무속학회.

김헌선, 2006, 「한국의 굿과 떡의 상관성 연구」, 『비교민속학』 31, 비교민속학회.

양종승, 2002, 「황해도굿」, 『한국의 굿』, 민속원.

윤성재, 2006, 「특별한 날, 특별한 음식」, 『자연과 정성의 산물, 우리음식』, 두산동아.

이용범, 2003, 「한국무속에 나타난 신의 유형과 성격: 서울지역 무속을 중심으로」, 『민속학연구』 13, 국립민속박물관.

이용범, 2011, 「故김유감새남굿」, 『큰무당을 위한 넋굿』, 국립문화재연구소.

이용범, 2016, 「굿, 소통을 통한 관계맺음의 의례」, 『한국무속학』 32, 한국무속학회.

이 욱, 2017, 「조선시대 유교 제사의 확산과 희생의 변용」, 『종교문화비평』 31, 종교문화비평학회.

주영하, 1999, 「밤섬 부군당 도당굿의 제물과 음식」, 『마포 부군당도당굿 연구』, 문덕사.

주영하 · 최진아, 2005, 「김유감 진적굿」, 『巫 · 굿과음식 1: 김유감 진적굿 · 오수복 진적굿 · 서울 새남굿』, 국립문화재연구소, 2005.

현용준, 1986, 「제주도 무속의 제물과 신」, 『백록어문』 1, 제주대 사범대 국어교육과 국어교육연구회.

천도교의 음식문화―'만사지 식일완'(萬事知 食一碗), 밥의 의미를 중심으로 / 차옥숭

『천도교 경전』(천도교 중앙총부, 포덕155년, 2014년 판).

김수철, 2015, 「1980년대 이후 한국 텔레비전 음식프로그램과 음식문화의 관계에 대한 고찰」, 『방송문화연구』 27(2), KBS 공영미디어연구소.

김용휘, 2004, 「侍天主 思想의 變遷을 통해 본 東學 연구」, 고려대학교 박사학위논문.

김용휘, 2012, 『최제우의 철학-시천주와 다시개벽』, 이화여자대학교 출판부.

김용휘, 2013, 「천도교의 밥과 영성」, 『평화포럼-종교와 음식문화』 68, 한국종교연합.

김지하, 1994, 『동학 이야기』, 솔 출판사.

김지하, 1995, 『틈』, 솔 출판사.

김지하, 1998, 『밥』, 솔 출판사.

김혜진, 2015, 「문화학: 하위문화로서의 푸드 포르노(Food Porn) 연구: 아프카TV의 인터넷 먹방을 중심으로」, 『인문학연구』 50, 조선대학교 인문학연구원.

김호연, 2012, 「대중영상매체를 통해 바라본 한국 음식문화의 재인식」, 『인문과학논총』 31(3), 순천향대학교 인문과학연구소.

나은경, 2015, 「먹는 방송과 '요리하는 방송' 음식 미디어에 대한 커뮤니케이션학적 탐색: 텔레비전 먹방/쿡방 유행의 사회문화적 배경과 뉴미디어 이용 요인」, 『사회과학연구』 28(1), 국민대학교 사회과학연구소.

문영은 · 심지수 · 박동숙, 2017, 「내가 좋아하는 먹방 BJ는요…」, 『언론과 사회』 25(2), 사단법인 언론과 사회.

박문현, 2008, 「제2장 동학의 생명사상」, 『민족사상』 2(2), 한국민족사상학회.

샐리 맥페이그, 2008, 『기후변화와 신학의 재구성』, 김준우 옮김, 한국기독교연구소.

샤르마 외, 2013, 『우리 인간의 종교들』, 주원준 외 옮김, 소나무.

셀리 맥페이그, 2006, 『생태학적 핵 시대와 하느님의 세 모델-어머니 · 연인 · 친구』, 정애성 옮김, 뜰밖.

손병욱, 2002, 「기학과 동학의 기관에 관한 비교 고찰」, 『동양철학연구』 28, 동양철학연

구회.

안호영, 2013,「체험된 직접성, 최제우의 시(侍)와 베르그송의 직관(直觀)」,『동학학보』29, 동학학회.

윤명희, 2009,「이미지음식의 소비와 커뮤니티의 창조」,『문화와사회』6, 한국문화사회학회.

윤석산 역주, 2000,『초기 동학의 역사 道源記書』, 도서출판 신서원.

이규성, 2012,『한국현대철학사론』, 이화여자대학교출판부.

이돈화, 1933(포덕74년),『천도교창건사』, 경인문화사.

이돈화, 1968,『水雲心法講義』, 천도교중앙총부.

이돈화, 1968,『신인철학』, 천도교중앙총부.

이은경, 2013,「한살림의 음식문화」,『평화포럼-종교와 음식문화』67, 한국종교연합.

전희식, 2013,「천도교와 음식문화」,『평화포럼-종교와 음식문화』67, 한국종교연합.

조성운, 2000,「해월 최시형의 도통전수와 초기 포교활동(1862-1875)」,『동학연구』7, 동학학회.

차옥숭, 2010,「샐리 맥페이그와 해월 사상에서 살펴본 자연과 인간의 소통가능성」,『종교연구』59, 한국종교학회.

찰스 버치 · 존 캅, 2010,『생명의 해방: 세포에서 공동체까지』, 양재섭 · 구미정 옮김, 나남.

홍석경 · 박소정, 2016,「미디어 문화 속 먹방과 헤게모니 과정」,『언론과 사회』24(1), 사단법인 언론과 사회.

환경단체 환경정책실천협의회, 2010,『환경, 더불어 살기 II 2010 천지부모(天地父母)』.

Graham Harvey, 2013, *Food, Sex, and Strangers: Understanding Religion as Everyday Life*, Acumen.

Sallie McFague, 1993, *The Body of God*, Augsburg Fortress/ Minneapolis.

Sallie McFague, 2001, *Life Abundant-Rethinking Theology and Economy for a Planet in Peril*, Augsburg Fortress/ Minneapolis.

식탁에서 평화까지–식맹(食盲)을 넘어 식안(食眼)을 열다 / 이찬수

고미송, 2011,『채식주의를 넘어서』, 서울: 푸른사상.

권삼윤, 2007,『빵은 길을 만들고 밥은 마을을 만든다』, 서울: 이가서.

김종덕, 2010,『먹을거리 위기와 로컬 푸드』, 서울: 이후.

김지하, 1984,『밥』, 왜관: 분도출판사.

에너지기후정책연구소·모심과살림연구소, 2013,『밥상의 전환』, 서울: 한티재.

이현주 외, 2006,『콩알 하나에 무엇이 들었을까』, 서울: 봄나무.

장일순, 2009,『나락 한 알 속의 우주』(개정판), 서울: 녹색평론사.

천도교중앙총부,『해월신사법설』.

하영삼, 2014,『한자어원사전』, 서울: 도서출판3.

허남혁, 2008,『내가 먹는 것이 바로 나』, 서울: 책세상.

Berry, Wendell, 2011,『온 삶을 먹다』, 이한중 옮김, 서울: 낮은산.

Fraser, Evan D. G. 외, 2012,『음식의 제국』, 유영훈 옮김, 서울: RHK.

Gandhi, M., 2011,『마을이 세계를 구한다』, 김태언 옮김, 서울: 녹색평론사.

Heidegger, M., 1992,『존재와 시간』, 전양범 옮김, 서울: 시간과공간사.

Illich, Ivan, 2004,『행복은 자전거를 타고 온다』, 박홍규 옮김, 서울: 미토.

Merleau-Ponty, M., 2002,『지각의 현상학』, 류의근 옮김, 서울: 문학과 지성사, .

Singer, Peter 외, 2008,『죽음의 밥상』, 함규진 옮김, 서울: 산책자.

김지하, 2013(여름),「콩나물 얘기 좀 합시다」,『한살림의 협동을 말하다 I』, 서울: 모심과
　　살림연구소.

김훈기, 2013(여름),「GMO 논란, 드러난 것과 감춰진 것」,『모심과 살림』 1, 서울: 모심과
　　살림연구소.

박재일, 2013(여름),「생산과 소비는 하나다」,『한살림의 협동을 말하다 I』, 서울: 모심과
　　살림연구소.

⟨http://theguardian.com/environment/2014/nov/19/co2-emissions-zero-by-2070-prevent-
　　climate-disaster-un⟩

이 글은 본 단행본의 글들이 원래 발표되었던 지면이다.

* 정진홍, 「종교와 음식문화」, 『종교학연구』 14, 1995.
* 안연희, 「유대교의 희생제의와 음식: 동물의 정결과 피의 금기를 중심으로」, 『종교문화비평』 32, 2017.
* 최화선, 「중세 여자 성인들의 음식, 몸, 물질의 종교: 캐롤라인 워커 버이넘의 저작을 중심으로」, 『종교문화비평』 32, 2017.
* 공만식, 「마늘에 담긴 불교사: 음식의 내재적 본질에서 Varna적 함의까지」, 『종교문화비평』 32, 2017.
* 박규태, 「마쓰리(祭)와 신찬(神饌): 이세신궁과 천황의 제사를 중심으로」, 『종교문화비평』 32, 2017.
* 민순의, 「한국 불교의례에서 '먹임'과 '먹음'의 의미: 불공(佛供)·승재(僧齋)·시식(施食)의 3종 공양을 중심으로」, 『종교문화비평』 32, 2017.
* 이용범, 「굿 의례음식: 무속 설명체계의 하나」, 『종교문화비평』 32, 2017.
* 차옥숭, 「천도교의 음식문화: 만사지 식일완(萬事知 食一碗)」, 『종교문화비평』 32, 2017.
* 이찬수, 「식탁에서 평화까지: 식맹(食盲)을 넘어 식안(食眼)을 열다」, 『통일과 평화』 6-2, 2014.

한국종교문화연구소 종교문화비평총서 10

종교 속의 음식, 음식 속의 종교

등록 1994.7.1제1-1071
1쇄 발행 2023년 8월 20일

기   획 한국종교문화연구소
엮은이 장석만
펴낸이 박길수
편집장 소경희
편   집 조영준
관   리 위현정
디자인 이주향
펴낸곳 도서출판 모시는사람들
        03147 서울시 종로구 삼일대로 457(경운동 수운회관) 1207호
전   화 02-735-7173, 02-737-7173 / 팩스 02-730-7173
홈페이지 http://www.mosinsaram.com/

인   쇄 피오디북(031-955-8100)
배   본 문화유통북스(031-937-6100)

값은 뒤표지에 있습니다.
ISBN 979-11-6629-172-2   94100
세트   978-89-97472-32-1   94100